스토리가 있는 배움과
수업 디자인

수업개혁과
실천

1

스토리가 있는 배움과
수업 디자인

후쿠이중학교에서 배우는 탐구 공동체

후쿠이대학교육지역과학 부속중학교 연구회 지음
방지현 옮김

이루

21세기형 중학교 교육의
비전과 실천 : 탐구하는 배움의 공동체 만들기

1 / 21세기형 교육개혁의 선진적 모델

오랜 세월 교육계에 몸담아온 한 사람으로서 감히 단언하고 싶은 게 있다. 후쿠이대학교육지역과학 부속중학교(이후 후쿠이중학교로 줄임)의 개혁 실천은 21세기형 중학교 교육이 지향해야 할 비전을 제대로 보여주고 있다는 점이다. 더불어 그 비전을 실현하기 위한 원리와 과정을 너무나 명확하게 제시해주고 있다.

'21세기형 중학교 교육의 비전'이란 무엇일까? 혼란스럽기만 한 현재 일본의 중학교 교육이 처한 현실을 바라보노라면, 머릿속에 선뜻 답이 떠오르지 않을 것이다. '미래가 불투명한 시대'라는 상투적인 어구가 담긴 교육개혁 정책문서에서도 '21세기형 중학교 교육의 비전'은 바로 이끌어 내기 어렵다. 그러나 아무리 '미래가 불투명한 시대'일지라도 세계적인 학교개혁의 동향 및 교육과정의 동향을 참조한다면, '21세기형 중학교 교육의 비전'에 대한 희미한 윤곽이나마 그려볼 수 있을 것이다. 21세기 사회는 세계화 아래 산업주의 사회에서 포스트 산업주의 사회로의 이행이 급격하게 진행되는 시대로 지식이 고도화, 복합화하고, 동시에 유동화하는 지식사회다. 현재의 학교, 특히 중등학교는 그 제도화를 촉진했던 19세기부터 20세기 초 산업주의의 영향을 짙게 받고 있기 때문에 21세기 포스트 산업주의 사회로의 이행에 따른 급격한 변화가 절실한 시점이다.

실제로 최근 30여 년간 세계의 중학교 교육 풍경은 소위 극적일 만큼 빠르게 변하고 있다. 예를 들어 칠판과 교탁을 향해 책상과 의자가 나란히 놓여 있던 교실이나, 교과서를 중심으로 교사가 칠판에 설명하면 학생이 이를 수동적으로 노트에 받아 적는 교실, 일방적으로 지식을 주입하고 그 결과를 시험으로 평가하는 교실의 모습 등은 서구 여러 나라의 경우 이미 박물관에서나 찾아볼 수 있는 낡은 유물쯤으로 치부될 정도다.

경제의 세계화에 따라 선진 여러 나라에서 생산노동에 종사하는 노동자는 노동시장의 10%를 차지하고 있을 뿐이다. 따라서 과거 공장의 조립라인을 모델로 삼고 있는 효율성만을 중시한 이전의 교육과정과 수업으로는 새로운 사회의 요청에 부응할 수 없을 뿐만 아니라, 대량의 청년 실업자를 만들어 낼 수밖에 없다. 이에 중학교의 교육과정과 수업이 크게 변화하고 있는 것은 어찌 보면 당연한 결과일 것이다.

그럼에도 불구하고 일본의 중학교 교육은 30년 전과 크게 달라진 게 없다. 오히려 교육과정이나 수업실천의 현실은 한층 더 보수화되고 열악해진 형편이다. 이러한 현실 속에서 수많은 학생들이 배움의 의미를 잃고, 함께 배우는 친구들을 잃고, 배움을 지원하는 교사를 잃어버리고 말았다. 게다가 이는 마침내 자기 자신을 잃어버리는 결과로 이어졌다. 즉 배움에서 점점 더 멀어지게 된 것이다. 최근 일본의 중학생들은 세계에서도 가장 배움을 멀리하는 학생이 되어 자신들의 능력에 절망하고, 사회에 절망함으로써 배우려는 의지와 희망마저 잃어버린 것처럼 보인다. 이러한 현실을 야기한 책임은 물론 그들에게 있지 않다. 전환기 시대에 미래를 예측할 수 있는 올바른 정책을 제대로 제시하지 못한 교육행정의 책임이며, 사회와 학생의 변화에 적극적으로 대응한 교육과정과 수업을 창조해 내지 못한 학교와 교사의 책임인 것이다.

그러면 '21세기형 중학교 교육의 비전'에서는 과연 어떤 배움을 모색해야 할까? 성공한 선진 사례에 따르면 그 특징은 ① 지식이나 배움의 '양'(많음)에서 '질'(높이)로의 전환, ② 평생학습의 기초가 되는 배움의 조직, ③ 지식의 고도화, 복합화, 유동화에 대응한 창조성과 발전성이 있는 배움(지식의 획득과 정착보다 지식의 응용과 활용에 의한 배움), ④ 개인주의적인 배움에서 협동적인 배움으로의 전환, ⑤ 다른 문화에 대해 열려 있는 다양성과 개성의 차이를 존중하는 더불어 배움, ⑥ 대화적 의사소통에 의한 배움, ⑦ 시민성(시티즌십) 윤리와 행동을 기르는 배움으로 표현할 수 있을 것이다.

일본에서 특히 '21세기형 중학교 교육의 비전'을 실현하기 어려운 이유는 강고한 고교 입시체제와 함께 앞에서 언급한 배움을 현장에서 실현하기에는 교실당 학생 수가 지나치게 많다는 점을 들 수 있다. 실제로 세계 여러 나라에서 중학생의 90%가 30인 이하의 교실에서 배우고 있는 것에 비해 일본의 중학생들은 아직도 90% 이상이 30인 이상의 교실에서 배우고 있는 실정이다. 이미 선진 여러 나라의 중학교 교실은 16~18인 수준으로 편성되어 있다.

그러나 조건이 정비되기만을 마냥 기다린다면 사회와 학교의 거리는 점점 더 멀어질 것이고, 중학생들 또한 배움에서 자꾸만 더 멀어질 것이다. 일본의 중학교와 교사에게 우선적으로 필요한 것은 '개혁의 비전'이고, 그 비전을 실현하기 위한 실천방법이다.

이에 후쿠이중학교는 '탐구하는 공동체'의 창조를 모토로 하여 '21세기형 중학교 교육의 비전'을 창출하고, 그 비전을 창의적이고 지속적으로 실천해왔다.

후쿠이중학교의 사례에서 볼 수 있는 '21세기 중학교 교육의 비전'은 세 가지 요소로 요약할 수 있다. 첫 번째는 '프로젝트 단원'에 의한 교육과정의 구성이고, 두 번째는 '탐구학습'에 의한 배움의 실천이다. 끝으로 세 번째는 학생과 교사가 쌍방향으로 쌓아올린 '탐구하는 공동체 만들기'로서의 학교 구상이다. 일본 중학교 교육의 미래는 이 세 가지 요소로 구성된 비전에 달려 있다고 할 수 있다. 이 책은 그 비전의 전체상과 구체적인 실천과정을 여실히 보여준다.

2 /프로젝트 학습

이 책의 교육실천은 모두 '프로젝트 학습' 단위로 조직된 교육과정을 그 전제로 하고 있다. '프로젝트 학습'이야말로 21세기에 어울리는 교육과정 단위다. 기존 교육과정의 특징인 '프로그램 학습' 단위와 비교하면, '프로젝트 학습'의 특성은 명료하다. '프로그램 학습' 단위의 경우 미리 도달해야 할 교육목표가 정해지면, 수업과 배움의 활동은 도달해야 할 목표와 일치하도록 효율적으로 조직되는데, 수업과 배움의 결과는 미리 정해진 목표에 맞춘 테스트를 통해 평가된다. 즉 '프로그램 학습' 단위는 '과정＝

산출모델(process produce research)'을 구성 원리로 한 공장생산과 노무관리 시스템이 수업과 학습의 모델을 형성하고 있는 것이다. 따라서 '계획-실행-평가' 또는 '목표-달성-평가'의 단위가 수업과 배움의 주요 과정을 이루고 있다.

이러한 '프로그램 학습' 단위에 의한 교육과정을 나는 '계단형'이라고 부른다. 배움의 과정이 마치 계단을 한 단씩 오르는 것처럼 조직되어 있기 때문이다. 그러한 배움은 목표가 명확한 만큼 경험의 폭은 좁을 수밖에 없다. 또한 진도라든가 성취도의 평가는 효율적이고 용이할지 모르지만, 경험의 발전성은 절대적으로 부족한 실정이다.

그에 비해 '프로젝트 학습' 단위는 주제를 중심으로 조직되어 다양한 배움의 경험을 조직하고, 그 교류에 의해 창조성과 발전성이 있는 배움을 조직한다. '프로그램 학습' 단위가 '목표-달성-평가(테스트)'로 조직되어 있다면 '프로젝트 학습' 단위는 '주제-탐구-표현'으로 조직되어 있다. '주제-탐구-표현'으로 조직된 단원에서는 배움의 경험 그 자체의 문화적, 사회적 경험으로서의 가치라든가 그 발전성을 묻게 된다. '프로그램 학습' 단위가 습득된 지식이나 기능의 '양'과 '효율성'을 추구하는 데 비해, '프로젝트 학습' 단위는 경험하는 지식이나 기능의 '질'과 '발전성'을 추구하고 있는 것이 가장 큰 차이점이라고 하겠다.

'프로그램 학습' 단위로 조직된 교육과정을 '계단형'이라고 했다면, '프로젝트 학습' 단위로 조직된 교육과정은 '등산형'이라고 표현할 수 있다. '계단형' 교육과정과는 대조적으로 '등산형' 교육과정의 경우 배움은 '주제'인 산을 중심축으로 해서 다양한 접근이 가능하며, 정상에 이르기까지 모든 배움의 경험 그 자체의 가치를 묻는다. 즉 '계단형'에서는 수업, 배움, 교육과정이 '계획', '실행', '테스트'로 단조롭게 진행되지만, '등산형'에서는 '디자인', '탐구', '대화에 의한 공유'와 '표현'으로 다양하게 수행된다. 즉 '프로젝트 학습' 단위의 교육실천은 새로운 수업 스타일, 배움의 스타일, 교육과정의 스타일을 요구하고 있다.

후쿠이중학교의 실천은 이 '프로젝트 학습'을 단위로 한 교육과정, 수업, 배움의 스타일을 명확하게 제시해준다. 이 책은 그 창의적인 도전에 대한 위대한 기록이자, 21세기형 교육실천의 모색과 탐구과정의 소중한 발자취를 담아내고 있다.

3 / 키워드는 '탐구'와 '대화'

이 책에서 제시된 '프로젝트 학습'은 '탐구'와 '대화'라는 두 가지 요소로 구성되어 있다. '탐구'와 '대화'는 새로운 양식의 배움과 수업을 특징짓는 키워드다.

그렇다면 '탐구'와 '대화'로 조직된 배움은 과연 어떤 배움일까? 그것이 어떻게 기존 중학교 교실의 배움을 혁신할 수 있다는 걸까? 일찍이 '탐구학습'을 교과학습의 중심축으로 설정할 것을 제창한 조셉 슈왑(J. J. Schwab)은 '탐구(enquiry)'의 의의를 민주주의의 주체 형성과 결부시키고 있다. 슈왑은 고대 그리스에서 노예교육과 시민교육에는 방법상 근본적인 차이가 있었다고 주장했다. 즉 노예교육은 미리 정답이 정해진 내용을 가르치고 그 정답대로만 이끄는 것을 교육의 목적으로 삼은 데 비해, 시민교육은 단순히 정답에 도달하기보다는 스스로 물음을 구성하고 자주적으로 탐구하는 것을 교육의 목적으로 삼았다는 것이다. 곧 노예교육에서는 '습득'이 목적이 되고, 시민교육에서는 '탐구'가 목적이라는 뜻이다.

게다가 슈왑은 '탐구'가 성립하기 위한 요건을 교육내용과 배움의 경험에 '의미적 구조'와 '구문적 구조(대화적 구조)'의 두 가지 구조로 설명하고 있다. 쉽게 말해 '의미적 구조'란 교과지식 자체의 구조를 말하고, '구문적 구조'는 그 내용을 가르치고 배우는 교사와 학생의 인식과 표현양식인 것이다. 슈왑은 이 두 가지 중에서 '구문적 구조'를 중시했다. '탐구'를 축으로 하는 수업과 배움은 미리 도달점이 정해진 '노예교육의 방법'이 아니라, 끊임없이 질문을 구성하고 자주적으로 사고함으로써 교과의 본질에 접근하는 '탐구의 방법'을 필요로 한다.

　이 책에서 제시된 '프로젝트 학습'의 실천은 이 '탐구의 방법'을 '대화'와 '스토리'라는 두 가지 요소로 실천하고 있다. '탐구'와 결부된 '대화'는 '탐구하는 공동체(배움의 공동체)'를 구성하고 '스토리'는 각자 배움의 경험과 그 의미를 구성한다. 이 '대화'와 '스토리'가 바로 슈왑이 말한 '탐구의 방식'에 기초가 되고 있는 것은 분명하다.

　이 책에서 제시하고 있는 '탐구'와 '대화'에 의한 배움의 창조적 실천은 '프로젝트 학습'이 다양한 자료나 도구에 의해 '매개된 배움'을 전개한다는 것과 그 배움의 경험은 1시간 단위의 수업이 아니라 단원을 포괄하는 좀 더 큰 시간 축을 따라 '나선형'으로 발전해감을 보여준다.

　이 책은 '프로젝트 학습'의 핵심인 '탐구'와 '대화'의 의의를 구체적이고 명시적으로 제시해준다. 이 책이 중학교에서의 수업 실천사례 중 가장 선진적인 모델을 제시하고 있다고 단언하는 이유는 '탐구'와 '대화'에 의한 수업과 배움에 대한 비전의 확실성에 있다. 독자 여러분은 이 책에서 제시되는 구체적인 실천사례들을 통해 간접적으로나마 성공적인 교육개혁을 경험할 수 있을 것이다.

4 / 개혁의 든든한 지원군

마지막으로 이 책의 실천을 가능케 한 교사들의 동료성과 교사들의 창조적인 도전을 촉구하고 지원해준 후쿠이대학 교육지역과학부 연구원들의 노고에 대해서도 언급하고 싶다. 내가 후쿠이중학교를 처음 방문해 교사들과 함께 '탐구'를 중핵으로 한 '배움의 공동체' 만들기를 시작한 지 수년이 지났다. 그 시간 동안 교사들과 후쿠이대학 스텝 여러분들이 처음에 뿌려진 씨앗들을 잘 키워 냈기에 훌륭한 실천사례가 만들어진 것이다. 내가 관여한 것은 불과 2년 정도였지만, 그 후 아키타 키요미(秋田 喜代美-도쿄대 교육연구과) 교수가 교사들과 후쿠이대학 스텝과의 긴밀한 연대로 발전시킴으로써 이처럼 확실한 결실을 맺게 되었다.

배움의 개혁, 수업과 교육과정의 창조에 있어서 무엇보다도 확실한 밑거름이 되어준 것은 학교 내 교사들의 동료성이었다. 그런 의미에서 볼 때, 후쿠이중학교의 연수 스타일에는 배워야 할 점이 매우 많다. 이 학교에서는 중학교 교사의 동료성에 있어 최대의 장벽이라고 할 수 있는 교과의 벽을 초월한 '부회(部會)'를 기초로 수업연구를 지속해왔다. 초점은 학생들의 배움을 개혁하는 데 있고, 교사들의 수업 스타일을 변혁하는 데 맞춰졌다. 그리고 이 두 변혁의 열쇠가 된 것이 바로 배움의 경험을 학생 고유의 스토리로 기록하는 연구기록방법의 개혁이고, 단원을 기준으로 한 배움의 내용을 기록해 토론하는 연구 스타일을 확립한 것이었다. 이 새로운 연구와 연수 스타일을 확립했다는 점에서 후쿠이대학 연구진의 협력은 큰 의의가 있다.

21세기형 중학교 교육의 실천은 이처럼 배움의 개혁, 수업의 개혁, 교육과정의 개혁, 교사 연수의 개혁, 교사와 연구자 간 관계의 개혁이라는 전체적인 개혁에 의해 가능한 것이다. 결코 부분적인 개혁이 아니며, 여러 가지 부분적인 개혁을 동시에 실시한다고 해서 가능한 것도 아니다. 이 책은 전체적인 학교개혁에 요구되는 21세기형 중학교 교육의 비전과 그 성과를 잘 표현해주고 있다. 중학교 교육에 관련된 모든 사람들이 이 책을 통해 뭔가 배우고 도움을 얻을 수 있기를 간절히 바란다.

전 도쿄대학교 교수 사토 마나부(佐藤 学)

탐구하는
공동체의 창조

최근 교육계에는 '살아가는 힘'을 기르기 위한 목적 아래 주체적으로 배우는 힘과 문제해결능력을 키우는 학습관이 일반화되고 있다. 주5일제가 정착되면서 여유로운 가운데 기초와 기본을 철저하게 익힐 수 있도록 학습내용도 엄선되고 있다. 또한 지식과 기능 면에만 치우치지 않고, 사고력이나 판단력도 중시하는 교육을 지향하고 있다.

그렇지만 안타깝게도 실제 중학교 현장은 그렇게 돌아가고 있지 않다. 여유라는 것은 허울 좋은 이름일 뿐이고, 학교는 아이들은 물론 교사에게도 여전히 정신없이 바쁘기만 한 곳이다. 한정된 시간 내에 초등학교에서 진행된 내용을 철저히 숙지하고, 고교 진학을 향한 반복학습, 종합학습 및 한층 강화된 특별활동 등… 아이들 간의 학력 격차는 점점 더 벌어지고 있고, 배움에서 멀어지는 아이들은 하루가 다르게 늘어가고 있으며,

여기에 대해 교사들은 개별 대응을 하는 것만으로도 버거운 실정이다. 체력과 정신력이 쓸데없이 소모되고 있는 것이다. 이상과는 크게 동떨어져 있는 이러한 중학교를 아이와 교사 모두 삶의 보람을 느낄 수 있는 진정한 배움의 장소로 전환해가려면 어떻게 해야 할까?

본교는 1963년에 개교한 이래 주체적으로 배우는 힘, 협동적으로 탐구하는 힘을 기르기 위한 실천연구를 일관되게 실천해왔다. 1982년『열린 사고로 학습의욕을 기르다』를 발간한 후 각 교과에 대한 오랜 연구, 학년 프로젝트로 틀을 이룬 종합적인 학습의 이상적인 상을 1999년에 『탐구·창조·표현하는 종합학습』으로 정리하기도 했다. 아이들이나 교사가 바뀌고 시대가 격변하는 가운데, 우리가 교과나 창의적 체험활동에서 중요하게 여겨온 키워드는 바로 '탐구'와 '대화'다. 지속적인 연구를 통해 탐구라는 공통의 목적을 위한 공동체(탐구하는 공동체) 조직의 중요성을 거듭 확인해온 것이다. 탐구하는 공동체에서는 대화를 기반으로 다른 사람과의 협동적 탐구가 진행된다. 기존 방식의 배움에서 전환하려면 수업이나 단원을 어떻게 구상하고 전개하며, 어떻게 탐구하는 공동체를 짜야 하는가를 분명하게 함으로써 새로운 시대에 걸맞은 이상적인 중학교의 상을 제시하고 싶었다.

지성을 단순히 평가지로만 측정하려고 하면 시험동향, 해법 패턴의 암기와 반복연습 그리고 어떻게 이해하기 쉽게 설명할까에 관한 효율성만 앞세운 주입식 교육이 되고 만다. 또한 지성이 그저 지식의 단편적인 축적이라고 하면 3년이라는 시간을 통해 아이들에게 어떤 탐구를 조직하는가에 관한 발상은 생길 수 없다. 그저 과제를 세분화해서 기초부터 응용까지 프로그램화된 코스를 어떻게든 충실하게 겪게 함으로써 지식의 단편을 측정하는 데만 관심이 쏠릴 것이다. 하지만 여기에 진정한 배움은 존재할 수 없다.

따라서 단지 1시간의 수업만이 아니라 단원 전체의 탐구 사이클을 그려 넘으로써 학습의 총체로서 탐구와 대화를 형성할 필요가 있다. 의미 있는 탐구는 나선형처럼 넘실거리며 나아간다. 이것이 탐구의 주인공인 아이들에게 있어 어떤 의미를 갖고, 반 친구나 선배, 후배, 교사 그리고 지역의 여러 사람들과 어떻게 연관되어 있으며, 어떻게 고민하면서 성장해가는 걸까? 각 교과가 다른 교과나 프로젝트 학습, 학교 행사와 어떤 관련을 맺으면서 진행되는 것일까? 전통 안에서 어떻게 새로운 전통을 쌓아갈까? 우리들은 실천을 바탕으로 성찰하고 재구성함으로써 중학교 3년을 조망하는 탐구하는 공동체로서의 교육과정을 디자인해왔다.

동시에 교사들 자신도 탐구하는 공동체의 존재를 깨달았다. 수업을 공개해 아이들의 실천을 해석하는 협동연구를 운영함으로써 확실히 교육자로서 성장하게 되었다. 즉 학교가 아이들은 물론 교사도 함께 성장해가는 장이 된 것이다.

이 책에서는 탐구하는 공동체를 향한 아이들과 교사의 도전 실제와 그 이념을 제안하고 있다. 실천에 있어서는 공통적으로 학습단위, 즉 단원 전체의 탐구 스토리를 따르고 있다.

1부에서는 본교 실천의 상징인 4가지 스토리를 소개할 것이다. 본교에 입학한 아이들이 협동하여 지식을 만들어 내면서 탐구하는 공동체의 일원으로서 서서히 참가해가는 수학 수업이 매우 상징적이다. 2학년 봄 과학과의 수업과제는 1학년 때의 성과를 기초로 하여 기존의 실험이나 모둠활동을 뛰어넘는 협동적 배움이 전개된다. 최고 학년이 되면 본교가 중요하게 해온 활동이 있는데, 이것은 국어과의 수업과도 통합되고, 연합음악회 형식으로 세대를 이어 계승되고 있는 음악과의 수업이다. 본교의 탐구를 디자인하는 이러한 교육과정의 기본구성에 대해서는 5장에서 해설할 것이다.

2부에서는 1부에서 소개했던 탐구가 모든 교과와 통합되어 크게 4개의 파트로 나뉘어 전면적으로 전개된다. 특히 5장에서는 대화의 편성과 세대를 뛰어넘는 협동적 배움에 대해 해설하고, 탐구하는 공동체의 디자인을 명확하게 하고 있다.

3부에서는 실천연구에 협동적으로 참여하는 교사들의 모습을 소개한다. 교과를 뛰어넘어 적은 인원수로 이야기를 나누는 가운데 다음 단계의 탐구를 조직하는 것에 대한 중요성을 깨닫고 교사로서 지향하는 자신만의 연구 스타일을 확립해가는 자세를 그리고 있다. 그 다음으로는 교사의 그러한 성장을 지원하는 본교 수업연구의 연간 사이클, 협동연구 시스템, 대학과의 긴밀한 관계를 해설하고 있다.

4부에서는 장기간 일상적인 협동연구를 진행해오고 있는 후쿠이대학의 여러분들과 3년 동안 계속해서 지도 조언을 해주고 계신 도쿄대학교의 아키타 키요미(秋田 喜代美) 교수로부터 교육연구자의 눈으로 본 본교의 연구 의의와 향후 전망에 대해 시사를 받았다.

그동안 우리는 일상적으로 수업을 공개해왔으며, 대학과 협동적인 연구를 기반으로 더 나은 발전방향을 모색해왔다. 독자 여러분이 이러한 과정에서 얻은 것, 단순히 방법을 모방하는 것만으로는 재생할 수 없는, 수업의 배경에 전반적으로 흐르고 있는 아이들과 교사의 '탐구하는 공동체'에 대한 이념과 그것이 생성되는 시스템을 읽어 낼 수 있기를 간절히 바란다.

마키다 히데아키(牧田 秀昭)

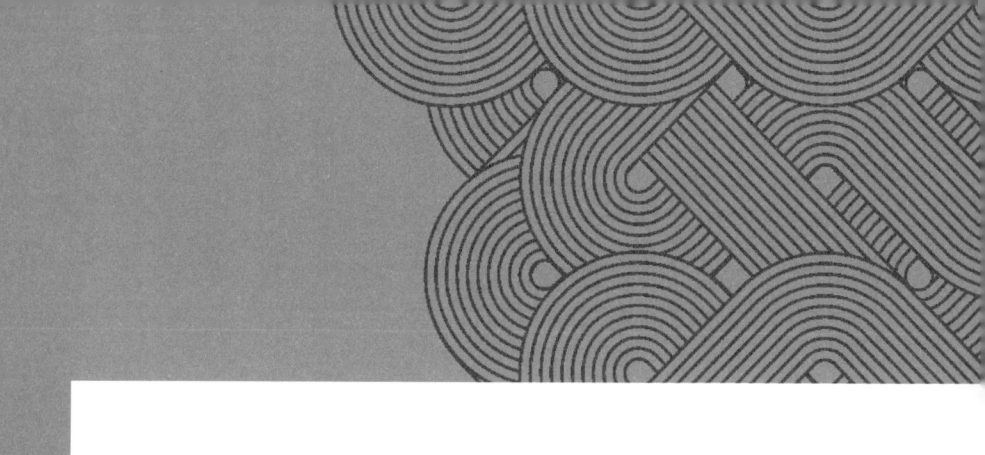

1부

탐구하는 공동체에 접근하기

탐구하는 공동체를 만들어가는 4가지 상징적인 스토리를 소개한다. 본교에 처음 입학한 아이들이 어떻게 탐구하는 공동체의 일원으로서 서서히 성장해가는지, 어떻게 자발적으로 배움을 쌓아가는지를 프로젝트 학습 단위로 재구성된 실제 수업 사례들을 통해 생생하게 확인할 수 있을 것이다. 그리고 이런 수업들이 교사에 의해 어떻게 디자인되어 만들어졌는지에 대해서도 살펴보자.

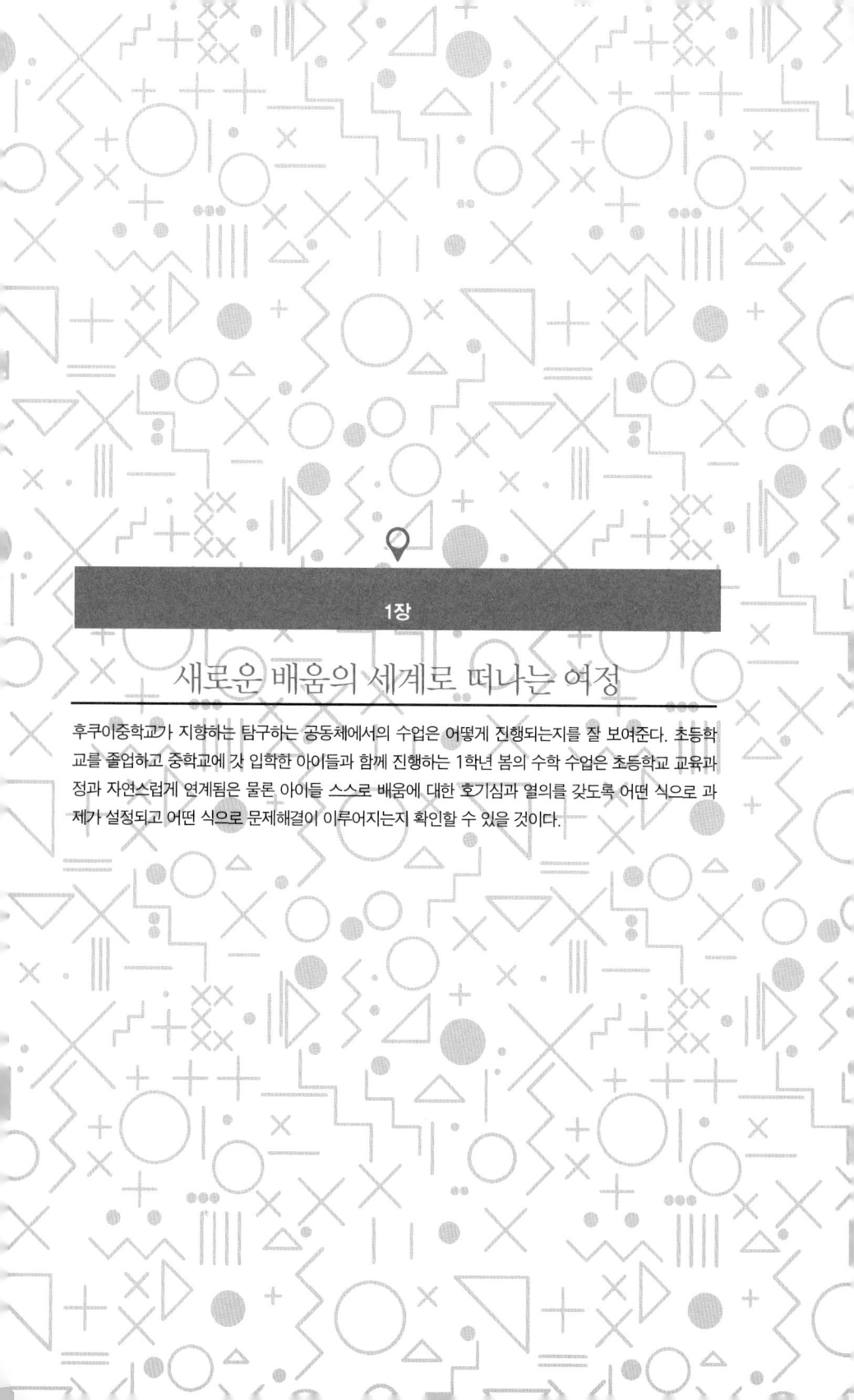

1장

새로운 배움의 세계로 떠나는 여정

후쿠이중학교가 지향하는 탐구하는 공동체에서의 수업은 어떻게 진행되는지를 잘 보여준다. 초등학교를 졸업하고 중학교에 갓 입학한 아이들과 함께 진행하는 1학년 봄의 수학 수업은 초등학교 교육과정과 자연스럽게 연계됨은 물론 아이들 스스로 배움에 대한 호기심과 열의를 갖도록 어떤 식으로 과제가 설정되고 어떤 식으로 문제해결이 이루어지는지 확인할 수 있을 것이다.

배움의 공동체를 향한
첫걸음

1 / 수학과의 오리엔테이션

1 예습하지 마세요. 교과서는…

긴장감으로 가득한 1학년 수학과의 첫 번째 수업시간. 여러 초등학교에서 모인 아이들이 중학교에 갓 입학해서 아직은 서로 친숙해지지 않은 상황이다 보니 교실은 기대보다는 긴장감과 불안으로 가득하다. 게다가 수학이라는 과목의 특성상 뭔가 극적인 전개가 나올 수 있는 무대가 갖춰졌다고 할 수 있다. 교사는 먼저 자기소개를 하고 자와 컴퍼스, 전자계산기, 노트 등의 준비물을 확인한 후 학습의 진행 방향에 대해 말을 꺼냈다.

"우선, 예습은 하지 마세요."라고 하자, 아이들은 "뭐? 예습이 중요하다고 들었는데…"라며 술렁거리기 시작했다. 역시 예상했던 반응이다.

"선생님이 해주는 설명을 단지 달달 외우기만 하는 건 좋지 않습니다. 학습과제나 친구의 의견에 대해서 확실한 자신의 의견을 갖고, 그것을 발표해가는 것이 우리의 수업입니다. 수업 중에 자기 나름대로 확실하게 생각할 수 있다면 좋겠어요. 어떠한 의견이 튀어나올지 알 수 없으니까 예습은 필요치 않아요."

"예습을 안 해도 된다면 교과서도 미리 읽어올 필요가 없나요?" 하는 아이들의 소리가 들려왔다.

"교과서는 보통 덮어놓든가 책상 속에 넣어주세요."라는 교사의 두 번째 설명에, "에에? 교과서도 안 써?"라며 교실 안은 점점 더 소란스러워졌다. "그러면 수업은 뭘 갖고 하나요?"라는 질문도 들려왔다. "수업 중의 과제는 일상생활이나 우리 주위에 있는 것으로 시작합니다. 과제도 여러분들이 직접 결정할 때도 있을 거예요. 교과서에도 과제나 해결방법이 있지만, 여러분 나름대로 이 학급에서 독자적으로 과제나 해결방법을 찾아내 보세요. 그러니 예습을 하려고 해도 불가능하겠지요?"라고 말을 했더니, "헉, 정말 교과서는 끝?"이라며 재빨리 주위를 살피는 아이들이 나왔다. "그럼 교과서를 갖고 오지 않아도 되나요?"라는 소리가 들려, 이에 대해서는 "교과서에서는 어떻게 설명하고 있는지 살펴볼 때도 있어요. 그러니 학교에 가져오세요."라고 답했다.

"노트를 할 때는 칠판에 있는 내용을 그대로 베끼면 안 됩니다."라는 세 번째 설명에 아이들은 "엥, 그러면 필기를 하지 않아도 되나요?", "노트도 필요 없는 거야?"라며 적극적으로 반응하기 시작했다. "칠판에 쓰인 내용을 그대로 베끼는 데만 열중하면, 수업은 바람직하지 못한 방향으로 흐르고 맙니다. 여러분이 수업에 적극적으로 참가할 수 없게 되니까요. 매우 중요한 것이나 써두지 않으면 잊어버릴 것 같은 것을 적는 정도면 충분

탐구하는
공동체에
접근하기

해요. 친구들의 의견을 써두는 건 좋을 거예요. 이름도 붙이고. 그렇게 작성한 노트라면 학생 한 사람 한 사람마다 모두 다르겠죠. 그것이 여러분들의 진짜 교과서가 될 거예요!"라고 설명했다. 그래서 나는 아이들이 칠판에 적힌 내용을 그대로 옮겨 적기 힘들도록 1학년 초에는 특히 더 의도적으로 판서를 번잡하게 하고 있다. 그것을 보고 아이들은 나름대로 내용을 선택해가면서 노트에 적어가게 된다. 이 오리엔테이션의 내용에 대해서도 노트에 정리하는 아이들이 있었다.

계속해서 노트의 사용방법과 복습의 중요성과 방법, 문제집을 사용하는 방법을 설명하며 드디어 마지막 설명에 들어갔다.

2 꼭 기억하고 싶다면 외우지 마세요

"뭐든 금세 잊어버리는 사람이 있지요?"라고 물으니 "나, 나!" 하는 소리가 여기저기서 들려왔다. "잊고 싶지 않다면 외우지 말아야 합니다." 라고 말하자 "말도 안 돼~!" "도대체 무슨 소리야?"라며 아이들의 흥분은 최고조에 달했다. "어떤 사람이든 단순히 외우기만 한 것은 조만간 잊어버리고 맙니다. 이건 당연한 거예요. 그렇기 때문에 꼭 기억하고 싶고, 정말로 잊어버리고 싶지 않다면 외우지 말아야 합니다." 하고 되풀이 하니 "그럼 진짜로 안 외워도 되는 거야?", "그럼 시험은 어떻게 되는 거지?"라며 기쁨과 불안 섞인 반응들이 쏟아졌다.

"여러분 모두 어떤 덧셈이든 할 수 있을 거예요. 하지만 무한한 숫자의 덧셈을 전부 외우고 있는 사람은 없습니다. 즉 외우고 있는 게 아니라 어떻게 푸는지 방법을 알고 있기 때문에 생각을 통해 답이 나오는 것이지요."

사칙연산을 예로 들어서 설명하니 납득이 가는 모양이었다. "그렇지만 구구단은 외워야 하지 않나요?"라고 반론하는 아이들도 있었다. "물론 외우고 있으면 편리한 것들이 있긴 하지요. 하지만 이해하는 것이 훨씬 더 중요합니다. 이해를 할 수만 있다면 모르는 것은 없을 테니까요." 단순한 암기와 이해의 차이를 소개하는 것으로 수학 수업의 오리엔테이션은 끝났다.

2 /그리거나 만드는 활동 속에서 발견하는 과제

1 똑같은 삼각형을 그려보자

오리엔테이션 다음 시간부터 곧바로 도형학습에 들어갔다. 초등학교에서 학습해온 평면도형이 차례차례 나열되었다. 이등변삼각형, 정삼각형, 직각삼각형, 평행사변형, 정사각형, 사다리꼴, 원, 부채꼴, 정육각형…. 이것들을 곧은 선으로 둘러싼 것과 그렇지 않은 것으로 나누었다. 나아가 삼각형, 사각형 등 같은 것끼리 분류해갔다. 이러한 것들을 다각형이라고 부르고, 곧은 선이기는 해도 끝이 없는 선을 직선이라고 부른다고 소개했다. "직선이란 그리고 싶어도 그릴 수 없는 것. 왜냐하면 끝이 없기 때문에."라고 하면 대개가 감탄하곤 한다.

다각형 중에서 가장 간단한 것이 삼각형이므로, "이것과 완전히 똑같은 삼각형을 노트에 그릴 수 있을까?"라고 물으며 삼각형만 인쇄되어 있는 종이를 나눠주었다. "자로 재도 괜찮아요?"라고 묻기에 "괜찮으니 어디를 잰 것인지 알 수 있게 해놓으세요."라고 하자 여러 곳을 측정하면서 실제로 그려가는 활동을 시작했다.

그리는 방법을 아이들에게 설명해보라고 하니 변과 각의 경우에는 설명하기 어려워했다. 그래서 기호를 도입했다. 변과 각을 읽는 방법과 그리는 법, 합동 등을 지도하자 겨우 다른 사람에게 설명할 수 있게 되었다.

"세 변의 길이를 재면 그릴 수 있습니다."라는 야스유키의 발표에 교사가 '야스유키식(式)'이라고 칠판에 썼다. 그러자 코이치가 "만약 AB가 3cm, BC가 4cm, CA가 8cm이면 어떻게 되나요?"라고 발언했다. 교사는 그것을 '코이치의 도전장'이라고 칠판에 썼고, 아이들은 직접 해보았다. "그릴 수 없네. 왜지?"라고 고민하는 아이들이 많다. "그럼, AB가 4cm, BC가 2cm, CA가 6cm이면 어떨까?"라는 과제를 제시했다. 그러자 "그건 그릴 수 있을 거야."라며 아이들이 과제와 씨름했다.

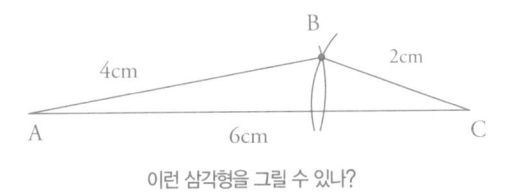

이런 삼각형을 그릴 수 있나?

'그릴 수 있지만 어렵다', '굉장히 작은 게 생겼다'는 아이들에게 요스케는 "그게 가능할 리 없어. 3개의 점이 일직선 위에 늘어서니까."라고 설명했다. 칠판에서 확인하고 모두가 간신히 납득했다. 코이치의 도전장도 받아들여 이보다 차가 크기 때문에 그릴 수 없다고 설명했다. 나츠미는 삼각형을 그릴 수 있는 조건으로서 '가장 긴 변이 다른 두 변의 합보다 작으면 그릴 수 있다'고 노트에 정리했다. 여기에서 두 점 사이의 거리라든가 두 원이 만나는 것, 접하는 것도 함께 배웠다. 이처럼 여러 가지 그리는 방법에 대해서 정리한 다음, 일상에서 응용되는 마크에 관해 대칭성을 조사하면서 평면도형에 대한 학습이 진행되어갔다.

2 만든 입체를 비슷한 것끼리 나누어보자

평면도형을 학습한 다음 입체로 나아갔다. 평면도형과 마찬가지로 알고 있는 도형들을 열거하고, 그 가운데 몇 개(원기둥, 원뿔, 직육면체, 삼각기둥, 정육면체)에 대해서 모둠마다 모형을 만들었다. 이때 어느 변과 어느 변이 중요한지 등을 주의해가며 조립했다.

"이 도형들을 특징별로 비슷한 것끼리 나눠보세요."라는 과제를 냈다. 우선 개인별로 씨름해본 후 모둠에서 의견을 교환했다. 아이들은 실제로 눈앞에 있는 모형들을 관찰하면서 맞는지 틀리는지를 직접 확인했다.

"끝이 뾰족한 것과 그렇지 않은 것으로 나누어집니다."라는 발표에 많은 박수가 터져 나왔다. 이 관점으로 칠판의 플레이트(각 입체의 손 그림이 그려져 있는 판지)를 나누어보았다. "이것과 동일한 결과가 나온 사람 없나요?"라고 물으니, '밑면이 2개 있는 것과 1개 있는 것', '평행한 면이 있는 것과 없는 것'이라는 의견이 나오면서 기둥체와 뿔의 밑면과 옆면에 관한 특징이 정리되었다.

다음으로 '회전하는 것과 회전하지 않는 것으로 나뉜다'는 발표가 나왔다. 이전처럼 똑같은 것끼리 나누는 데 다른 관점은 없느냐고 물으니 '밑면이 원과 원이 아닌 것', '곡선이 있는 것과 없는 것', '곡면이 있는 것과 없는 것'이라는 발언이 나왔고, 회전체의 성질이 정리되었다. 이렇게 비슷한 것끼리 나누는 활동을 기초로 공간도형의 현상적인 성질을 분명하게 할 수 있었다.

3 / 모두가 함께 느끼는 문제해결의 기쁨

1 일상생활에서 소재를 수집하고 정리한다

① 우리 주변에 있는 마이너스 찾아보기

도형학습 다음에는 "우리 주변에 있는 마이너스를 찾아오세요."라는 교사의 말로 수업이 시작되었다. 신문이나 잡지 등 가능하면 실물을 갖고 오면 좋겠다는 말도 덧붙였다. 나츠미의 "혹시 마이너스를 사용해서 직접 표현해도 괜찮아요?"라는 질문에 "뭐든 괜찮고, 몇 개라도 괜찮아."라고 답했다.

모둠마다 각자 조사해온 것을 내놓았다. 신문이나 잡지뿐만 아니라 플라스틱 컵이나 램프(온도가 쓰여 있다)도 가지고 왔다. 가장 많은 종류를 찾아온 8모둠의 소재는 다음과 같다.

> 아이스크림의 보존 온도, 램프의 내해저항온도, 은행 통장, 비만도(보건 교과서에 나와 있음), 전날과 비교한 예상 기온, 고딕으로 됩니다(TV 프로그램 제목), J리그의 득실점차, 골프 스코어, 시차, 투베르쿨린(tuberculin) 반응, 마이너스 드라이버

② 이해하기 쉽게 써서 표현하자

모둠에서 서로 내놓은 소재를 다음 시간에 종이에 적어서 표현하기로 예고했다. 간단한 설명과 사용사례, 이미지화한 그림을 추가해 넣은 정도로 간단히 작성한 것이다. 실제로는 없어도 마이너스를 사용해 직접 표현해도 괜찮은지 물었던 나츠미는 다음과 같은 플레이트를 작성했다. '키 차

이'라는 제목으로 깔끔하게 정리되어 있고, 간단하면서도 이미 단순한 관찰 결과를 뛰어넘은 작품이었다.

소재를 정리해서 플레이트에 이미지를 그려보기 위해 모둠마다 조사해온 모든 소재들을

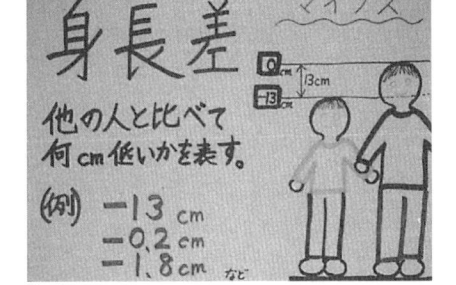

나츠미의 플레이트

한 장의 종이에 써 내려가면서 정리해보았다. 이 활동으로 똑같은 것은 사라졌다. 또 진행이 빠른 모둠에서는 설명과 그림을 어떻게 할지에 대해 서로 대화가 오갔다. 교사는 일람표로 정리해서 가능한 중복이 없도록 어느 것을 플레이트로 작성하게 할 것인가를 결정했다. 이를 각 모둠에 알려 플레이트 작성에 들어갔다. 1인당 1장씩 작성하지만, 어떤 설명을 할까 어떤 예를 들까를 모둠에서 서로 협의하며 진행했다. "색깔을 사용해도 되나요?", "신문을 붙여도 돼요?", "시차의 예로 어떤 것을 쓰면 좋을까요?" 등 작업 중에 많은 질문이 쏟아졌다. 다른 모둠은 무엇을 쓰고 있을지 서로 기대하며 활동이 흥미진진하게 진행되었다.

2 동류분류로 수의 성질을 탐구하다

① 숫자의 유무로 분류

아이들에게 자기 모둠의 마이너스를 비슷한 것끼리 나누어보라고 했다. 동류분류라는 활동은 전 단원인 공간도형에서도 경험했으므로 자연스럽게 활동으로 이어졌다. 예상했던 대로 모든 모둠이 먼저 수량인 것과 아닌 것으로 분류하고 있었다. 4모둠이 플레이트를 칠판에 자석으로 붙이면

칠판에 비슷한 것끼리 분류하는 아이들

서 '아이스크림의 보존 온도', '온도계', '통판의 할인', '엔(円) 시세'와 '마이너스 이온'으로 나누는 발표를 했다.

다른 모둠들에게 "이 모둠의 분류방식으로 했나요?"라고 물으니 대체로 그렇다는 반응이었다. 대표로 3모둠이 칠판에서 분류했다. 판단기준을 물으니 숫자의 유무로 분류했다고 답했다. 이번에는 전원이 자신의 플레이트를 갖고 자리에서 일어나 교실의 우측, 좌측 어느 쪽인가로 이동해 서로 확인했다. 사전에 교사가 조사하고 있었던 것 중 '컴퓨터 키'를 갖고 있던 료타가 어느 쪽인지 헤매다가 나중에 만든 '전혀 숫자가 없는 쪽이다'로 장소를 옮겼다.

전원에게 수량이 아닌 쪽을 한곳으로 정리해서 게시하게 했다. '마이너스 이온', '전지', '마이너스 이미지', '마이너스 사고', '컴퓨터 키', '마이너스 드라이버'의 6장이었다. "전부 플러스 쪽이 있어 플러스와 반대 성질을 표현하고 있군요."라고 정리한 다음 이들 이외의 플레이트를 동류분류했다.

② 기준이 어떤가에 따라 분류

다음의 동류분류에서는 모둠활동 시간을 갖고, 교사는 각 모둠을 돌아가며 지원하게 되었다. 예를 들어 수심에 대해 두 종류를 낸 모둠에는 "수심을 나타내는 -5m와 수위의 변화를 나타내는 -5m는 똑같은 의미일까?"라는 조언을 해주었다.

8모둠에 동류분류 기준을 물으니 "기준이 어떤가로 분류된다."고 답했다. 8모둠에서는 돈에 관해 성질이 다른 두 종류가 있다는 것을 미리 알고 있었으므로 칠판에 나와 발표하도록 했다. 나눈 방법은 '은행통장', '투베르쿨린 반응'과 '시차', '일기예보(전일비교)', '고딕으로 됩니다(TV프로그램)의 결과 발표'였다.

"기준이 확실히 정해져 있는 것과 기준을 변화시킬 수 있는, 변해도 괜찮은 것으로 분류했습니다. 은행통장은 예금하면 흑자로 플러스가 되지만, 돈이 없어서 빌리면 적자로 마이너스가 됩니다. 그렇지만 시차는 어디를 기준으로 하는가에 따라서 차이가 달라집니다."라고 타카시가 모둠 모두의 지원을 받으면서 1장씩 설명을 더해갔다. '투베르쿨린 반응'은 붉게 된 부분의 길이가 어떤 기준에 달하게 되면 양성판단이 내려지는 것으로 이 시기의 아이들이면 누구나 체험해본 것이다. 그런데 나는 기온의 0℃와 해면의 0m라는 것과는 의미가 달라서 기준이 변하는 쪽으로 생각하고 있었지만, 아이들은 양성으로 판단하는 기준은 변동 없이 확실히 결정되어 있는 것이라고 생각해 은행통장과 같은 부류에 포함시키고 있었다. 이 것을 확인하고 다른 아이들도 자신의 플레이트가 어느 쪽으로 되어 있는지 의견을 나누어보았다.

여기서 내가 "판단의 관점이 어떤 기준인가에 달려 있는데 기준에 주목하면 공통점이 있나요?"라고 물으니, "기준은 어느 것도 0…"이라는 중얼거림이 들려왔다. 나는 '수(數)의 추상화'로 향할 찬스라고 파악해서 정리하려고 했는데, 8모둠의 미호가 "다릅니다. 0이 아니에요. 그럴 셈으로 발표한 것은 아닙니다."라고 반론해 깜짝 놀랐다. 0으로 설정한 기준이 되는 경우는 여러 가지가 있다는 의미의 발언이었다. 추상화로 나아가려고 했던 나는 시기상조라고 판단해 다음 시간으로 넘겼다.

온도에 관한 플레이트가 많아서 이들을 칠판에 붙이고 기준이 확실히 정해져 있는 것과 변화되는 것으로 분류해보았다. 정해져 있는 것은 '아이스크림 보존온도', '냉동식품 보존온도', '램프의 내해저항온도' 등이었고, 정해지지 않은 것으로 '올해의 평균 기온차', '일기예보', '에어컨의 리모컨 조정(지금보다 몇 도 내릴까)' 등이 나열되었다. 후자에는 '기준이 몇 개라도 있기 때문에 보통의 온도와는 다르다', '어떤 온도에서 얼마나 내렸는지 변화를 표시하고 있다', '어느 만큼이나 다른가를 표시하고 있다' 등등의 의견이 나오더니 플러스 마이너스로 변화와 차를 나타내는 것을 납득해갔다. 온도의 경우를 기초로 해서 다음은 다른 플레이트로 눈을 옮겼다.

③ 바다의 깊이는 변하는 것일까?

"현재 기온처럼 0이 확실히 정해져 있는 또 다른 게 없을까?" 하고 질문하자 요시히로가 자신이 만든 플레이트의 수심이 그렇지 않을까 하면서 자신 없는 듯이 소개했다.

교　　사: 0은 어디에 정해져 있나요?
요시히로: 해수면의 높이를 0m로 해서 그보다 아래는 마이너스를 사용하고 있습니다(박수소리가 이어진다).
나 츠 미: 그건 좀 이상합니다. 해수면의 높이는 변합니다.
요 스 케: 저도 그렇게 생각해요. 온난화로 인해 해수면이 점점 높아지고 있다고 들었습니다.
요시히로: 그렇다면 후지산의 높이도 변하겠네요(후지산의 그림이 그려져 있다).

교　　　사: 해수면의 높이는 변하지 않는 것으로 생각해도 괜찮지
　　　　　　요. 자세한 것은 각자 조사해보세요.

　　나츠미는 기준이 절대적인 것인지 아니면 그때그때 정해지는 것인지
에 대해 몹시 집착하고 있었다. 기준이 어디인지를 명확히 함으로써 거기
서부터 플러스와 마이너스를 써서 반대의 성질을 나타낸다는 개념을 붙
잡고 있다는 것을 알 수 있다. 이제까지의 학습에서 기준이 확실히 정해져
있는 것으로 '기온'과 '은행통장', '투베르쿨린 반응' 외에 수심, 비만도가
이 부류에 포함되고, 그 외에는 기준을 그때그때 목적에 따라 설정하고 그
로부터의 변화와 차를 표시하는 것으로 음수의 성질을 정리했다.

　　④ 나왔던 수의 크기를 나타내는 데서 추상화로 나아가다

　　다음 시간부터는 수의 추상화로 나아갔다. 초등학교 때 수의 크기를
나타내는 데는 어떤 것이 있다고 배웠는지 물어보니, 아이들이 선분도와
수치선(0이상)을 칠판에 그렸다. 여기서 나왔던 수를 표현할 수 있는지 물
으니 마이너스가 없어서 이 자체로는 어렵지만, 수직선을 반대 측으로 늘
리면 될 거라고 다이스케가 대답해 칠판의 수직선을 음의 방향으로 늘렸
다. 여기에 눈금을 붙였다. "이것(0이상의 부분)이 수직선이지?"라고 물으
니 '뭘 새삼스럽게…'라는 분위기 속에 대부분이 "앗, 이건 반직선이다. 초
등학교 때 배운 것은 반직선이구나!" 하고 크게 소리를 질렀다. 당연히 그
다음에는 수직선으로 눈이 향했다. "이것들은 어떤가요?"라는 질문을 기
다리지 않고 "양쪽으로 나뉜다. 그렇기 때문에 수직선…" 하는 소리가 나
왔다. "수직선은 그 길이로 양을 나타내고 있지요."라고 정리했다. 도형에
서 학습한 내용이 나오고 있다. 수학용어가 갖는 의미 덕분에 이미지가 선

명해졌다.

> 교　사: (칠판에 완성된 수직선을 가리키며) 이것을 보고 알 수 있는 것을 발표해보세요.
>
> 요스미: 오른쪽으로 가면 갈수록 커지게 된다. 왼쪽으로 가면 갈수록 작아지게 된다.
>
> 야스유키: 0을 중심으로 자르면 같은 숫자 부분이 포개진다.
>
> 요스케: 그것은 대응하고 있다는 것입니다.
>
> 유이치: 0이 중심입니다.
>
> 나츠미: 0을 중심으로 선대칭? … 점대칭이다.
>
> 나　미: 동일한 간격으로 무한히 계속되고 있다.

나츠미와 야스유키는 원점을 중심으로 절대치가 점대칭으로 배치되어 있다는 것을 그들 자신의 언어로 설명하고 있다. 이들의 발표를 시작으로 절대값, 부호, 정수, 자연수라는 수학의 용어를 하나씩 확인하면서 수업을 계속 진행해갔다.

⑤ 0이 없다는 것은 무슨 뜻?

"저~, 제 것은 어떻게 되는 걸까요. 0이 없지만…"이라고 발언한 것은 유이치라는 아이였다. 그는 '지하층'이라는 소재로 플레이트를 작성하고 있었다. 이미 처음 동류분류를 하는 시간에 전원에게 이 사실을 소개했지만, 학습이 흘러가는 중에 불안해져 나오게 된 발언이었다. 직선의 수직선인 경우에도 0에 대한 의견을 말하고 있다. "0층이 없다는 건 당연하잖아!" 하고 다이스케가 말하니 미츠하루는 "아냐, 본 적 있어. 다른 지역 호텔인가 백화점에서."라고 대꾸했다. 내가 이 단원 처음부터 준비해두었던 독일의 호텔 사진을 소개하니 "윽~ 거짓말 같다!"며 아이들이 사진에 집중했다(사진은 1층과 지하 1층 사이에 0층이 있는 엘리베이터 판넬이었다).

외국의 어느 엘리베이터 표시

교　사: 유럽에는 이런 곳이 많은 것 같습니다.
　　　생각해보면 일본이 이상한 걸까요?
유우코: 0이 없다기보다 1층을 먼저 정해버렸기 때문에…. 지하를 표현할 때는 마음속으로 0이 있다….
나　미: 그렇게 말하면 나이도 그래요. 만나이라는 것이 있으니 일본이 특수하다고 생각해요.
교　사: 이걸 더 조사해보면 재미있겠군요.

　　나미의 발언에는 깜짝 놀랐다. 문화가 다르다는 것이 0의 역사까지 생각하게 만든 동기가 되었기 때문이다. 0이 특별한 위치를 점하면서도 다른 수와 같이 수직선에 위치할 수 있는 수라는 것을 인식할 수 있었다.

3 드디어 계산법칙으로

① 진짜로 존재하는지 의심하게 되다
이 단원 전체를 통해서 '0보다 작은 수라는 게 진짜로 존재하는가?'

라는 제목으로 간단한 보고서를 쓰게 하려고 구상하고 있었다. 1회째는 플레이트를 작성한 때에 시켰는데, 다음은 코이치의 글이다.

> 이렇게 탐구해보면 집 안에도 마이너스가 붙은 것이 많이 있었습니다. 우리들 주변에는 그리 많지 않다고 생각하고 있었지만, 이 수업을 통해 놀랐습니다. 0보다 작은 수는 너무 많다고 생각합니다. 마이너스라고 해도 여러 가지 의미가 있어서 재미있었습니다.

2회째를 이 단계에서 썼다. 학습을 진행하면서 오히려 개념이 모호해진 아이들이 있지 않을까 생각했기 때문이다. 애매한 생각을 쓴 여러 명의 아이들에게 발표를 재촉했다.

> **마사히코:** 간단히 생각해보면 1개의 초콜릿은 있지만, −1개의 초콜릿은 없다. 언어로는 있어도 실물은 없다고 생각한다. 상상인 것이다.
>
> **나　미:** 언어로는 있지만 실제로는 없다고 생각한다. 확실히 −10엔이라는 식으로 말로는 할 수 있지만, 잠시 생각해보면 '응? 진짜로는 있는 걸까?'라는 생각이 들기 때문입니다. 마이너스는 사람의 상상에 지나지 않는다고 생각합니다.

눈앞에 현실적으로 존재한다고 말하면서도, 뭔가 의심스러운 느낌을 갖게 되었다.

② 계산할 수 있어야 ……

　　다른 아이들이 이제까지 학습해온 내용을 그들에게 설명했다. 나츠미도 "수직선으로 하면 마이너스가 있다는 게 이해됩니다. 기준을 0으로 설정해서 거기에서 얼마나 작은가, 낮은가를 나타내고 있기 때문입니다. 0보다 큰 수가 있으면 0보다 작은 수도 있습니다."라고 돌아섰다. 또 다른 아이들도 플러스와 반대의 성질이니 마이너스도 있다, 온도계에 있으니 있다…. 여러모로 설명하지만, 똑같은 말을 되풀이하고 있는 것으로 보여 "양수에서도, 예를 들면 세 필과 세 개는 보인다고 하지만 3이라는 숫자를 눈으로 볼 수 있을까?"라고 물으니 "볼 수 없다…"라는 중얼거림이 들려왔다.

교　사: 3개와 3은 무엇이 다를까요? 왜 양수는 확실히 있다고 말할 수 있을까요? 언제나 사용하기 때문일까?

나츠미: 계산이 불가능하다면 안 돼요. 2개와 3필은 더할 수 없지만, 2＋3은 계산 가능하지요. 눈으로 볼 수 있다든가 볼 수 없다가 아니라….

교　사: 리사와 야스유키도 보고서에서 계산이 불가능해서 마이너스가 없다면 불편하다고 쓰고 있네요. 플러스와 똑같이 마이너스도 계산 가능한지 해보세요.

　　추상적인 사고를 할 줄 아는 나츠미의 발언으로 아이들은 계산학습의 동기를 얻어 드디어 사칙연산에 들어갔다. 계산의 답이 어떻게 되는가가 아니라 계산이 가능한가 하는 수준에서 생각하기 시작했다. 이는 이미 학원에서 계산을 학습한 아이들의 경우에도 아주 똑같다.

③ 돈의 손익으로 조사하라

음수의 계산 가능성을 알아보기 위한 소재를 무엇으로 할지 결정했다. 나츠미의 플레이트를 예로 들어 계산한 것이므로, 변화를 나타내는 모델이 좋을 거라는 교사의 제안에 모두 찬성했다. 작성한 플레이트에서 증감과 변화를 나타내고 있는 것(금액, 체중, 온도, 스포츠 득점에 관한 것)이 등장했고, 다수결로 돈의 손익에 관한 것으로 학습을 진행하게 되었다. 우선 덧셈부터 시작했다.

(-5) + (-2)는 5엔의 지출과 2엔의 지출의 합이니 7엔의 지출인 -7, (-6) + (+8)은 6엔의 지출과 8엔의 수입의 합이니 2엔의 수입으로 +2인 상태다. 그리고 (-4) + (+3) + (-6)은 3엔 수입과 지출의 합이 10엔이므로 -7. 덧셈에서는 교환법칙과 결합법칙이 성립하는 것도 아이들이 납득해 1시간으로 끝내고 뺄셈인 감산법으로 옮겨갔다.

(+15) - (+5)는 15엔 수입에서 5엔의 수입이 없어지게 되니 10엔의 수입이 되므로 +10, (-10) - (-7)은 10엔의 지출에서 7엔의 지출이 없어져 3엔의 지출이 되므로 -3으로 진행된다. 그렇다면 (+6) - (-2)는 6엔의 수입에서 2엔의 지출이 없어지게 되는 것인데… 여기서 아이들은 고민에 빠졌다. 동부호면 빼면 되는데 이부호는 설명이 잘되지 않았던 것이다. 여기서 한 번 더 2번째의 계산 (-10) - (-7)을 설명해 바로잡아보았다.

④ 마이너스를 빼면 증가하는 것이다

나츠미: (수직선을 그리며) 지출이 이만큼 줄었기 때문에 나머지 지출은 3엔이 되요.

마사히코: 그것을 식으로 쓰면 이렇게 됩니다.

요스케: (수직선을 그리며) 10엔의 빌린 돈에서 이 7엔 분을 반환한다는 것. 그래서 7엔 이익이라는 것과 같다.

교 사: 이것을 (+6) – (–2)에 적용시킬 수 있습니까?

직접 나와서 칠판에 뺄셈을 설명하는 모습

나츠미: 2엔분의 지출이 없어지게 된다는 것은 역으로 말하면 2엔분이 증가하는 것이니까 (+6) + (+2)로 된다.

나츠미는 수직선에서 음수를 길이로 표현해서 설명했지만, 요스케는 수직선을 이용해 어떤 경우에도 성립하게끔 설명했다. 이것을 기초로 나츠미는 마이너스를 빼면 증가한다는 것을 이끌어 냈다. 음수를 빼면 증가한다는 것, 뺄셈은 부호를 바꿔서 덧셈으로 고칠 수 있다는 것을 아이들 모두가 이해하게 되었다.

4 애매한 점이나 불안한 점을 모두 해결하자

① 일람표를 기초로

나는 이제까지도 아이들의 활동중심 수업에서는 특별히 되돌아보는 시간을 확보해오곤 했다. 이해 정도에는 개인차가 있고, 나아가 학습의 방향 결정을 명확히 하는 의미에서도 중요하다고 생각했기 때문이다. 이제까지 학습한 내용 가운데 애매한 점이나 불안한 점이 있으면 그것을 서로 내놓는 형식을 취했다. 항목마다 일람표로 정리해서 이것을 학급 전체가 해결해보도록 한 것이다. 이번에는 14개의 질문으로 정리했다. 누구의 질문인가는 쓰여 있지 않았다.

> **나 츠 미**: '돈 말고도 비슷한 것(덧셈 뺄셈)이 더 있을까'에 대해서 인데요. 돈 이외에도 표현하는 방법을 변화시키면 괜찮을 거라고 생각합니다. '올린다와 내린다'라든가 '늘린다 와 줄인다' 든가(박수 다수).
>
> **마사히코**: '교환법칙을 언제나 사용해도 되는가'에 대해서인데요. 덧셈의 경우밖에 교환법칙은 성립하지 않습니다.
>
> **야스유키**: 그래도 만약 분수에서 3개의 수가 있으면 통분 전에 해도 되나요? 통분 후부터인가요?
>
> **요시히로**: 통분 전에도 후에도 분수의 크기 그 자체는 변하지 않기 때문에 괜찮아요.
>
> **유 키 노**: 정수의 경우 성립한다면 분수에서도 성립합니다.

돈 이외의 가감에 대한 설명은 특수에서 일반으로 이행할 수 있는지를 확인하기 위해 수업에서 다루려고 생각하고 있었는데, 나츠미가 처음으로 설명했다.

② 정해져 있다는 게 이상하네요

> **유　미**: '-(-5)는 왜 +(+5)일까? -(+5)는 왜 +(-5)일까?'인데 마

이너스와 마이너스, 플러스와 플러스처럼 동부호인 경우는
플러스로 된다고 정해져 있습니다.

나 미: 왜요? 그런 것이 언제 결정되어 있었나요? (박수 다수)

유우코: 정해져 있다는 건 이상합니다. 정해져 있는 게 아니라 지출
로 말하면 지출을 없어지게 했다는 것이어서 결과적으로 5
엔의 수입과 동일하게 된 것이라고 생각합니다(박수 다수).

교 사: 그런데 그 식과 '(−○) − (+□) = (−○) + (−□)는 (−○) − □
은 안 됩니까'란 질문은 2개 모두 뺄셈을 덧셈으로 하고 있
는데 왜 덧셈으로 해서 생각하는 것일까?

요스케: 덧셈 쪽이 생각하기 쉽기 때문이라고 생각합니다.

코이치: 교환법칙과 결합법칙이 뺄셈에서는 성립하지 않기 때문에
덧셈으로 해서 생각하는 것이라고 생각합니다.

계산법칙도 방법을 단순히 암기하려는 게 아니라 의미를 생각해보려
는 자세가 엿보였다. 이렇게 14항목 모두에 대해 의견이 나오고 덧셈과 뺄
셈의 수업을 마쳤다. 곱셈과 나눗셈에 대해서도 변화를 나타내는 것을 소
재로 삼아서 '같은 속도 (초속 5m)로 계속 달리는 강행군'의 움직임을 조
사해가며 계산법칙을 설명했다.

나츠미는 "계산의 설명방식이 어려웠다. 그래도 마이너스라는 지식
이 새로이 들어와서 생각하는 방식이 조금 변했다."고 되돌아보았다. 마사
히코는 "마이너스라고 하면 혐오스런 느낌이지만, 마이너스 이온 같은 괜
찮은 것도 있다고 느꼈다. 또 음수와 양수의 관계가 이상하다. 예를 들면
뺄셈도 덧셈의 생각으로 할 수 있다든가 수직선도 0이 한가운데에 있다든
가…"라고 했다. 이제까지의 학습에 새로운 지식이 더해지며 아이들이 가

진 수의 세계가 재구성되어가는 것을 느꼈다.

0이라는 숫자에 얽매였던 유이치는 다음과 같이 소감을 말했다. "이제까지 마이너스 탐구와 음수의 성질, 덧셈, 뺄셈, 곱셈, 나눗셈 등 여러 가지 것을 학습했지만, 내게 제일 인상적이었던 것은 마이너스의 탐구였다. 우리들끼리 여러 가지 마이너스를 탐구하고 우리가 조사해가자 그 다음 과제가 자꾸자꾸 나왔고, 대단히 즐거웠다." 수학 학습의 의의를 절실히 느끼고 이해하게 된 것 같았다.

마키다 히데아키(牧田 秀昭)

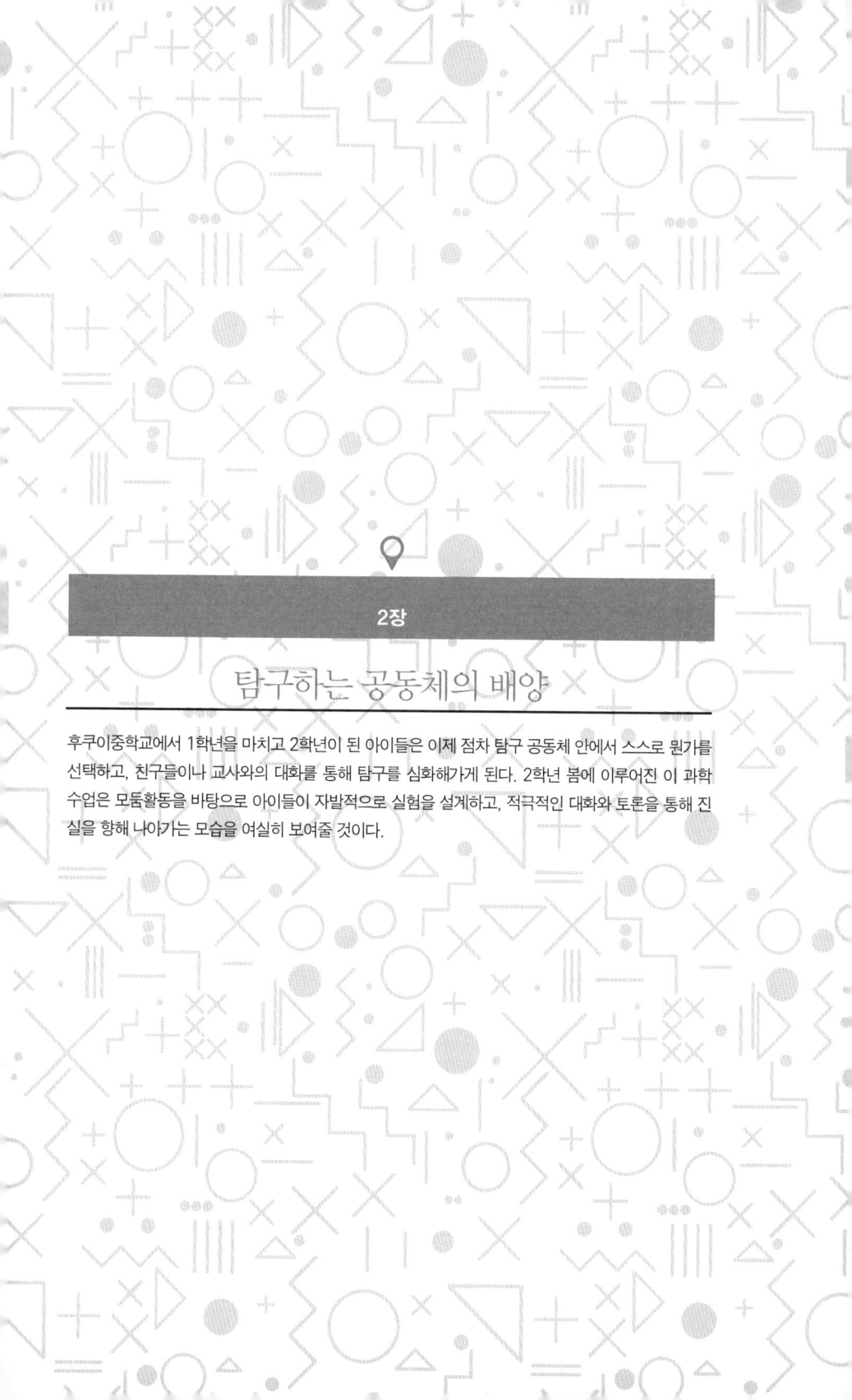

2장

탐구하는 공동체의 배양

후쿠이중학교에서 1학년을 마치고 2학년이 된 아이들은 이제 점차 탐구 공동체 안에서 스스로 뭔가를 선택하고, 친구들이나 교사와의 대화를 통해 탐구를 심화해가게 된다. 2학년 봄에 이루어진 이 과학 수업은 모둠활동을 바탕으로 아이들이 자발적으로 실험을 설계하고, 적극적인 대화와 토론을 통해 진실을 향해 나아가는 모습을 여실히 보여줄 것이다.

빛나는 샤프심의
수수께끼

---

1 / 대화에 대화를 거듭하는 탐구 공동체

이미 1학년 수업에서 아이들은 스스로 선택하면서 실험을 진전시켜 본 경험이 있다. 2학년 봄이 되자 아이들 스스로 미지의 현상에 다가가는 실험을 구상하고, 대화에 대화를 거듭해가면서 탐구를 진행해갔다.

<u>1</u> 샤프심이 빛나는 현상을 살펴보자

장막을 쳐 어두컴컴한 과학실. 모둠별로 조립한 에디슨 전구에 전류를 흐르게 했다. 그와 동시에 "우와!", "굉장하다!", "멋지다!"는 감탄사가 과학실에 울려 퍼졌다. 잠깐 사이에 샤프심은 하얀 불꽃을 내더니 꺼져 버리고 말았다. 어느 모둠이든 꺼진 샤프심을 다시 한 번 더 사용하거나 자신들의 샤프심으로 교체하면서 몇 번씩 반복해서 빛나게 했다. 아이들은 '샤프심이 발광(發光)하는' 현상에 매료되고 말았다.

수차례 샤프심을 빛나게 한 후, 아이들은 '왜 심이 발광한 걸까?', '왜 심은 튀어 버리는 걸까?', '처음 나온 연기는 무엇일까?' 등 몇 가지 의문을 제기했다. 그 가운데 필라멘트의 대용품인 샤프심이 왜 빛났는지에 대해 학급 전체가 탐구해보기로 했다.

우선 모둠별로 가설을 세웠다. 몇 차례 발광하는 현상을 지켜보며, 10모둠에서는 빛이 나는 장소에 주목했다. 그리고 심이 빛난 것은 '열 때문이다'라는 설과 '타기 때문이다'라는 설을 이끌어 냈다.

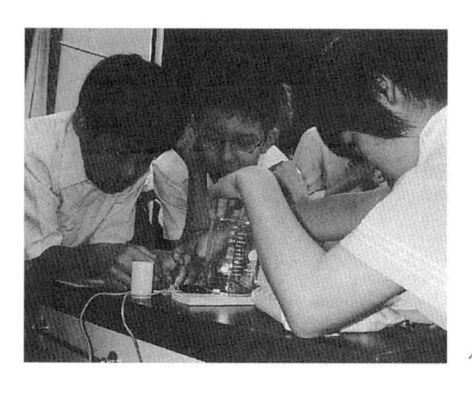

샤프심을 바꿔가면서 계속 빛나게 하는 아이들

미츠하루: 열 때문이야. 전기가 통하면 열이 나서 빛나는 것 아냐?

키　　요: 그래서 심 전체가 빛나지 않는 건가? 심의 정확히 중간 부분에서 빛났어. 심의 정확히 중간 부분에 열이 모인 거야?

시　　노: 모르겠어. 역시 정확히 중간 부분에서 타고 있는 거 아니야?

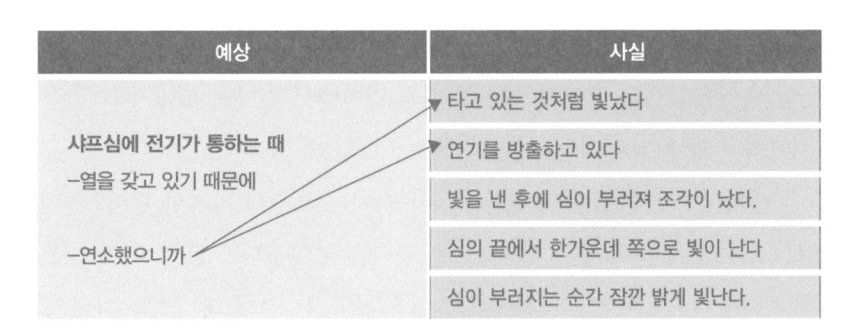

예상	사실
샤프심에 전기가 통하는 때 -열을 갖고 있기 때문에 -연소했으니까	타고 있는 것처럼 빛났다
	연기를 방출하고 있다
	빛을 낸 후에 심이 부러져 조각이 났다.
	심의 끝에서 한가운데 쪽으로 빛이 난다
	심이 부러지는 순간 잠깐 밝게 빛난다.

10모둠의 예상과 관찰 사실

　　모둠에서 다양한 이야기가 오가긴 했지만 결론이 쉽사리 나오지는 않았다. 그래서 다시 빛이 나는 모습을 관찰해보기로 했다. 열 때문인가, 타고 있는 것인가, 또 한 번 관찰하는 가운데 스스로 세운 가설을 뒷받침하는 사실을 찾아보기로 했다. 관찰해보니, '연기가 나온다', '타고 있는 것처럼 빛났다', '빛을 낸 후, 심은 부러져 조각이 났다'와 같은 연소설의 근거가 될 만한 사실이 몇 개 나왔다. 그러나 열설의 증거가 될 만한 사실은 찾을 수 없었다. 서로 대화를 나눈 것을 화이트보드에 표현하면서, 자신들의 가설과 관찰 사실의 관계를 밝혔다.

　　다음 시간에 모든 모둠이 일제히 자신들의 가설과 가설을 뒷받침하는 관찰 결과를 발표했다. 대체로 가설은 역시 열에 의한 발광설과 연소에 의한 발광설 둘 중 하나였다. 소수이기는 했지만, 심의 저항이 크기 때문은 아닌지 생각하는 모둠도 있었다. 그런데 관찰 결과는 대부분 연소에 의해 빛난다는 가설과 관련된 것들이었다. 그렇다고 해도 '심은 연소에 의해 빛났다'는 확실한 결론에는 이르지 못했다. 아이들은 자신들이 생각한 가설을 실험을 통해 검증해보려는 욕구가 강해서, 다른 모둠의 발표를 듣는 것만으로는 자신들의 가설을 순순히 철회하려 들지 않았기 때문이다.

2 자발적으로 검증실험을 구상하다

앞 시간부터 열설과 연소설 중 어느 쪽에도 속하지 않았던 10모둠은 어떤 실험을 설계해야 좋을지 즉각 결정하지 못했다. 서로 의논을 한 후, 2가지 가설 중에서도 특히 열에 주목하자고 했지만, 의견이 분분하여 교사에게 조언을 구했다.

> **미츠하루**: 연소하기 때문에 열이 나오고 있는 거야. 게다가 열이 나오는 데 손을 대보면 금방 알 수 있어.
>
> **키　요**: 손을 대보면 확실히 열이 나오는 것을 알 수 있지만 얼마나 나오는 걸까?
>
> **아 사 코**: 온도계로 직접 측정해보면 되지 않을까?
>
> **키　요**: 선생님, 샤프심의 온도가 몇 도나 되는지 조사할 방법이 없나요?
>
> **교　사**: 직접 온도계를 대서 측정할 순 없어도 열이 얼마나 나오는지를 조사할 수는 있지. 물속에서 심에 전류를 흐르게 하여 물의 온도가 얼마나 오르는지로 알 수 있어.

교사의 제안을 납득하자 재빨리 열이 흩어지지 않도록 발포 폴리스티렌 용기를 준비한다거나 용기의 폭에 맞게 심을 받는 축의 위치를 바꾸는 등의 준비를 했다. 그 준비를 하고 있을 때의 일이다. 키요는 이 실험이 얼마나 열이 나왔는가를 조사하는 것뿐만 아니라, 또 하나의 의미가 있다는 것을 보여주었다.

키　요: 이 실험은 빛나는 심에서 얼마나 열이 나오는가를 조
　　　사하는 실험만은 아니야. 물속에서 심을 빛나게 하는
　　　게 연소일 리 없을 거야. 왜냐하면 심 주변에는 산소
　　　가 없으니까. 그러니 이것은 연소하는지에 관해 조사
　　　하는 것도 되는 거야.

　제1의 가설을 확증하기 위한 실험이 제2의 가설을 더 확실히 하는 실
험이 되는 분위기였다. 분위기 조성만으로 수업은 일단 종료했다. 실험 개
시는 다음 시간으로 넘어갔다.

2 / 다양한 가설을 지지하는 공동체

1 과연 석탄수는 흐려졌는가

　빛나는 샤프심의 수수께끼에 도전한 지 4시간째. 어떤 모둠이든 가설
을 검증하기 위한 실험에 열중하고 있었다. 그 중에서도 연소하기 때문에
빛이 나온다고 생각한 3모둠은 심이 연소한다는 증거를 찾으려고 했다.
그래서 물질이 타면 반드시 발생하는 이산화탄소의 존재를 밝히려고 한
것이다. 발생한 이산화탄소를 포착하기 위해 소량의 석탄수를 채운 집기
병 속에서 심을 빛나게 하려고 했다. 이때 1학년 때의 학습경험이 되살아
났다. 심이 타서 부러지자 조심스럽게 병을 진동시켜보았다. 석탄수는 약
간 하얗게 흐려졌고, 이것으로 3모둠은 심이 타고 있다는 결론을 내렸다.
6모둠에서도 모두 동일한 실험을 했다. 다만 결과는 확실하게 흐려지지는

않았다. 거의 비슷한 무렵에 결과가 나오면서, 서로의 결과를 궁금해했다. 하지만 흐려졌는지 흐려지지 않았는지 확실치가 않았다. 이미 모둠을 넘어 정보교환이 시작되었다. 끝날 무렵에는 서로의 석탄수를 보고, 흐려졌는지 여부를 확인했다. 그러나 어느 쪽이라고 단정할 순 없는 모습이었다. 결국 석탄수로는 모두가 납득할 만한 결론을 내릴 수가 없었다.

2 공기가 없는 곳에서 빛이 날까?

비슷한 시기에 열설의 입장인 2모둠은 오히려 심은 연소하고 있지 않다는 것을 증명하려고 했다. 산소가 없는 우주공간에서도 빛나는 태양을 실마리로 하여 산소가 없는 상태에서 심에 전기를 관통시켰을 때, 심에서 빛이 날지 어떨지를 확인하기로 한 것이다. 과학실에 있는 진공조리기를 사용하여 이제까지 심을 지탱하고 있던 아메리카 핀 대신에 에나멜선을 심에 연결하고 위쪽의 고무 패킹 사이에 도선을 끼워 넣어 실험도구를 완성했다. 남학생이 서로 필사적으로 수동의 피스톤을 상하로 운동시켜 공기를 빼냈다. 그리고 드디어 전원의 스위치를 올렸다. 그러자 진공 상태에서 심은 공기 속에서와 마찬가지로 빛났다. 그 결과 2모둠은 '심은 연소해서 빛난 것이 아니다'는 결론에 도달했다.

실험을 하는 동안 자신들의 실험 이외에도 다른 모둠의 실험에 흥미를 보이며 구경하러 가는 아이들도 있었다. 특히 연소하기 때문에 빛이 난다고 생각한 8모둠의 실험에는 많은 아이들이 모여들었다. 8모둠은 두 가지 실험을 생각했다. 우선 이산화탄소의 농도를 측정할 수 있는 기체검지관을 사용하여 정말 이산화탄소가 발생하고 있는가를 조사하겠다고 생각했다. 그러나 기체검지관이 없었다. 그래서 인접한 학교에서 빌려 왔다. 다음 산소가 없는 가운데 심에 전류를 흐르게 하여 빛나는가를 조사해보았다. 8모둠의 아이들에게서 "질소 가스는 없나?" 하는 질문이 나왔다. 그래서 대학에서 액체질소를 나눠 받았다. 그렇게 필요한 용구를 모두 갖춘 것은 다음 시간이 되어서였다.

5시간째. 8모둠의 책상 위에는 기체검지관이나 액체질소가 들어간 특수한 금속용기가 늘어섰고, 그것만으로도 어쩐지 엄청난 실험이 시작될 것 같은 분위기였다. 이미 실험을 마친 다른 모둠 아이들도 주변에 모여들었다. 기체검지관을 사용한 첫 번째 실험을 통해

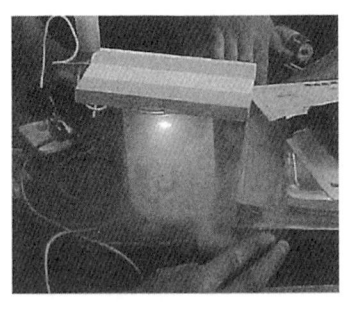

질소 속에서 빛나는 샤프심

빛나고 있는 심 주변에서는 질소에 비해 약 10배 농도의 이산화탄소가 나오는 것이 확인되었다. 역시 타고 있는 것일까? 다음에 다른 모둠 아이들도 지켜보고 있는 가운데 비커 밑에 들어 있던 액체 질소에서 심에 전류를 흐르게 해보았다. 심 주변은 질소뿐이었지만 공기 중에서와 동일하게 빛났다. 모였던 아이들이 소곤대며 "질소 속에서 잘 빛난다. 왜지?", "산소가 없어도 빛나는 걸까?"라며 실험에 관해 의견을 냈다. 그렇게 서로 대화하며 다른 모둠의 실험 결과를 통해서도 과제에 대한 정보를 얻어 갔다.

3 물에 들어가면 빛나지 않는다

바야흐로 물속에서 심에 전류를 흐르게 하려고 한 10모둠도 5차시에

서는 실험준비가 끝나 마침내 회로의 스위치를 켰다.

우선 공기 속에서 심에 전압을 가했고, 심은 황색의 따뜻한 빛을 냈다. 그렇게 빛나는 상태로 물속에 집어넣었다. 4명의 눈이 물속에 집중되었다. 넣자마자 심이 전혀 빛나지 않게 되었다. 물속에서 심은 그저 보통의 검은색 상태였다. 물속에 들어갔기 때문에 단선된 것인가 생각해 물속에서 꺼내보자 다시 밝게 빛났다. 또 한 번 심을 물속에 넣으니 그 순간 빛은 사라졌다. 그 결과에 10모둠은 매료되었다. 10모둠의 미츠하루는 물속에 들어가면 전기가 흐르지 않아 빛이 사라지는 게 아닌가라고 생각했다. 그래서 가장 높은 전압을 가하면 물속에서 빛날 거라고 예상했다. 전압은 설비된 직류전원으로 일률적으로 5V로 설정되어 있었다. 그래서 아이들의 요망에 부응해 쉽게 전압을 바꿀 수 있는 전압조정기(Slidac)를 꺼내 조금 더 높은 전압을 가해보았다. 수중에 심을 넣고 서서히 전압을 높인 것이다. 그런데 황색으로 빛날 거라는 기대와 달리 빛은 전혀 나오지 않았다. 이제까지와 동일했던 것이다. 다만 물의 온도는 몇 분 후에 약 섭씨 30도로 상승했다. 이 결과에서 10모둠은 물의 온도가 상승했기 때문에 열은 나오고 있지만, 물속에 들어가면 빛을 잃어버리므로 물에 의해 연소하지 않는다는 결론에 이르렀다.

4 공유를 통해 진리에 다가서는 아이들

실험을 마치고 다음 시간에는 자신들이 검증한 결과를 발표하면서, 학급 전체가 공유하는 시간을 가졌다. 심의 연소 여부가 문제였다. 석탄수가 하얗게 흐려졌기 때문에 연소하고 있다고 주장하는 유이치와 진공조리기에서 실험을 한 이치히로의 의견이 서로 대립했다.

> **유 이 치**: 실제로 석탄수가 하얗게 흐려졌어. 이는 이산화탄소가
> 나오고 있다는 것을 의미하니까 연소하고 있다고 생각
> 해. 게다가 연기도 나오고 있었어.
> **이치히로**: 우리 모둠은 진공 속에서 실험해보았어. 심은 잘 빛났어.
> 진공이기 때문에 산소는 없지만 산소 없이도 빛이 나는
> 현상을 연소한다고 말할 순 없다고 생각해.

    둘 다 모두 사실을 근거로 주장하고 있는 데다 다른 모둠에서도 유사한 결과가 나온 이상 어느 쪽이 조작 실수를 범했다고 말할 순 없었다. 토의가 좀처럼 종결되지 않았다. 먼저 기체검지관을 사용하여 질소 속에서 빛을 내게 했던 하루키가 질문했다. 하루키는 연기에 주목했던 것이다.

> **하 루 키**: 선생님, 샤프심은 무엇으로 만들어졌나요?
> **교 사**: 보통의 연필심은 점토와 탄소를 섞은 것을 태워서 굳힌
> 것이지만, 샤프의 경우는 그 밖에도 플라스틱이 사용되
> 고 있지.
> **하 루 키**: 그럼 처음 연기가 나온 건 플라스틱이 원인인가요? 그래
> 서 이산화탄소가 나온 건가요?

    드디어 발생했던 이산화탄소의 정체가 명확해졌다. 그렇다면 이제 이산화탄소의 존재는 연소에 의한 발광설의 근거가 될 수 없다. 게다가 심의 저항을 측정한 7모둠에서 측정 중에 심을 받치고 있던 아메리카 핀 앞

의 일부가 열로 인해 녹았다고 보고했다. 철로 된 핀 앞의 일부가 녹는 모습을 보고 꽤 많은 열이 나오고 있다는 사실에 놀랐다고 했다. 그러나 물속에서 심을 빛나게 하려고 시도했던 10모둠은 여전히 납득하지 않았다.

<u>5</u> 다른 모둠의 실험 결과에 새로운 해석을 가하다

10모둠을 대표해 키요는 물속에서는 심이 빛나지 않았다는 사실을 발표했다.

> 키　요: 우리 모둠에서 발광하는 심을 물속에 넣자 전혀 빛이 나
> 　　　 오지 않았습니다. 따라서 연소하고 있다고 생각합니다.

이 10모둠의 실험을 다른 모둠에서도 지켜봤기 때문에 다른 아이들도 물속에서는 심이 빛나지 않는다는 걸 알고 있었다. 그러나 이제까지 연소로 인해 발광한다고 하는 설의 근거가 된 사실은 다른 방식으로도 설명되어 왔다. '물속에서는 빛을 잃는다'는 것을 어떻게 생각해야 할까? 질소 속에서 심을 빛나게 했던 하루키가 열의 전도에 착안했다.

> 하 루 키: 빛나지 않았던 원인은 심에서 나오는 열을 물에 빼앗겼
> 　　　　 기 때문에 그렇다고 생각합니다.

하루키의 해석에 10모둠은 자신들이 미처 생각지 못했던 관점을 얻게 되었다. 물속에서 발광하지는 않았지만, 수온이 점점 상승했다는 것은

심에서 상당한 열이 나오고 있다는 것을 증명했다. 이제 자신들의 실험 결과가 모두 연결되었다. 아이들은 하루키의 생각에 납득되어 열에 의해 심이 발광한다는 결론을 내렸다.

6 나아가 스스로 필라멘트를 만들다

빛나는 샤프심의 수수께끼를 해결한 아이들은 다음 시간에는 스스로 필라멘트 만들기에 도전했다. 반마다 탄소조직으로 필라멘트가 될 만한 것들을 가져와 시험관상의 사기그릇인 탄만관(Tammann tube)에 넣어 찌고 태워 탄화시켰다. 아이들은 스파게티, 젓가락, 대나무조각, 빵 등을 탄화시켜 필라멘트를 만들었다. 처음에는 뜻대로 되지 않기도 했지만, 어떤 모둠이 강화에 의해 잘 연소하는 코스에 이르자 모든 모둠이 필라멘트 만들기에 성공했다. 아사코는 토론회 후에 다음과 같은 의견을 남겼다.

> 필라멘트가 왜 빛나는지에 관해 모두 생각하고 이야기를 나눌 때에는 갖가지 다른 의견이 나와 매우 재미있었다. 우리 모둠은 연소한다고 생각했지만, 8모둠의 실험에서 질소 속에서도 (샤프심이) 빛나는 것을 보고, 연소하는 게 아니라는 걸 알게 되었다. 그렇지만 열을 가지면 왜 빛나는지에 대한 의문이 남아 있다. 그래도 물의 온도가 꽤 올라간 사실에 깜짝 놀랐다.

타케사와 히로야스(竹澤宏保)

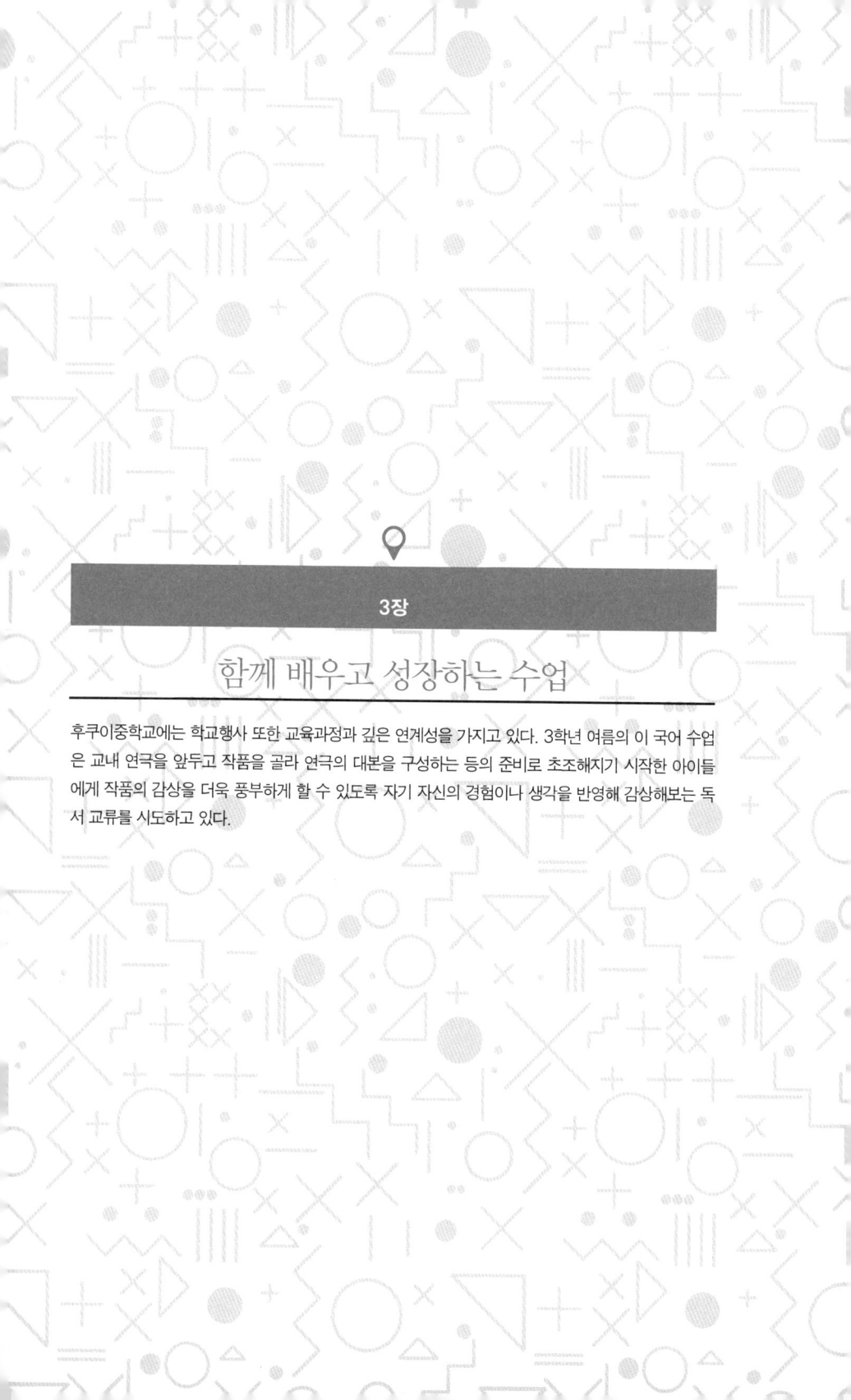

3장

함께 배우고 성장하는 수업

후쿠이중학교에는 학교행사 또한 교육과정과 깊은 연계성을 가지고 있다. 3학년 여름의 이 국어 수업은 교내 연극을 앞두고 작품을 골라 연극의 대본을 구성하는 등의 준비로 초조해지기 시작한 아이들에게 작품의 감상을 더욱 풍부하게 할 수 있도록 자기 자신의 경험이나 생각을 반영해 감상해보는 독서 교류를 시도하고 있다.

연극을 준비하는
아이들과 함께 읽는 소설

1 /생각과 바람에서 떠올리는 아이디어

1 연극이 걱정이에요

"선생님, 연극의 각본은 어떻게 쓰면 되나요?"

수업을 끝내고 교실을 나서려는데, 조지에게서 질문을 받았다. 조지는 이 학급의 연극 감독이다. 9월 문화제의 학급별 연극발표 때문에 감독, 조감독, 연출, 거기에 각본을 담당하는 아이들이 슬슬 초조해 하기 시작할 무렵이었다.

교 사: 벌써 쓰기 시작했니?

조 지: 대사를 고르고 있는 중인데요, 원작대로 담담하게 이야기를

하는 것만으로는 재미없을 것 같아서요…

교 사: 그렇지. 원작을 단지 베껴 쓰는 게 아니라 각각의 장면이 왜
　　　필요한지를 잘 생각해두면 좋겠지. 다만 그것을 학급 전원
　　　이 납득한 다음부터 작업하면 대본을 쓸 수 없을 테고…"

조 지: 그니까요.

　본교의 학급 연극은 통합학습의 일환으로 매년 3학년이 말 그대로 결
사적으로 몰두하는 큰 행사다. 나는 현재 학급 담임은 아니지만, 작년에는
3학년 담임으로서 아이들과 처음으로 연극을 만들었다. 이 학급의 아이들
도 지금부터 3개월 정도는 상연하게 될 이야기의 세계를 살아갈 것이다.
나는 '연극과 관련된 무엇인가로 국어 수업을 할 순 없을까?' 하는 생각을
하게 되었다.

2 아이들의 독서 교류를 풍부하게 해보자

　중간고사가 끝난 무렵에 2시간 정도의 여유가 생겼다. 거기서 『작은
장갑』이라는 작품을 가지고 수업을 해보기로 했다. 『작은 장갑』은 우쓰미
류이치로(內海隆一郎)의 단편으로 무사시노를 무대로 한 연작 중 한 편이다.
이 작품에는 어느 정도 깊은 생각이 담겨 있다. 내가 주재했던 연구회에서
벌어진 일인데, 이 작품을 아버지와 딸의 온정이 스며 있는 뛰어난 소설이
라고 평가했더니 누군가가 "이 작품을 그런 식으로 읽은 것은, 아버지로서
당신 자신에 대한 생각이 투영되어 있기 때문이 아닌가요?"라고 말했다.
　소설을 읽는 과정에는 아무래도 자신의 생활경험이나 생각이 스며

든다. 따라서 소설을 읽는 것은 자신을 읽는 것이기도 하다. 이런 독서의 경험을 말해보는 것이 아이들의 독서 교류를 풍부하게 해 연극활동에도 도움이 되지 않을까 생각했다.

3 교재 『작은 장갑』

우선 교재의 개요를 간단하게 설명했다. 작품은 아버지가 잡목림을 산책하면서 차녀인 시호와 어떤 할머니의 추억을 회상하는 것으로 출발한다. 6년 전 가을로 시호가 초등학교 3학년 때의 일이었다.

숲 속에서 우연히 만난 할머니를 숲속의 요정이라고 생각했던 시호는 처음에는 무서워했지만, 점차 허물없이 매일 숲으로 찾아가게 된다. 할머니도 시호를 귀여워했다. 그러나 어느 날부터 시호는 할머니를 만나러 가지 않게 된다. 시호의 할아버지가 돌아가신 날 이후부터였다. 아버지는 할머니가 시호를 손꼽아 기다리고 있다는 것을 느끼고 있으면서도 딸의 마음에 개입하고 싶지 않아 아무 말도 하지 않는다.

그로부터 2년이 지나 시호와 아버지는 우연히 그 할머니가 입원하고 있던 병원에 들르게 되었다. 치료를 마치고 돌아갈 때에 시호는 간호사에게 할머니에 대해 물었다. 그러자 그는 "미야시타 씨라고 해, 시호를 손꼽아 기다리셨어. 몰래 크리스마스 선물도 준비해두고 계셨단다."고 말한다. 불편한 손으로 만든 작은 장갑을 손에 넣은 시호는 눈물을 흘리면서 미야시타 씨를 만나게 해달라고 간청하지만, 병원의 간호사인 수녀는 조용히 말린다. 미야시타 씨는 1년 전부터 치매가 진행되어 더 이상 누굴 만나도 상대를 알아보지 못하기 때문이었다. "미야시타 씨는 고향으로 돌아가 버

렸어요. 그 옛날 본인이 살던 곳으로." 그 말을 들은 시호는 병원을 나와
아버지와 함께 조용히 숲의 입구로 자전거를 돌렸다.

2 / 서로의 감상을 엮어가는 수업

1 처음 읽었을 때

작품을 소리 내어 읽게 한 뒤에 감상을 물었더니 '좋은 이야기다',
'감동했다'는 반응이 들려왔다. 거듭해서 물어보았다.

교　사: 어떤 점이 좋았니?

톗　페: 노망났다는 식으로 말하지 않고, "미야시타 씨는 고향으로
　　　　돌아가 버렸어요."라고 말한 게 좋았어요.

나오키: 수녀로서는 말하지 않는 편이 낫다고 생각해요. 시호를 만
　　　　나게 하지 않은 것도 할머니를 만나면 시호가 슬퍼할 거라
　　　　고 생각했기 때문일 거예요.

아　미: 전체적으로 예쁜 이야기라고 생각해요.

교　사: '왜 그럴까?' 하고 의문이 드는 부분은 없나요?

조　지: 마지막 부분이 조금⋯ 애매해요.

교　사: 왜?

조　지: 마지막에 미야시타 씨가 돌아가신 게 아닐까 생각했지만,
　　　　치매에 걸려 버렸다는 게 의외였어요. 그렇지만 어쩐지 이

해할 수 없네요.

교　사: 자, 그럼 어떤 결말이라면 좋았을까? 감동적인 만남이 되었다면 좋을까?

히토미: 그건 안 돼요. 물론 만나서 해피엔드라면 기분 좋겠지만, 이야기로서는 깊은 맛이 없을 것 같아요. 저는 치매에 걸려버리고 말았다는 게 슬프지만 현실적이어서 좋다고 생각해요.

조　지: 응, 맞아.

아　미: 만날 수 있는데 만나지 못하는 게 슬퍼요.

처음부터 활발한 대화가 오갔다. 여기서 조지가 마지막 장면을 문제 삼은 것은 아마도 연극의 결말을 걱정한 발언이었을 것이다. 히토미나 아미도 그것을 이해하고 있었다.

2 교사의 생각 말하기

이대로 대화를 계속할까도 생각했지만, 처음의 계획대로 진행하기로 했다. 전체에게 "선생님의 생각을 말해도 좋을까?"라고 말하고 아이들이 이에 동의하자 이렇게 물어보았다.

교　사: 이 이야기에서 시호는 몇 살이지?

아이들: 6년 전에 초등학교 3학년이었으니까 이제 중 3이에요.

교　사: 그렇지, 여러분들에게는 이것이 실마리입니다. 여러분, 특히

여학생들에게 듣고 싶은 말인데요. 아버지와 대화를 하고 있
나요?

"예~"라고 하는 소리도 들려왔고, "글쎄?", "대화라면 어떤 이야기?"
등 아이들이 각자 중얼거리기 시작했다. 손을 들어보라고 하니 대화를 잘
나눈다는 아이는 몇 명에 불과했고, 대다수의 아이들은 아버지와의 대화가
거의 없는 것 같았다. 이를 확인하고 나서 이야기를 시작했다.

선생님은 이 이야기를 매우 좋은 이야기라고 생각했지만, 어떤 측면에서
이 이야기는 아버지의 시점으로 쓰여 있다는 것을 잊으면 안 된다고 생각
해요. 그렇게 생각하면서 되풀이해서 읽으면 부친이 산책하면서 왜 3년
전의 일을 생각해 냈을까? 라는 문제를 '진지하게 생각하게' 됩니다. 물론
직접적으로는 숲을 산책하다가 갑자기 생각이 났다고 할 수도 있겠지만,
선생님은 어쩐지 아버지가 딸과의 관계를 새롭게 만들고 싶어 한다는 느
낌이 강하게 드는군요.
내용 중에 숲에서 연로한 요정과 만난다는 초등학교 3학년 딸을 조롱하는
장면이 있는데, 그 장면과 아버지가 딸의 마음속에 '들어갈 수 없다'고 생
각하는 장면을 연관시켜보면 딸의 성장과 그것을 응시하는 부친과의 관계
가 보일 것 같다는 생각이 들어요.
지금 나에게도 초등학교 3학년인 딸이 있는데 나날이 성장하고 있고, 언
젠가는 이 소설의 아버지와 같이 딸의 마음속에 '들어갈 수 없는' 뭔가를
느낄 때가 올 거라는 예감이 듭니다.
마지막에 숲으로 자전거를 돌리는 장면에서 아버지는 할머니가 과거 시호
를 기다리고 있었다는 것을 알고 있었음에도 아무 말도 해주지 않았던 것

때문에 시호에게 미안해합니다. 그러나 아무것도 시호에 대하여 말하는 내용은 없지 않나요? 지금 아버지는 그 숲을 산책하면서, 씁쓸한 마음으로 떠올리고 있지 않을까요?

"아, 그럴까?", "그런가, 중 3인데…" 교사의 이야기를 들으면서 아이들이 중얼거렸다. 주위의 아이들과 대화를 나누는 아이도 있다. 그러나 교사의 이야기에는 귀를 기울이고 있었다.

마지막으로 이 견해는 어디까지나 교사 자신의 견해인 것, 초등학교 3학년인 딸을 가진 아버지로서 교사 자신의 경험을 토대로 했다는 걸 언급하면서 이야기를 끝냈다.

그 후 "여러분들도 작품 중의 누군가에게 초점을 맞춰 그 사람의 이야기로 정리해보세요." 하고 제안했다. 아이들은 남은 시간을 이용해 이야기를 정리하여 제출했다.

3 아이들이 정리한 이야기

아이들은 '시호', '아버지', '어머니', '수녀', '할머니(미야시타 씨)'이 5명의 등장인물의 시점에서 각각 이야기를 정리했다. 이 작품에서는 '시호'의 이야기가 '아버지'의 시점으로 전개되고 있으므로, '시호'의 이야기로 정리하려면 '아버지'의 주관으로 언급된 부분을 없애야만 했다. 또 '시호' 이외의 인물 이야기로 정리하려면 언급되지 않은 부분에 대해 상상으로 보충해야만 했다. 다음은 사토시가 '수녀'의 관점에서 정리한 이야기다.

"시호를 찾아주세요."

수녀가 이런 의뢰를 받는 게 처음은 아니었다. 그러나 미야시타 씨는 치매가 진행되어 최근에는 고향의 일만 이야기하고 있었다…. 시호가 대체 누구일까? 수녀는 2년 동안이나 계속해서 시호에 관한 정보를 찾아보았다. 그러나 발견된 것은 없었다.

설마 그 소녀가 2년 반이 지난 후에 찾아오리라고 그 누가 생각했겠는가.

"만나게 해주세요."

수녀는 순간 주저했지만, 이미 치매가 진행되고 있었기에 만날 수 없다고 조용히 알려주었다. 왜 소녀는 2년 동안이나 미야시타 씨를 방치해둔 것일까? 수녀는 의문을 느꼈다.

또한 모모코는 '미야시타 씨'의 관점에서 다음과 같이 이야기를 정리했다.

미야시타 씨는 뇌졸중으로 병원에 입원했다가 숲속에서 뜨개질을 하면서 보내고 있었다. 그 나름대로 즐거웠고 평온한 생활이었다.

어느 날 시호라는 여자아이와 만났다. 꽤 즐겁게 대화를 나누었고, 지금까지의 생활보다도 한층 더 즐거워졌기 때문에 시호와의 만남을 손꼽아 기다렸다. 그러나 어느 날 이후로 시호를 전혀 만날 수 없게 되어 그때부터 미야시타 씨는 매일 외로운 나날을 보내야 했다.

어떻게 해서든 시호에게 손수 짠 장갑을 건네주고 싶었기 때문에 수녀들에게 찾아달라고 했지만 찾을 수 없었다. 꼭 장갑을 건네주고 싶었기 때문에 안타깝고 서운한 마음을 억누를 수 없었지만, 그래도 수개월 간 시호 덕분에 즐거운 한때를 보낼 수 있었기에 시호에게 감사하고 있다.

아키라는 '수녀'의 관점에서 사토시가 정리한 이야기에서 '시호'가 '미야시타 씨'를 '방치해두었다'고 표현했다. 이는 '부친'의 관점으로 읽었을 때에는 나오지 않던 느낌이었다. 또 모모코는 '미야시타 씨'의 관점에서 볼 때, 그녀의 마음처럼 '안타깝고 서운하다'고 생각했다.

4 각자 이해한 것을 서로 나누다

2차시 동안 모둠으로 서로의 이야기를 이해하고, 자유롭게 의견을 교환했다. 모둠활동에서 자신과는 다른 관점에서 정리한 이야기들을 들을 수 있었다. 그 중에서 모모코의 모둠에서는 이런 대화가 오갔다.

(모모코의 이야기에 대해)

교 사: 어때? 조금 슬픈 이야기이지만 잘 썼구나.

모모코: 잘 썼나요? 와! 선생님이 칭찬해주셨네요.

교 사: 그래 미야시타 씨가 불쌍하고… 이럴 거라면 시호와 만나지 않는 편이 좋았다고 생각하지 않아?

나오키: 아, 이해할 수 있을 것 같아요.

모모코: 정말? 그렇진 않은 것 같아. '시호와 만났기 때문에 몹시 행복했다'는 걸 보면 몹시 행복해지기도 하고 동시에 몹시 불행해질 수도 있어.

교 사: 아, 그거 매우 발전적인 생각이구나.

나오키: 난 거기까지는 생각할 수 없었던 것 같아.

모모코: 응? 어째서? 남자들은 그러한 식으로 생각하는 거야?

이 이야기의 등장인물은 아버지 외에는 모두 여자들뿐이다. 남자이니까 이렇고, 여자이니까 이렇다고 말하는 것은 다소 편견을 조장할 수도 있지만, 남성 작가에 의해서 아버지의 시점으로 쓰인 이 작품을 여성의 시점에서 다시 돌아보는 것도 중요하다고 느꼈다.

5 공유를 통해 깊어지는 이해

모둠 단위로 교류하며 느꼈던 것을 활용해 이 작품에 대한 감상을 써 보도록 했다. 작품에 대한 감상뿐만 아니라, 수업에 대한 감상을 쓰는 아이도 있었다. 모모코와 같은 모둠이던 타카아키는 다음과 같이 썼다.

> 시호가 할머니를 만나러 가지 않았던 것은 할아버지와 같은 상황에 있는 할머니를 보고 싶지 않았기 때문이라고 생각한다. 또 할머니는 시호와 만나오면서 원기를 찾았고 기뻐했다고 생각한다. 왜냐하면 할머니는 수녀에게 시호를 찾아달라고 했고, 장갑도 만들었고, 무엇보다 슬퍼했다는 것은 그전에 시호와 만나 즐거웠던 기억이 자꾸 떠올랐기 때문일 것이다.
> 또한 (나는) 아버지의 관점에서 썼는데, 아버지가 바라본 시호는 자꾸자꾸 성장해가고 있다고 생각한다. 할아버지의 죽음 이후 그 아픔을 통해 성장해갔다고 생각한다.

타카아키의 감상 중에 "슬퍼했다는 것은 그 전에 시호와 만나 즐거웠던 기억이 자꾸 떠올랐기 때문일 것이다." 하는 표현은 취지의 모둠활동 중 모모코가 '몹시 행복해지면 몹시 불행해지도 한다'는, 발언과도 분명히

탐구하는
공동체에
접근하기

통하는 부분이 있다. 그 당시에는 입을 열지 않았던 타카아키였지만, 모모코의 말은 그의 마음에 남아 있었던 것이다. 한편 모둠활동에서 자신의 생각을 한층 더 음미해보았던 사람이 모모코였다.

> 이 작품은 다양한 방법으로 생각해볼 수 있다고 생각했다. 아버지의 시점과 미야시타 씨의 시점 이 두 시점에서 보면 시호와 미야시타 씨의 관계는 매우 다르게 파악할 수 있다. 시호가 할머니와 만나지 않은 게 2년이나 되었다는데 정말 만나지 않는 게 좋았을까 하는 의문이 든다. 뭔가 이유가 있었겠지만, 나는 만나러 가는 게 더 나았다고 생각한다. 만나게 되면 또 즐거운 시간을 보낼 수 있지 않았을까 생각하고 할머니도 장갑을 직접 건네줄 수 있어 안타깝거나 서운해하지 않았을 테니까.

처음에 미야시타 씨의 시점에서 이야기를 정리해보고 '미야시타 씨'의 서운한 마음에 주목했던 사람이 바로 모모코였다. 그 시점에서는 수 개월 동안 시호 덕분에 즐거운 시간을 보낼 수 있었기에 시호에게 감사하고 있다고 쓰는 것으로 수습을 시도했다. 그러나 친구들과 대화를 나눠본 결과 '미야시타 씨'의 생각과 '시호'의 생각을 어떻게 통합하면 좋을지 알 수 없게 되어 버렸던 것이다. 여기서 "정말 만나지 않는 게 좋았을까 하는 의문이 든다."며 의문을 그대로 둔 것은 성실한 태도라고 생각한다.

6 연극을 향하여

연극의 감독인 조지는 '작품의 감상'에서 다음과 같이 썼다.

나는 이 소설을 읽고 매우 좋은 이야기라고 생각했다. 그 이유는 인간의 복잡한 마음의 움직임이 잘 그려져 있기 때문이다. 예를 들면 할아버지가 돌아가신 후 시호의 마음은 혼란스러웠을 거라고 생각하는데, 있을 수 있는 일로 자연스럽게 받아들이고 있었기 때문이다. 이제 아버지는 딸에 대해 아무것도 할 수 없다는 무력감이 이 이야기의 재미를 더하고 있지 않나 생각한다.

그리고 이 이야기의 결말은 전에는 더 좋은 결말이 있을 텐데 하고 생각했지만, 이 이야기의 흐름에서 다시 생각해보면 이게 가장 최선의 결말이라는 생각이 든다. 이러한 결말이어서 이 소설이 더 좋은 이야기라고 생각한다.

조지가 '이야기의 결말'에 유독 집착한 이유는 도전하고 있는 연극 〈해피*보이〉의 결말에 대한 아이들의 의견이 분분했기 때문이었다. 결국 아이들은 원작의 개정을 결심하고, 주인공인 징코후가 죽는 것으로 바꾸기로 했는데 그 고민이 여기서 드러났던 것 같다. "연극에서도 다양한 인물이 무대에 등장합니다. 그 한 사람 한 사람에게 이야기가 있습니다. 어느 한 사람만의 이야기가 아닌 등장하는 모든 인물의 이야기가 교차하는 훌륭한 연극이 되기를 바랍니다."라는 말로 2차시의 수업을 매듭지었다.

타카마 하루히코(高間 春彦)

탐구하는
공동체에
접근하기

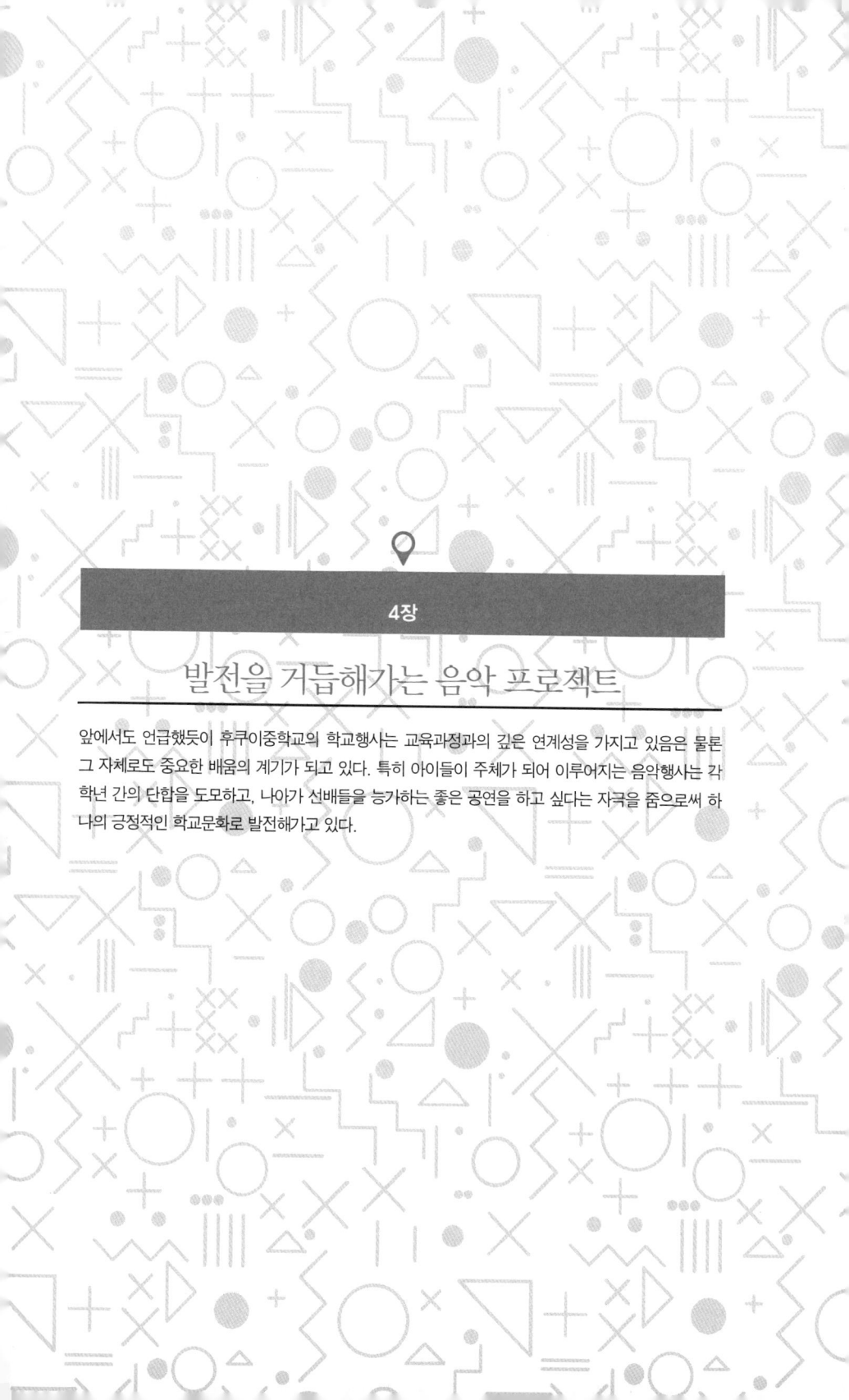

4장

발전을 거듭해가는 음악 프로젝트

앞에서도 언급했듯이 후쿠이중학교의 학교행사는 교육과정과의 깊은 연계성을 가지고 있음은 물론 그 자체로도 중요한 배움의 계기가 되고 있다. 특히 아이들이 주체가 되어 이루어지는 음악행사는 각 학년 간의 단합을 도모하고, 나아가 선배들을 능가하는 좋은 공연을 하고 싶다는 자극을 줌으로써 하나의 긍정적인 학교문화로 발전해가고 있다.

독창적인 음악극을
만들고 싶다는 갈망

1 / 감동에서 시작되는 탐구

1 내년에는 무엇을 할까?

6월 연합음악회에서 후쿠이중학교 3학년 선배들이 자신들의 창작극을 연주했다. 여러 가지 악기가 어우러져 만들어 낸 장대한 멜로디, 의상을 차려 입은 아이들의 우아한 춤, 낭랑하게 울려 퍼지는 목소리… 그 모든 것들을 2학년 아이들이 숨죽이며 지켜보았다. "아악(雅樂)으로 음악을 만들다니!" 아이들은 놀라움을 감추지 못했다. "우리도 1년 뒤에 저렇게 멋지게 만들 수 있을까?"라며 불안해하기도 했다. 그 다음날 청소시간에 음악실을 담당하고 있던 2학년 음악위원 아이가 "내년에는 어떻게 하지? 선배들과 똑같이 하고 싶지는 않은데…" 하고 중얼거렸다.

아이들에게 있어 매년 6월에 열리는 연합음악회 발표는 중학교 입학 때부터 음악학습의 중요한 목표가 되고 있다. 그래서 아이들은 '전통을 지키면서도 뭔가 새로운 길을 개척'하고 싶어 했다.

2 선배들을 뛰어넘고 싶다

그 후 9개월이 지나고 2학년 112명의 아이들은 수학여행지인 JR 교토역 앞에서 프로젝트 학습 주제인 '온고지신(溫故知新)'에 대한 자신들의 생각을 담은 음악 드라마 〈Must we change?〉를 연주했다. 아악도 섞은 이 연주는 지역신문에도 소개되었고, 아이들도 자신감을 얻게 되었다. 수학여행을 마치자 곧 "이번 연합음악회에서는 지금까지 한 적이 없던 것에 도전해보자. 선배들의 연주를 뛰어 넘어보고 싶다."는 아이들의 목소리가 높아졌다.

2 / 아이들과 교사가 함께 만드는 수업

1 음악극을 통해 노래하는 즐거움을 전달하자

3월 하순, 새로운 3학년 음악위원 7명과 뜻을 같이하는 9명으로 연합음악회 실행위원회가 만들어졌고, 연합음악회의 프로젝트가 시작되었다. 본교 연합음악회는 3학년 전원이 종합무대예술을 완성해 올리는 게 목표였다. 그 중심은 실행위원회의 멤버고, 그들이 무대구성의 원안을 구상하여 연습계획을 세운다. 그리고 그 계획을 기초로 하여 음악과의 수업을 디 자인하여 교사와 실행위원이 긴밀히 결합하면서 수업을 진행해 나갔다.

4월이 되자 3학년 전원이 어떤 내용으로 할지에 대해 이야기했다. 거 기에서 우선 새로운 작품을 만들어 그것을 연주하자고 정했다. 그래서 실 행위원이 제안한 ① 지금까지 선배들이 하지 않았던 음악형태, ② 이야기 가 있는 내용, ③ 창작곡이 포함된 무대예술이라는 3가지 원칙을 수용하 기로 한 것이다.

이렇게 실행위원회 아이들이 구상해가던 중 '1학년 때 흑인영가를 배 웠는데 그걸 살리면 어떨까?'라든가 '작년의 음악회에서 본 3학년의 민족 음악의 모둠이 인상적이었다'는 의견, 특별히 '작년의 3학년은 아악이라 는 일본 전통 음악에 접근하였지만, 서양 음악의 전통은 어떤 것일까?'라 는 등 여러 가지 아이디어가 쏟아졌다. 거기에서 실행위원회는 이러한 의 견들을 정리하여 3학년 모두에게 제안하였다. 이에 3학년은 사람들의 생 활과 마음에 근거를 둔 음악을 스토리로 연결하여 노래하는 기쁨을 음악극 을 통해 전달하자는 결정을 내렸다. 다만 6월의 연합음악회까지는 시간이 7주뿐이었다. 그래서 이번에는 창작곡을 전면에 내세우는 게 아니라, "각 장르의 대표적인 곡을 사용하여 효과적으로 조를 편성하자."고 결정했다.

실행위원회는 음악극의 스토리에 대해 미국을 무대로 할 것, 그 중에 서 교회가 무대가 되고, 거기에 모인 아이들이 바닷가에서 주운 핀을 가지 고 미국과 일본의 문화에 대해 관심을 가진다는 내용으로 정했다. 그래서 음악극 《Song with heart》라고 제목을 붙여 다음과 같은 구상을 학년에 제 안했다.

```
• 음악극 《Song with heart》의 구상

① 바다를 연상시키는 사운드스케이프(soundscape)
② 그레고리오 성가 〈Kyrie〉
③ 흑인영가 〈Swing low, sweet chariot〉
④ 일본민요 (자장가) 〈이츠키의 자장가(五木の子守歌)〉
⑤ 가스펠 〈Oh happy day〉
⑥ 바다를 연상시키는 사운드스케이프(soundscape)

(각각의 곡 사이에는 선율을 붙인 대사가 들어간다)
```

'노래하는 즐거움을 드러내야 하니까 단지 악보만 연구해서는 감동이 제대로 전달되지 않을 거야.'라고 실행위원회 아이들은 생각했다. 음악극으로 사용한 곡 중에 가스펠은 요즘 아이들 사이에서도 익숙했지만, 그레고리오 성가나 일본민요, 흑인영가는 아이들에게 낯설었다. 그래서 "사람들의 생활과 마음에 뿌리를 둔 음악에는 각각이 성립한 문화와 배경 특히 그것을 노래하는 사람들의 생각이 존재하니 수업을 통해 이것을 이해해보자."고 제안하게 된 것이다.

2 의외로 매력적인 그레고리오 성가

실행위원인 테츠야는 스토리에 '교회음악'이 들어갔으면 좋겠다고 생각했다. 게다가 흑인영가를 가스펠과 비교하기 위해서라도 합창이 아닌 음악이 좋다고 생각했기 때문에 좀 더 원시적인 단선율의 음악을 구상하고자 했다. 이를 위해 교사의 조언을 받아 그레고리오 성가인 〈Kyrie〉를 선곡했다. 첫 수업, 아이들은 그레고리오 성가의 CD에 조용히 귀를 기울였다. 감상 후 그레고리오 성가의 첫인상에 대해서 이야기를 나누었다.

> 테츠야: 남성들만 노래한다는 게 대단해. 어째서 여성은 포함시키지 않았을까?
> 리 카: 멜로디와 리듬의 흐름이 매우 느긋해서 마음이 편안해지는 느낌이 들어.
> 테츠야: 소리의 폭이 어쩐지 좁게 들려서 시간이 느긋하게 흐르고 있는 느낌이야.

아이들은 그레고리오 성가의 음악적인 특징을 감각적으로 알아챘다. 그레고리오 성가를 직접 감상하기 전까지는 많은 아이들이 '구식'이라는 이미지를 갖고 있었다. 그러나 실제로 들어보니 의외라고 느꼈고, 게다가 비일상적인 소리에 신선미마저 느끼게 되었다.

3 표현이 쉽사리 깊어지지 않는다…

그레고리오 성가는 본래는 네우마(그레고리오 성가 특유의 악보)로 되어 있다. 그러나 수업에서는 아이들이 이해하기 쉽도록 오선보를 사용했다. 음 고르기는 25분 정도로 완료했다. 그때 테츠야가 "단순한 멜로디가 계속되다 보니 음 고르기는 쉽지만, 뭔가 곡이 풍성하게 채워지지 않아서 성취감이 없다."고 말했다.

아이들은 단조로운 선율을 어떻게 표현해야 깊게 할 수 있을지 고민했다. 확실히 평소에 익숙한 합창은 음의 강약도 분명하고 가사 내용으로 표현하려는 것을 발전시키기도 쉽다. 실행위원들은 어떻게 연습해야 효과적일지에 관해 대화를 나누었다. 실행위원장인 레카는 3학년 전체가 음악적 표현에 대해 주체적으로 생각해줄 것을 부탁하고 싶어서 "음악극에서 연주하는 그레고리오 성가와 흑인영가의 2개 장르에 대해서 두 모둠으로 나누어 표현에 대해 생각해보면 어떨까?"라고 제안했다. 이 의견에 다른 실행위원이 찬성하며 급히 수업에 반영하게 되었다. 구체적으로는 그레고리오 성가와 흑인영가를 선택하라고 하고, 각각의 모둠에서 선택한 곡에 대해 표현방식을 생각하고 다른 모둠에게 워크숍을 열어서 내용을 공유한 것이다.

4 워크숍을 위해 발성중심으로 연습하다

그레고리오 성가 〈Kyrie〉를 선택한 모둠은 '교회에서 기도드리는 마음'을 어떻게 표현할 것인지에 대해 고민했다. 그러던 중 교회에서 소리가 울리는 것 같은 두성발성(頭聲發聲)을 목표로 했다. '소리의 아름다움과 소리의 질의 어울림을 만들고 싶다', '음의 연결을 중시하여 부드럽게 노래하고 싶다'는 의견이나 '음이 상승하고 있을 때는 솟아오르는 것처럼 노래하고, 거꾸로 음이 하강하고 있을 때는 조용히 노래하는 것은 어떨까?'라는 등의 의견이 나왔다. 특히 아이들의 흥미와 관심이 쏠린 부분은 발성에 관한 것이었다. CD에서 들리는 '아동 합창에서 사용하는 것처럼 매우 두성적인 발성도 아닌 느낌이 드는 자연스럽게 부드러운 소리가 필요하다'고 생각하고 있는 것 같 았다. 소리의 질을 통일해 가려니 어쨌든 우선 두성발 성(고음역이 두부에서 울리는 발성)이 필요해졌다. 그러 자 아이들은 "선생님, 두성 발성을 어떻게 하는지 가르 쳐주세요."라며 조언을 구 했다.

모둠별로 표현을 탐구하고 있는 아이들

교사는 흑인영가에서 좀 더 많이 사용되는 흉성발성(저음역이 흉부에 울리는 발성)을 실제로 보여주며, 두성발성과 흉성발성과의 차이를 비교해 주었다. 그 후 아이들은 '단지 강하게 노래하는 게 아니라 배에서 소리를 내면서 노래하는' 표현방식에 대해서 연습을 해갔다. 그랬더니 아이들에 게서 '멜로디의 억양에 의해 강약을 붙이면 좋을까?', '낮은 음도 부드럽 게 노래하자'와 같은 의견도 차례로 이어졌다.

5 음악 선택수업을 듣는 친구의 힘을 빌리다

워크숍이 다음 주로 다가왔다. 아이들은 나름 열심히 연습을 하고 있 었지만, 표현은 그리 깊어지지 않았다. 이 시점에서 아이들이 생각한 것은 철저하게 즉흥적인 발상과 상상에 지나지 않았다. 악보와 자료의 CD 음 원에서 표현의 포인트를 생각하면서 초점화해가는 데는 한계가 있었던 것 이다.

"주 1회 수업 시간으로는 충분하지 않다!"며 실행위원들은 초조해졌다. 어떻게 하면 효율적으로 연습할 수 있을지 고민하면서, 레카는 "음악 선택수업을 듣는 친구들의 도움을 구하면 어떨까?"라고 중얼거렸다. 선택수업이란 3학년에게 해당되는 수업으로 연간 4종류의 선택수업이 있는데, 필수교과의 심화보충형 수업으로 연간 매주 1시간씩 실시하고 있었다. 이 선택수업에 11명의 아이들이 음악을 선택했다. 5월에 음악극 구성의 개요가 제시될 즈음 음악을 수강하고 있던 아이들은 그레고리오 성가, 흑인 영가, 일본민요의 3개 장르를 분담해 각각의 역사적 배경과 음악적 특징에 대한 과제를 조사하고 보고서로 정리했다. 음악 수업 수강생인 리카는 최근 그레고리오 성가가 붐을 일으키고 있는 이유로 '치유'의 효과가 있기 때문이라고 생각하고, 그것이 어느 시대에 만들어졌는지에 대해 흥미를 느껴 다른 친구 2명과 함께 그레고리오 성가를 조사했다. 실행위원회의 요청으로 리카는 다른 친구와 함께 수업에서 이에 대해 발표했다.

6 워크숍으로 표현을 심화하다

드디어 워크숍 당일 리카 등은 우선 역사에 대해 그레고리오 성가는 7세기에 그레고리우스 1세가 만든 성가로 라틴어로 연주했다는 것, 그레고리오 성가를 통해 음악의 효력이 드러났고, 그 결과 서양음악이 후세까지 크게 발전했다는 점을 설명했다. 또한 영국 국교회에서는 일찍이 여성의 연주를 금지하는 제도가 있었고, 그 결과 그레고리오 성가는 남성과 변성기 전 소년의 맑은 목소리로 부르게 되었다며 발성의 유래에 대해 설명했다. 더욱이 교회 선법, 악보를 적는 방법, 악보에서 리듬 표시의 불분명

함 때문에 야기된 음악적 특징에 대해서도 자세히 설명했다. 이 내용을 들은 테츠야는 "지금 이 설명을 들으니 그레고리오 성가를 처음 들었을 때 '왜 남성만 노래하지?' 하는 의문이 풀렸다."고 말하면서 "우리들은 혼성으로 이 곡을 노래해야 하니까 소리의 밸런스에 주의해야겠다."며 새로운 과제를 제안했다.

이 제안을 받아들여 대략 같은 시대에 발전했던 그레고리오 성가와 성명(聲明: 불교의식을 할 때 부처의 덕을 기려 스님이 창하는 것)의 영상 자료를 함께 감상했다. 이때 아이들은 그레고리오 성가와 성명의 공통점은 '기도가 배경이 되고 있다'는 것, '단선율에 음의 도약이 적다'는 등의 의견을 내놓았다. 또 다른 점으로 '그레고리오 성가는 하늘에 울리는 것처럼 맑은 소리로 노래하지만, 성명의 경우 분명치 않은 유들유들한 소리로 아래로 울리는 것처럼 노래'한다고 했다. 조금 전 조사한 것을 발표했던 리카는 이때 다음과 같은 소감을 적었다.

> 같은 시대의 유럽과 일본에서 각각의 종교음악이 발전했다는 것을 알게 되었다. 이제까지 그 둘은 별개라고 생각해왔는데, 리듬이 확실치 않다든가 소리가 울린다든가 하는 비슷한 점을 발견했다. 그렇지만 건물의 구조가 목조와 석조라는 차이점 때문에 소리를 내는 방식이 서로 다르다는 것을 알게 되었다.

이러한 비교감상은 아이들에게 깊은 인상을 심어주어서 그레고리오 성가의 특징이 구체적으로 부각된 느낌이 들었다. 그 후 천정이 높은 발코니와 오픈 계단이 있는 부속 초등학교의 다목적 홀을 사용해 표현 연습이 시작되었다. 우선 그레고리오 성가의 표현에 대해 고민했던 아이들이 중심이 되고, 몇 개의 모둠으로 나누어 자유롭게 연습이 진행된 것이다.

> **테츠야**: 먼저 보았던 비디오처럼 석조로 된, 천정이 높은 교회에서 소리가 울리는 것과 비슷하게 이 다목적 홀을 좀 더 잘 사용해야 하지 않을까?
>
> **사오리**: 교회에서는 소리가 울리니까 말을 확실히 하지 않으면 무슨 말인지 알아들을 수 없어. 그러니까 말을 더욱 확실하게 발음하는 게 좋겠어.
>
> **다이키**: 역시 한 사람 한 사람이 소리를 분명히 내지 않으면 합창할 때 음향이 통합되지 않으니까 멀리서 소리가 올라오는 것처럼 노래하는 연습을 하면 좋지 않을까?

이 모둠에서는 이와 같은 의견을 나누면서 오픈계단의 강당으로 노래하러 갔다. 이것을 보고 있던 다른 모둠에서도 2층의 발코니에서 노래하면서 2층과 1층에서 별도로 연습했다. 그러는 가운데 서로 소리를 듣고 조언을 하면서 하모니를 만들어나갔다. 박자를 느낄 수 없을 만큼 느긋하고 부드럽게 노래하기도 하면서 라틴어의 울림을 중요하게 생각했다. 수업의 마지막에 각각의 연습 장소에서 다목적 홀의 중앙을 향해 전원이 연주하자, 공간은 자연스럽게 부드러운 소리로 가득 찼다.

3 / 음악하는 즐거움을 발견한 프로젝트

이제까지 학습해온 〈Kyrie〉, 〈Swing low, sweet chariot〉, 〈이츠키의

자장가(五木の子守歌)〉, 〈Oh happy day〉 4곡의 대사를 교환하면서 극의 스토리에 기초해 구성한 음악극이 드디어 완성되었다. 연합음악회 당일의 〈Kyrie〉는 흑인영가나 가스펠과는 달리, 가라앉은 분위기에서 부드러운 울림으로 회장을 감쌌다. 순서가 끝난 뒤 실행위원인 레카는 다음과 같은 감상을 썼다.

마지막의 〈Oh happy day〉에서는 분위기가 고조되어서, 반주하는 나까지도 흥분에 휩싸였다. 실행위원을 해서 참 좋았다. 바쁘지만 뭔가를 만들어낸다는 것의 중요성을 알았다. 아무쪼록 후배들도 그 감동을 내년에 맛볼 수 있기를 바란다.

또 다른 실행위원인 테츠야는 다음과 같은 감상을 남겼다.

연합음악회의 연주는 만족스러웠다. 특히 첫 장면에서 노래한 〈Kyrie〉는 중학생은 그다지 연주하지 않는 노래지만, 교회의 장을 연출하기 위해서는 빼놓을 수 없는 것이었다. 이번 음악극의 테마는 《Song with heart》, 즉 노래하는 즐거움을 전한다는 것이었다. 〈Kyrie〉도 그렇지만 처음의 악보를 지나서 CD를 들을 때만 해도 아직 그림이 그려지지 않았다. 그래도 자기 나름대로 표현에 대해 고민하면서 선택음악을 하는 친구들에게 상세한 설명을 들으면서 '계단의 이미지'가 생겨나게 되었다.

아이들이 연합음악회 연주에 만족하게 된 것은 표현을 창조해가는 과정에서 여러 장벽에 부딪힌다거나 시행착오를 겪으면서 다양한 학습을 전개하고, 표현이 깊어졌기 때문이라고 생각한다. 이 일련의 탐구활동을 지탱해준 원동력은 아이들의 마음속에 더 좋은 것을 만들고 싶고, 선배를 뛰어넘고 싶다는 간절함이 자리하고 있었기 때문이라고 생각한다.

음악과에서는 학교행사와 밀접하게 연관시키면서 3년을 관통하는 수업을 추진하고 있다. 그래서 학기

연합음악회의 한 장면

별로 전교에서 학습의 성과를 발표하는 장이 마련되어 있다. 아이들의 배움이 단발성으로 끝나는 게 아니라 연속적으로 연결되고, 나아가 학년을 뛰어넘어 서로 배움이 가능한 것이다. 이리하여 아이들은 장래 자신들의 배움을 머릿속에 그려보고, 그것을 향해 적극적으로 탐구해가게 된다. 그렇게 계속해서 쌓아가는 과정에서 음악회는 중요한 학교문화의 하나로서 아이들에게 깊이 인식되었고, 계속해서 이어지고 있다.

이 연합음악회 후 2학년 수업시간에 음악회 당일의 영상을 감상했다. 수업 후 아이들은 곧바로 "선생님, 내년 연합음악회에서는 우리들만의 뮤지컬을 만들어보고 싶어요!"라고 말했다. 내년에 후배들도 그 감동을 맛보기 바랐던 레카의 바람은 이미 후배들의 마음속에서 싹트기 시작했던 것이다. 이렇게 해서 아이들은 앞으로도 음악하는 즐거움을 발견하는 프로젝트를 계속 진행해나갈 것이다.

유우 노부아키(柳 伸明)

5장

탐구를 디자인하는 교육과정

1부에서는 후쿠이중학교에 입학한 아이들이 어떻게 탐구하는 공동체의 일원으로 성장해가는지에 대해 실제 수업의 실천을 통해 확인해보았다. 이제 5장에서는 그러한 실천들이 교사에 의해 어떻게 디자인되어 만들어졌는지에 대해 살펴볼 것이다.

수업을 어떻게
디자인할 것인가?

탐구를 추진하기 위해 교사는 배움의 의미에 대해 계속해서 질문하면서 단원 전체를 어떻게 구성하고 배치해갈지 실천하는 가운데 끝없이 성찰하고 재구성하게 된다. 이러한 것들이 바로 '교육과정적 사고방식'이다. 즉 어떤 단원을 구성할 때 단순한 소재의 나열이 아니라, 아이들의 배움의 경험을 바탕으로 교육과정을 만들어가는 것이다. 본교에서는 교과와 통합한 교육과정을 구성해가는 공통의 원리로서 특히 다음의 세 가지 S를 강조하고 있다.

> **후쿠이중학교 교육과정의 구성원리**
>
> Story(이야기)
>
> Spiral(나선형 위계, 심화의 원리)
>
> School culture(학교문화)

우선 탐구의 시작에 대해 살피고, 다음으로 단원을 어떻게 디자인하는지 Story, Spiral을 중심으로 밝히고자 한다. 그리고 단원 간의 연결을 어떻게 조직할 것인지, 3년을 관통하는 교육과정을 어떻게 디자인할 것인지에 대해서 기술할 것이다.

1 / 탐구의 시작

1 불안한 점, 애매한 점에 대한 토론은 배움의 방식에까지 이른다

수학과 수업 음수(음의 정수)의 실천 후반에서 아이들 자신이 도출한 애매한 점이나 불안한 점을 극복해가는 토론에 대해 소개한 적이 있다. 그 중에는 수학학습 그 자체에 대한 불안감도 거론됐다. 그것에 대한 아이들의 의견을 소개하겠다.

> **쇼 겐**: '골 때리는 문제를 해결하고 싶다'에 대해서인데요, 그대로 골 때리게 놔두면 된다고 생각해요(많은 박수) 그리고 '어떻게 복습하면 좋을지 모르겠다'에 대해서는 수업노트나 교과서를 보고 다시 한 번 해보는 것이 좋다고 생각합니다. 마치 수업을 다시 하는 느낌이 듭니다(많은 박수).
>
> **타다코**: 문제집을 풀 때 첫 번째는 다른 노트에 써서 풀고, 틀린 곳에 표시를 하구요, 두 번째는 직접 문제집에 풀어가면 좋을 것 같습니다.
>
> **미 호**: 틀린 것투성이일 때는 다섯 번 정도 다시 풀면 좋을 것 같아요.

코나이: 스스로 문제를 내보는 게 좋을 것 같습니다. 어딘가에 있는 문제를 푸는 것에 비해서 무엇이 정말 중요한지 알게 될 것 같으니까요. 답 맞추기가 좀 어렵겠지만…

복습방식에 대해 계속해서 아이들의 의견이 나왔다. 이것은 처음 소개된 수학과 오리엔테이션이 반영된 것이다. 예습에 관한 것, 교과서나 노트의 사용방법에 대해서는 이미 설명했으므로, 여기서는 복습방법에 대한 오리엔테이션을 소개한다.

예습을 하지 않는 대신 복습을 확실하게 합시다. 수업내용을 다시 되짚어 보고 불충분한 노트를 보완합니다. 수업장면을 떠올리며 선생님도 포함해서 누구의, 어떤 발언내용이 마음속에 남았는지도 확인해두는 겁니다. 경우에 따라서는 교과서를 읽거나 문제집을 풀거나 해서 확실하게 자신의 것으로 해둬야 합니다. 한 시간짜리 수업의 복습이 20분이면 끝나는 사람도 있고, 2시간이 걸리는 사람도 있습니다. 문제 풀이도 정답이면 실망하고 오답이면 기뻐합시다. 자신의 이해가 불충분했다는 것을 확인할 수 있을 테니까요. 왜 틀렸는지 노트나 교과서를 다시 보고 확실하게 이해해 버리는 겁니다.

2 탐구하는 공동체의 시작

쇼겐의 복습은 수업을 다시 하는 느낌이라는 말은 정곡을 찌르는 표현이다. 단순히 초등학생에서 중학생이 됐다는 것 이상의 느낌을 갖게 한다. 수학의 학습내용은 물론이거니와 동시에 수업은 미리 익힌 것을 반복하는 장이 아니라, 모두의 힘으로 만들어가는 장이라는 것을 발견했다는 점에서 매우 중요하다. 앞으로 3년 동안의 중학교 생활, 나아가 그 후의 긴 배움의 세계로 천천히 빠져들기를 원하고, 아이들에 있어서도 배움이란 무엇인지에 대해 스스로 답해가는 1학년 봄의 실천이었다.

2 / 스토리와 스파이럴에 의한 단원의 구성

1 문제해결적인 학습으로 탐구 스토리를 만들어 낸다

자발적으로 탐구를 수행하려면 문제를 해결해가는 스토리적 성격을 갖춰야 한다. 그래야만 학습이 필연성을 갖고 서로 연결해갈 수 있다. 배움의 의미를 잘 모르는 아이들이 증가하는 요즘 스토리, 즉 이야기의 방식을 사용하면 이러한 문제를 해결할 수 있다.

탐구의 스토리는 교사들이 그 교과의 본질적인 배움(본교에서는 '핵이 되는 배움'이라고 부른다)을 중심으로 만들어감으로써 유지되고 구성된다. 스토리를 갖게 되면 아이들이 학습을 계속 이어갈 수 있기 때문이다. 장기나 바둑에서도 의미 있는 묘수는 기억에 오래 남아 있는 것과 같은 이치다.

수학과목 양수/음수의 실천에서도 아이들이 소재를 찾아오는 지점에서부터 학습이 시작된다. 교사가 수업용으로 가공된 소재를 전달하는 게 아니다. 일상생활과 직결되는 것은 큰 의미를 가진다. 아이들이 직접 찾아온 소재야말로, 그것들이 어떤 의미를 갖는지 알고 싶어지기 때문이다. 그러나 '각각의 의미를 생각해봅시다'는 식의 과제로는 탐구가 일어나기 어

탐구하는
공동체에
접근하기

렵다. '조사해온 것을 공통점과 차이점을 찾아 분류하고 생각해봅시다'와 같은 과제여야 비교 검토하기 위해 다른 아이들이 찾아온 소재 하나하나의 의미를 신중하게 생각하게 된다. 그런 가운데 '음수도 수로 인식할 수 있을까?' 하는 문제의식을 갖게 된 나츠미나, '0'의 존재에 특별한 문제의식을 갖게 된 유이츠처럼, 저마다 해결하고픈 문제를 향해 나아가기 시작하면서 탐구의 필연성이 생겨나는 것이다.

이와 같은 탐구의 스토리는 활동의 방향을 제시하는 주제설정부터 조사에 의한 활동의 전망과 구상, 활동의 조직화에 의한 구축, 표현과 공유, 다시 돌아보기 등과 같은 일련의 흐름을 갖는다.

① 활동의 방향을 제시하는 주제 설정

탐구의 시작은 다양한 발의가 어떻게 생겨나는지, 이후의 활동방향을 결정한다는 의미에서 중요하고 상징적이다. 주제성을 바탕으로 일관성을 가진 교사의 주도면밀한 준비가 이루어진 지점에서 아이들이 교사와 함께 천천히 몸을 풀면서 발의가 이루어진다. 아이들에 따라서는 반드시 교과의 목표를 인식하고 있다고 볼 순 없지만, 주제 설정이 의미 있는 탐구라는 점을 느끼게 해준다. 또한 모둠이나 교실 전체의 주제 설정과 개개인의 발의와의 관계성도 주목하게 할 수 있다. 서로 자극을 주고 조정하면서 탐구가 진행되기 시작하는 것이다.

2학년 1학기에는 호쿠리쿠(北陸) 노선에 기차를 달리게 하자는 학습목표를 조직했다. 각 모둠에 주어진 조건을 바탕으로 호쿠리쿠 노선에 기차를 달리게 할 계획을 세우고 시간표를 표시하는 것뿐만 아니라 그룹화, 도식화를 꾀하고, 언제 어디를 달리게 할 것인지 운행하는 상황을 판단하게 한 것이다. 그 과정에서 1차함수의 제반 개념을 파악하게 하려고 했는데, 8개 모둠의 운행계획이 완성된 지점에서 "8개의 열차를 동시에 달리게 하면 어떻게 될까?" 하고 질문했다. 당연히 그 자리에서 사고가 날 것이므로 운행계획의 변경이 요구되었다. 바로 이 지점에서 '어디를 어떻게 하면 될까?' 하는 공통적으로 해결해야 할 주제가 생겨나는 것이다.

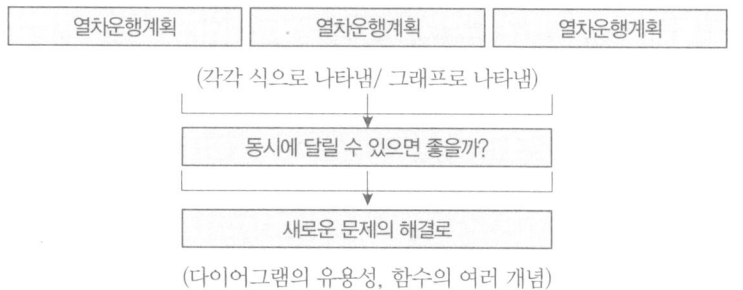

'호쿠리쿠 노선에 기차를 달리게 하자'

1부 2장의 과학교과의 실천에서는 전압을 걸면 약간의 연기를 내면서 밝게 빛나기 시작하는 샤프심을 관찰하는 데서 수업이 시작되었다. 감동을 동반한 관찰을 통해 여러 가지 의문이 생겨났는데, 그 중 '왜 빛나게 된 걸까?' 하는 공통의 주제가 설정되었고, 그것을 해명하기 위한 탐구가 조직되었다. 이것은 아이들에게 아주 효과적인 과제 제시로 몇 번이고 실험을 반복하면서 질문을 진정한 자신의 것으로 만들어갈 수 있었다.

② 조사활동의 전망과 구상

조금 전 언급한 호쿠리쿠 노선에 기차를 달리게 하자는 수업에서 '어떻게 하면 열차사고를 피할 수 있을까?' 하는 공통의 주제를 풀기 위해 각 모둠의 운행계획을 한 장의 그래프용지에 모아서 조사하고, 어디가 문제인지 알아보자는 구상을 세웠다. 공유된 주제를 풀어내기 위해 조사 연구해서 그 구상을 완성하는 단계다. 데이터를 정리하다 보면 상행은 상행대로, 하행은 하행대로 조사해가면 된다는 것도 알게 된다. 해결의 실마리가 넓어지면서 자연스럽게 전망도 밝아졌다.

또한 왜 심이 빛나는지 '타고 있는 것인가, 열에 의한 것인가'를 확인하기 위해 지금까지의 학습을 되짚어보면서 다양한 실험을 구상했다.

2부 기술과의 실천에서는 학교생활에 도움이 되는 물건 만들기가 소개되고 있다. 어떤 것이 필요한지, 무엇을 만들면 매일의 생활이 편리해지는지, 학교 내를 조사해서 정보를 수집함으로써 구상이 점점 구체화되고 활동의 전망을 얻을 수 있게 됨을 알 수 있다.

③ 활동을 조직화하기

주제를 풀어내려면 활동하기 쉬운 모둠 조직이 필요하다. 다이어그램을 작성할 때 가장 활동하기 쉬운 모둠 인원은 4~5명 정도인데, 모둠 속에서도 상행선 담당자, 하행 담당자, 전체 조정자, 기록자 등의 역할분담이 이루어지면 구상단계를 넘어서 방침이 완성되어간다고 말할 수 있다.

4장의 음악극 창작에서는 실행위원들이 구상을 제안하기는 했지만 쉽게 심화되지는 않았다. 그러한 가운데 그레고리오 성가와 흑인영가 중 하나를 선택해 각각의 모둠별로 표현방법을 생각하고 다른 방향으로 연습해나가는 워크숍 형태가 제안되었다. 목표도 명확해지고 활동이 조직화되면서 탐구하기 쉽게 조정되었다. 그 후 교사에게 적극적으로 조언을 구하는 것도, 음악을 잘하는 친구들의 힘을 빌리려고 하는 것도 모두 공통의 주제를 추구하기 위한 구상이 일정한 형태를 이루면서 좀 더 수준 높은 것을 창조하려는 자세로 드러난 것이다.

④ 모둠 간의 표현과 공유

탐구활동의 내용을 공유하려면 모둠에서 각자의 배움과 의문을 드러내야 한다. 큰 종이에 협동해서 그림이나 도표로 작성하는 것은 자신들의 방향을 공유하고 확인해갈 뿐만 아니라, 다른 모둠에게도 설득력 있는 프레젠테이션의 소재가 된다. 이와 같이 표현해가는 가운데 탐구활동이 분명해지고 응축된다고 할 수 있다. 이 과정에서 해결해야 할 주제가 명확해지고 새로운 탐구가 진행된다. 그러한 의미에서 발의, 구상, 구축이 거듭되면서 계속해서 성과가 나오고, 나아가 모둠단위에서 교실 전체로 공유되어가는 것이다.

과학교과의 실천에서는 화이트보드를 사용한 모둠별 발표를 기초로 공유가 이루어졌다. 이산화탄소가 검출된 모둠의 발광 원인은 타고 있기 때문이라는 발표에 대해 다른 모둠이 진공상태에서도 발광했다는 실험을 들며 반대 의견을 제시했다. 이와 같은 토론에 다른 모둠의 의견이 결합되면서 결국 열에 의한 발광이라는 것이 밝혀졌다. 표현함으로써 다른 주장과의 대화, 즉 토론을 낳았고, 그 결과 교실 전체가 공동의 주제를 해결해가는 탐구의 장으로 변화해간 것이다.

또한 3장 국어과의 실천 배경이 된 문화제의 연극 발표나 연합음악회에서의 음악극 발표가 호흡이 긴 탐구활동을 지탱해주고 있다는 것은 두말할 필요도 없다. 2부에서 제시할 종합적인 학습이나 보건체육의 창작댄스도 마찬가지다. 이처럼 모둠의 공유의 장을 어떻게 조직할 것인지야말로 학교문화에 관련된 교육과정의 근간을 이루는 명제다.

⑤ 되돌아보기

발표할 내용을 작성하는 과정에서 어떤 수학적 내용을 이용했는지,

돌아보면서 속도를 바꾸지 않으면 그래프의 기울기가 일정해지므로 그래프를 평행이동하면 된다는 것을 확인할 수 있었다. 조작과 수식, 그래프 등의 관계를 언어화해서 파악해가는 활동으로 학습의 의미를 알아가는 것이 다음 학습에 대한 기대감을 낳는다. 음수의 학습에서도 성질을 학습한 후 다음 단계에서 반복해볼 기회를 주고, 그 다음 계산법칙을 학습할 동기를 만들어 냈다. 이러한 조직은 다각적인 인지가 진행되는 탐구의 변곡점으로 탐구의 흐름에서 가장 중요하다.

이 과정에서 그때그때의 소감만을 쓰게 하는 것만으로는 큰 의미가 없다. 그 다음의 탐구로 이어지지 않는 돌아보기는 무의미하다. 스토리가 없는 형식적 학습을 조장하는 꼴이 되기 때문이다. 2부 국어과의 글쓰기 실천은 자기가 쓴 글을 되돌아봄으로써 좀 더 설득력 있는 표현방법이란 어떤 것인지를 알아가도록 하고 있다. 단순한 감상이 아니라 좀 더 좋은 글을 쓰기 위해 중요한 점이나 수정할 점을 정리하도록 한 것이다. 국어과에서의 배움의 의미를 이러한 돌아봄의 장에서 실감했다고 할 수 있다.

<u>2</u> 나선형 조직이 탐구를 더욱 심화시킨다

<u>1</u>에서 기술했던 발의로부터 구상, 구축, 표현, 되돌아봄 등 일련의 흐름에만 탐구의 디자인이 머무는 것은 아니다. 불안한 시행착오로 만들어진 흐름이 진정한 의미를 갖는 것은 단원 내에서 반복적으로 생성되는 발의를 토대로 한 두 번째 사이클 이후의 탐구부터다. 앞에서 했던 활동과 비슷한 활동으로 해결할 수 있을 것 같다는 자신감을 가지고, 처음에는 주변에 머물러 있던 아이들이 자발적으로 탐구의 장으로 들어옴으로써 학습

의 관계성이 짙어지고, 탐구의 수준도 급격히 올라가게 된다.

'호쿠리쿠 노선에 열차를 달리게 하자'의 경우 각 모둠별로 하나의 열차를 기획하는 활동을 기반으로 했다. 즉 어떤 열차를 만들 것인지 구상하고 구상을 정리해서 정차역이나 정차시간을 결정해간 것이다. 역간 거리나 보통열차나 특급열차의 차이에 따라 속도를 달리 함으로써 그 조건에 맞도록 운행을 조정해갔다. 시각적으로 언제 어디에 있는지 파악하기 위한 그룹화와 정확한 부분에서의 도식화가 필요해지면서 기존에 학습한 개념인 정비례를 뛰어넘어 완만한 속도로 탐구를 진행하도록 했다. 모든 열차를 사고로부터 지켜 내기 위한 활동은 이들 활동의 결과로 생성된 것이다. 나아가 일차함수의 절편이나 기울기의 개념이 필요에 의해 다시 한 번 도출되고 거듭 이용되었다. 두 개의 사이클 활동을 편성함으로써 첫 번째 사이클의 연구가 큰 의미를 가지게 되며 전망을 가질 수 있게 되고, 중요한 개념을 반복해서 사용함으로써 개인차를 일정 부분 극복할 수도 있다.

3 / 탐구와 함께 발전해가는 단원 배치

각각의 단원 속에서 발의부터 되돌아봄까지의 일련의 연구 스토리가 스파이럴, 즉 나선형 구조를 이룸으로써 탐구가 심화된다고 이야기했다. 그러나 탐구의 심화는 하나의 단원 내에만 머물지 않는다. 학습의 한 사이클을 어떻게 배치하면 효과적인 탐구가 진행될지 이를 위해 교사의 단원 간 구성능력이 절실하게 요구되는 바다.

1 필요에 따라 단원을 유동적으로 배치한다

수의 개념을 순수하게 알아내기란 참으로 어려운 일인데, 1장의 실천에서는 음수를 학습하기 전에 도형의 학습을 배치함으로써 탐구의 질을 심화시키고 있다. 본래 '양의 정수, 음의 정수'는 중학교에 입학한 뒤 처음 배우는 단원인데, 본교에서는 평면도형과 공간도형(계량을 제외)을 처음 학습한다. 그 이유는 초등학교에서 이어지는 내용이 많다는 점과 구체적인 조작활동이 가능하다는 점 때문이다. 또한 이후의 문자식을 작성할 때 소재로도 사용하기 쉽고, 학습이 구체적인데다 확장하기 쉬운 점도 있다. 또 도형을 분할하는 활동이 음수의 성질을 밝히는 활동에 활용되기도 한다. 또한 직선이나 선분 같은 도형에 관한 수학용어들이 수개념의 의미를 심화시키는 데 효과적으로 작용할 수 있다.

1학년 2학기에는 '나만의 공식을 만들자'라는 학습 정리를 조직했다. 문자식을 이용해서 일상의 현상에 관한 것이나 주변에 있는 도형의 면적이나 부피 등을 구하는 공식을 만드는 주제로 학습을 진행시켜나간 것이다. 만들어진 공식 속에서 특정한 수량을 구하려면 어떻게 해야 하는지를 생각함으로써 등식의 성질이나 등식의 변형 개념을 구축해가게 되는데, 그러한 과정 속에서도 도형은 좋은 소재다. 원기둥이나 원뿔 등도 국화빵이나 연필 같은 이름으로 등장하며, 부피나 표면적 등도 파이를 이용해서 표시하려고 한다. 도형 계량도 결과적으로 동시에 학습하게 되는 것이다. 도형을 학년 첫 단원으로 학습함으로써 이후의 학습 폭을 넓혀가는 데 풍부한 가능성을 부여해주었다.

2 단원이나 학년을 초월해 속도에 관한 스토리를 만들어간다

음수의 곱하기/나누기에서는 변화하는 소재 중에서도 특히 '빠르기'에 대해 스토리를 만들어갔다. 이것은 정비례 학습에서 다시 한 번 다루어지는데 움직임을 시각화하는 수단으로서 제1상한만으로 표현되는 그래프 평면에서 시작해 제4상한까지 확장해가는 학습으로 이어졌다. 이 비례학습에서 1차함수로 확장되어가는 것이 학년이 넘어간 직후에 행해지는, 2학년 1학기의 다이어그램이다. 다이어그램을 조작해가는 과정에서 변화의 비율이 일정한 것이 등속이며, 그래프상에서는 직선을 나타내고, 변화율이 커지면 빠르기가 커져서 그래프의 기울기가 급해진다는 것 등을 배워가는 것이다. 또한 3학년이 되면 경사면의 기울기가 변화해갈 때의 구슬운동을 다루면서 일차함수와 비교해가는 도중에 제곱에 비례하는 함수를 학습해간다.

특히 수량관계에서는 이처럼 빠르기에 관한 소재를 중심으로 3년 동안 다루면서 빠르기에 관한 깊은 이해와 스토리를 형성해간다. 교육과정의 골자를 확립함으로써 기존 학습의 개념도 정리하고, 전망도 가지게 되면서 이해가 불충분했던 아이들도 다시 한 번 학습할 수 있는 이점을 가진 나선형적인 전개가 형성되는 것이다.

4 / '핵이 되는 배움'을 중심으로 3년을 디자인

1 '핵이 되는 배움'의 설정

본교에서는 교과 교육과정 디자인의 중심으로서 '핵이 되는 배움'을 설정하고 있다. 단원의 종합이나 구성, 3년을 관철하는 단원의 배열도 이 '핵이 되는 배움'에 기초하고 있다. 그 교과에서는 무엇을 배우는지, 학습하는 의의는 무엇인지, 배우면 어떤 좋은 점이 있는지, 이러한 것들을 설명하지 못하면 아이들은 배움에서 멀어져간다. 단순히 고등학교 입시에 도움이 된다는 식으로는 동기를 부여할 수 없다. '핵이 되는 배움'을 설정함으로써 교과의 본질로 뛰어들어가 역동적으로 주제탐구형 수업의 전망을 가지고 전개해갈 수 있을 거라고 생각한다. 즉 '핵이 되는 배움'이란 가장 중요하게 여기는 본질적인 배움으로, 교과 시간에 무엇을 하고 있는지 교사는 물론 아이들도 이해하고 실감할 수 있는 것이라고 하겠다. 이것은 교육과정을 디자인할 때 교과의 본질을 재정립하는 동시에 수정되면서 진행되는 만큼, 소재나 아이들의 상황뿐만 아니라 수업하는 교사의 가치관도 적나라하게 노출된다.

2 '핵이 되는 배움'을 바탕으로 영역이나 단원도 재구성

수학과의 스토리나 나선형적 전개도 수학과의 핵이 되는 배움인 '관계성을 밝혀 구조를 파악한다'를 설정함으로써 가능해진다. 관계성을 밝힌다는 것은, 예를 들면 실생활에서 더욱 심화된 음수 사이에 공통점이 있는가, 어떤 구분이 가능한가(내용적인 관계), 수량을 표시하는 데 지금까지 어떤 것을 학습해왔는지(관련 있는 기존 학습내용을 상기), 성질을 조사하는 데 어떤 학습방법으로 진행해왔는지(관련 있는 기존 학습방법을 상기) 등의 활동을 일컫는다. 이로써 수학지식 그 자체뿐만 아니라 어떻게 그런 것들이 만들어졌는지, 어떤 때에 이용할 수 있는지, 비슷한 것에는 어떤 것들이 있는지 등까지도 구성해간다. 이것이 '구조를 파악한다'는 것이다. 스스로 납득함은 물론 다른 사람에게도 얼마든지 설명할 수 있게 될 때까지를 목표로 한다.

현재 학습지도요령에 표시되어 있는 내용 영역은 '수와 식', '도형', '수량관계'의 세 가지 영역이다. 본교에서는 '관계성을 파악하는' 배움을 추진하고 있기 때문에 '수량관계'와 '형상관계'의 두 가지 영역으로 재구성했다. 두 가지 영역 사이에도 '관계성'을 중시한다. 그것을 가능케 하려고 1학년 첫 부분에 도형을 학습하게 한다거나 각 학년별로 수량관계와 도형 영역을 통합한 학습의 정리를 구성하고 있는 것이다.

본교에서는 이처럼 '핵이 되는 배움'을 중심으로 구상한 단원을 통해 발의부터 되돌아봄에 이르기까지 일련의 활동이 나선형 구조를 이루며 조직되고 있다. 나아가 3년을 내다보면서 더욱 탐구하기 쉬운 단원배치나 단원의 재구성이 이루어지고 있다.

마키다 히데아키(牧田 秀昭)

탐구하는
공동체에
접근하기

2부

탐구와 대화의 전개

이제부터 탐구하는 공동체를 위한 교육과정 구성의 원리를 실제 수업에서 어떻게 실천하고 있는지에 대해 구체적으로 살펴볼 것이다. 단원의 탐구 스토리나 나선형 구조, '핵이 되는 배움'에 따른 교과의 재구성, 교내행사와 결합한 협동 프로젝트들의 실천 사례들을 살펴봄으로써 탐구하는 공동체가 어떤 식으로 디자인되고 있는지를 선명하게 파악할 수 있을 것이다.

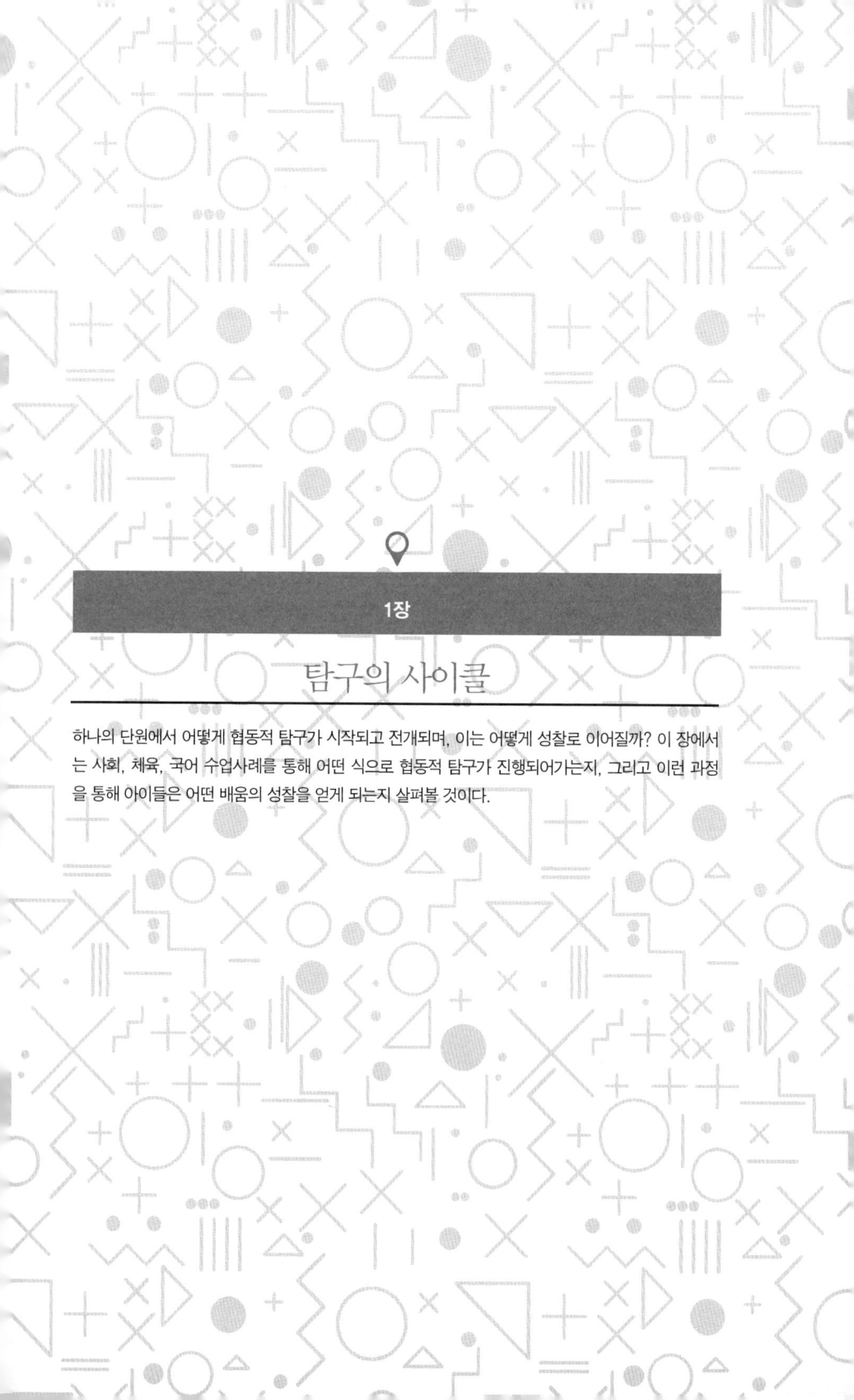

1장

탐구의 사이클

하나의 단원에서 어떻게 협동적 탐구가 시작되고 전개되며, 이는 어떻게 성찰로 이어질까? 이 장에서는 사회, 체육, 국어 수업사례를 통해 어떤 식으로 협동적 탐구가 진행되어가는지, 그리고 이런 과정을 통해 아이들은 어떤 배움의 성찰을 얻게 되는지 살펴볼 것이다.

1

새로운 방식으로 이해하는 지역적 특색

1 / 기존의 지역구분도를 수정하는 활동

1 독자적인 지역구분도를 작성하다

도도부현(都道府縣)의 경계가 그려져
있는 일본 전도를 배포하면서 수업이 시
작되었다.

교사: 아무것도 보지 말고 그 지도
에 경계선을 그려 넣어서 일본
을 몇 개의 지역으로 구분해보
세요.

켄이치의 지역구분도

대체로 기존 7개의 지방구분도나 그와 매우 유사한 구분도를 작성했고, 정확히 7지방구분도를 그려 내기 위해 서로 경쟁하는 모둠도 있었다.

소수이기는 하지만, 본 적이 없을 법한 구분도를 작성해 학급 전체의 주목을 받는 아이들도 있었다. 예를 들면 켄이치의 구분도에서는 후쿠이 현을 중심으로 동심원상으로 구분했는데, 그렇게 구분한 이유를 들어보니 다음과 같이 설명이 돌아왔다.

택배로 화물을 보낼 때 장소에 따라 요금이 달라져요. 그때의 그림을 생각해서 그려보았습니다.

그 후 수업은 지역을 구분하는 방법에 관한 내용에 집중되었고, 지역구분도를 함께 살펴보면서 '왜 그렇게 분류했을까?' 하는 의문을 갖게 되었다.

그래서 일상생활에서 자주 사용되고 있는 4개의 지역구분도를 제시해보았다. 아이들에게는 각각의 지역구분도가 어디에 이용되고 있는지(7지방구분도, 지리 구교과서의 구분도, 일기예보, 스포츠 지방대회)를 예상해보게 하고, 4개를 비교해서 느낀 것과 의문점을 뽑아내게 했다. 지역구분 작업에서 정확한 7지방 구분도를 그려 낸 마사오의 모둠은 다음과 같이 의문을 제기했다.

• 왜 스포츠 대회에서는 야마나시 현을 관동지방으로 넣는 것일까?
• 어느 지방구분도도 동북지방이 공통인 것은 왜일까?
• 지역구분도가 다르다는 것은 지역구분의 방법은 하나로 정해져 있지 않고 여러 방법이 있다는 뜻일까?

이러한 지역구분방법에 관한 의문은 다른 모둠에서도 많이 나왔다. '지역이란 무엇일까?'라는 의문에서 지역구분도를 작성하려면 각 지역의 지역적 특색을 파악할 필요가 있다는 것을 깨닫고, 아이들은 주체적으로 다양한 관점에서 지역적 특색을 파악하기 위한 새로운 탐구활동을 시작했다.

2 / 조사활동에서 파악한 지역 개념

1 왜 야마나시 현은 관동지방에 들어갈까?

첫 번째 시간에 나온 '지역의 구분방법'에 관한 의문을 해결하기 위해 먼저 개인별로 조사활동을 했다. 리포트 형식으로 B4 크기 한 장으로 정리하기로 하고, 그 후 서로의 배움을 공유하기 위한 보고회를 가졌다. 이 보고회는 똑같은 주제를 설정한 아이들로 모둠을 만들고, 모둠 내에서 지역구분에 대해서 알게 된 것을 함께 보고하는 식으로 시작했다. 그 다음 전체적으로 모둠마다 보고회 내용을 발표한 후 '지역구분을 한다'는 게 무엇인지에 대한 자신의 생각을 쓰게 했다.

1차시 수업에서 스포츠 지방 대회 지역구분도를 본 마사오는 '왜 스포츠 대회에서는 야마나시 현만 관동 지방으로 집어넣는 것일까?'라는 의문을 갖고 이를 조사활동의 주제로 선택했다. 그리고 조사활동을 통해 다음과 같은 결론을 도출했다.

도쿄 대도시권이란 도쿄를 중심으로 한 1도 7현을 정리한 지역으로 그 중에 야마나시 현이 들어가 있다. 이 권 내에서는 도쿄에서 일한다는 도민

의식이 강하다. 또 도카이(東海)의 대회로 가기에는 산맥이 있어서 가기 어렵다. 가나가와(神奈川) 현 쪽이 가기 쉽다. 그래서 대회로의 이동을 고려하면 명확히 관동 쪽이 가까운 것이다.

이번 조사활동을 통해 마사오는 야마나시 현과 도쿄 도의 연계 깊이를 깨달았고, 야마나시 현이 도쿄 대도시권에 포함되는 통상의 7지방구분도와는 다른 지역구분방법을 깨달았다. 그래서 야마나시 현 사람들은 관동지방 쪽이 이동하기가 쉽다는 것을 입증하기 위해 지도를 확대해 지형과 교통망으로도 조사 대상을 확장했다. 그리고 '미에 현은 어느 지역에 넣을까?'라는 것을 조사하고 있던 모둠의 보고와 연관시켜 다음 같은 의견을 갖게 되었다.

미에 현은 아이치·기후 지역과 함께 나고야(名古屋) 대도시권으로 들어간다. 이 세 현은 거리도 그리 멀지 않고 철도와 도로가 통하고 있어 통근에 편리하기 때문이다. 오사카로 가려고 해도 쉽게 갈 수 없어서 나고야로 가는 사람이 많다. 미에 현과 마찬가지로 야마나시 현도 도쿄에 근무하는 사람들이 많고 도쿄 도와 동일하게 여겨지고 있다. 그 때문에 야마나시의 인구는 최근 증가하고 있고, 도쿄 대도시권이라는 의식이 높아지고 있다고 생각한다.

비슷한 내용을 담은 친구의 보고를 듣고 자신이 조사해서 알게 된 것에 대해 확신을 갖게 되었다. 지역구분에는 연계가 깊은 도도부현에서 하나의 지역을 구성하는 '기능지역'이 있다는 것을 깨닫게 되었다는 걸 알 수 있다.

탐구와
대화의 전개

2 문제의식에서 비롯된 새로운 지역구분도를 생각해보다

마사오는 '지역구분을 한다는 것은 무엇을 말하는 걸까?'라는 질문에
대해 다음과 같이 자신의 생각을 말했다.

지역구분은 지형·기후·역사 등에서 비슷한 지역을 묶어서 나누는 것이
다. 또 교통 등에 의해서도 구분이 변화하는 경우도 있다. 지역구분을 하
면서 여러 지역의 차이가 크게 나눠지는 것을 알 수 있다.

마사오는 보고서 작성과 보고회를 통해 '만드는 목적에 따라 구분도
는 달라진다', '비슷한 곳과 서로 관련이 깊은 곳으로 정리하고 있다', '등
질지역', '기능지역'이라는 지역 개념을 깨닫게 되었다. 더 나아가 지역구
분에 따라 각 지역의 특색을 명확히 파악할 수 있다는 것도 배웠다는 것을
알 수 있다. 다음으로 교사는 아래와 같은 제안을 해보았다.

일본의 어느 지역도 여러분 나름대로 지역적 특색을 파악할 수 있다면
자신이 찾아낸 구분방법으로 일본 전체를 나눌 수 있습니다. 어떻게 지역
구분을 해보고 싶은지 생각해보세요.

마사오는 새로운 구분방법으로 '같은 작물을 재배하는 지역'을 제안
하고, 최종적으로는 '각지에서 번성하는 산업'이라는 관점에서 일본을 몇
개 지역으로 나누어보게 되었다. 지역구분의 의의를 깨닫게 된 마사오가
이후 어떻게 일본 각 지역의 특색을 파악해갔는지 주목해주기 바란다.

3 / 독자적인 관점에서 포착한 지역적 특색

1 자기만의 지역구분도를 작성하다

이전 수업에서 각자가 제안한 새로운 구분방법을 기초로 아이들은 각자 또 한 번 지역구분도를 작성했다. 교과서와 자료집에 실려 있는 복수의 지역구분 지표(지역구분 지표는 자연, 생활·문화, 정치·경제, 산업과 같이 그 지역의 특색을 나타내고 있는 자료)를 취해서 그것들을 기호화하거나 해서 도도부현(都道府縣)별로 일본 지도에 기입해갔다. 완성된 분포도를 사용해서 공통의 지표가 많은 도도부현을 유형화하면서 스스로 경계선을 그려 넣었다. 어떤 지표를 선택하고 어떻게 경계선을 그릴지는 아이들 스스로 판단해서 다양한 관점에서 주체적으로 지역구분을 해간 것이다. 물론 지역 지방을 어떻게 이해하는가에 따라 지역구분도는 다르게 완성되어갔다. 이 활동에서 아이들은 학습과제를 달성하기 위해 주어진 자료를 그대로 사용하는 게 아니라 필요에 따라 여러 가지 자료를 종합적으로 이해하고 새로운 자료를 만들어 내려는 모습을 자주 보였다.

2 지역구분도에서 여러 가지 지역적인 특색을 발견하다

각자 지역구분도를 완성한 후 '왜, 그런 구분도가 되었을까?'라는 주제로 학급 전체가 공유의 시간을 가졌다. 특히 이번 수업에서 설정한 학습과제가 '왜, 후쿠이 현을 ○○지방으로 넣었는가?'라는 것이고, 우리가 살고 있는 후쿠이 현을 중심으로 지역구분방법을 되돌아보는 것을 목표로 하고 있었다.

지역구분도라는 시각적인 학습물과 이제까지의 제작활동으로 쌓인 정보와 지식이 있었기 때문에 아이들은 명확하게 자신의 의견을 주장하면서 친구가 만든 새 지역구분도를 흥미롭게 관찰했다. 또한 토의내용도 구체적인 자료나 아이들 스스로 개량한 자료 등을 함께 제시하면서 지리학습의 내용으로서 신빙성이 높은 의견을 수없이 내놓았다. 그 중에서

자기만의 독자적인 지역구분도

'각지의 주요 산업'이라는 시점으로 지역구분을 한 마사오는 다음과 같이 자신의 의견을 밝혔다.

공업과 농업이 번성한 지역을 구분하기 위한 자료로 공업 출하액과 농업 생산액을 이용했습니다. 산업은 인구밀도와 관계가 있다고 생각하고 인구밀도 그래프도 사용했습니다. 제 구분도에서는 홋카이도(북해도), 도후쿠(동북), 호쿠리쿠(북부 내륙) 3현, 추고쿠시코쿠 지방은 벼농사가 활발한 지역이라는 것을 알 수 있습니다. 그러나 호쿠리쿠 지방에 관해서는 어떤 산업도 생산량이 미미해 어느 지방과도 묶기가 어려웠지만, 벼농사가 활발하므로 도후쿠 지방과 같은 지역으로 했습니다.

호쿠리쿠 3현에 관해서는 선택한 자료에서 특색을 찾을 수 없었기 때문에 마사오가 고민했던 모양이었다. 그래서 후쿠이 현을 중심으로 호쿠리쿠 지방의 지역적 특색에 대해 생각해보기 위해 세 사람의 지역구분도

를 칠판에 게시하고 각각의
구분 이유를 들어보았다. 여
기서 다루어진 세 지역구분
도는 '농업'이라는 공통의 주
제이면서 후쿠이 현을 서로
다르게 구분했다.

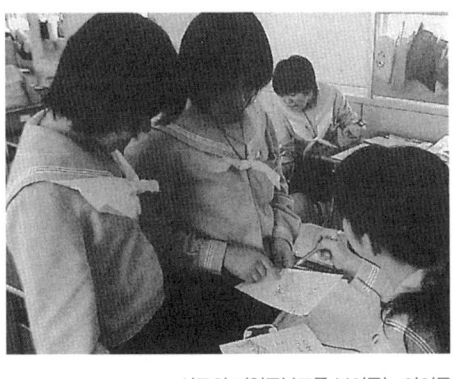

서로의 지역구분도를 보여주는 아이들

우선 후쿠이 현을 도호
쿠 지방과 같은 지역으로 묶
은 지역구분도를 작성한 마사시의 의견이다.

> 비교적 비가 많은 지역으로, 특히 동해측은 겨울 강수량이 많아서 벼농사
> 를 많이 하고 있는 지역이라고 생각했습니다. 더구나 다른 농산물과 비교
> 해서 쌀의 생산량이 가장 많은 지역으로 밭보다는 논의 면적이 넓고, 논농
> 사를 많이 하고 있다는 것을 알 수 있었습니다.

마사시는 지역구분을 위한 자료로 '일본 논농사와 밭농사 분포', '각
현에서 가장 농업생산이 많은 품종', '기후에 의한 구분', '연간 30mm 이
상 눈이 내리는 지역'과 같은 자료를 관련시키면서 오른쪽과 같은 지역구
분도를 작성했다. 마사시의 지역구분도는 후쿠이 현에서 홋카이도까지를
하나의 지역으로 하고, 전체적으로 넓은 지역이 많다. 이 지역구분도는 마
사오가 만들어 낸 것과 매우 유사한데, 이러한 관점에서 판단하면 농업이
활발한 지역으로써 후쿠이 현은 도후쿠 지방 등과 동일 지역으로 구분된
다.

대체로 후쿠이 현에 대해서는 마사시와 유사한 지역구분도를 작성한

탐구와
대화의 전개

아이들이 많았고, 도호쿠 지방과 똑같은
지역적 특색을 갖는 지역으로서 파악하
고 있다는 걸 알 수 있다.

다음으로 아이들의 사고를 뒤흔들
기 위해 각 농산물의 생산량 자료를 중
심으로 한 '농업구분도'라는 주제로 지
역구분도를 작성한 마미의 의견을 들어
보기로 했다.

마사시의 지역구분도
후쿠이 현과 도호쿠 지방을 동일한 지역으로

> 우선 도후쿠 지방과 니이가타 현, 후쿠
> 시마 현은 쌀 생산량이 60~80t 이상이
> 고, 그 외에도 벼 생산량이 가장 많다는
> 것 등 이 지역은 전체적으로 보아 벼농
> 사가 활발한 지역입니다. 그에 비해 후
> 쿠이 현은 쌀 생산량이 20~30t이고 양
> 적으로는 호쿠리쿠 3현은 공통이고 아
> 이치와 나가노도 비슷하므로 같은 지역
> 에 넣었습니다.

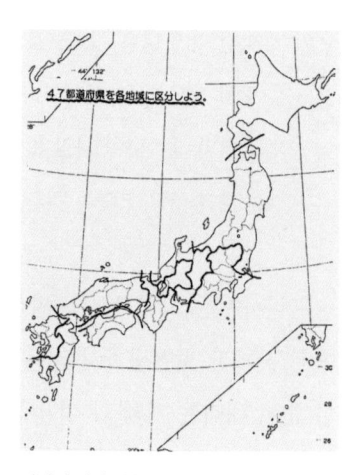

마미의 지역구분도
후쿠이 현과 아이치 현을 동일한 지역으로

마미는 마사시의 지역구분도와 달
리 기존 호쿠리쿠 지방의 모양이 남아
있었는데, 후쿠이 현을 시작으로 하는 호쿠리쿠 3현과 아이치 현·나가노
현은 쌀 생산량이 거의 똑같다는 점에서 동일한 지역으로 생각했다. 이 지
역구분도에서는 후쿠이 현을 신니가타 현과 홋카이도·도후쿠 지방 등과

같이 쌀의 생산량이 많은 지역과는 구별하고 있었다. 확실히 다른 지역과 쌀 생산량을 비교하면 호쿠리쿠 지방의 각 현은 도후쿠·홋카이도 지방의 각 현에 비해 2분의 1 이하의 큰 차가 있다는 걸 알 수 있다.

농업에 관한 지역구분도를 비교해보자 아이들 사이에서는 '후쿠이 현은 벼농사가 진짜로 활발한 것일까?'라는 의문이 생겨나기 시작했다. 그래서 이 의문에 대해 생각해보기 위해 호쿠리쿠 3현과 시가 현, 나가노 현을 '벼농사가 활발한 지역'으로서 하나의 지역으로 정리한 아야카의 의견을 들어보기로 했다.

후쿠이 현의 어떤 지역은 도후쿠 지방과 비교해 수확량이 그리 많지는 않지만, 논 비율이 90%로 일본 내에서도 특히 높고, 경지의 대부분이 논으로 되어 있기 때문에 논농사를 많이 하는 지역으로 보았습니다.

아야카는 논 비율이라는 데이터를 스스로 찾아내 논의 비율로 다음과 같은 지역구분도를 작성했다. 후쿠이 현을 포함한 지역은 논의 비율이 90% 이상을 차지하고 있고 경지의 대부분이 논이므로 벼농사가 활발한 지역으로 구분했던 것이다.

또 이 지역구분도에서는 전체적으로 벼농사가 활발한 도후쿠 지방에서도 논 비율에 따라 차이가 나는 걸 알 수 있다. 특히 미야기 현, 야마나시 현, 아키타 현, 니가타 현은 생산량·논 비율도 높고 일

아야카의 지역구분도
후쿠이 현을 이시카와 현, 도야마 현, 시가 현과 동일한 지역으로

본에서도 유수의 쌀 산지인 것을 아이들도 깨달아가게 되었다.

이처럼 어떤 관점에서 지역구분도를 작성했는지 그 이유를 탐구함으로써 농업에서도 다른 지역적 특색을 명확하게 볼 수 있게 된 것이다.

4 / 서로의 생각을 살펴보는 데서 심화되는 인식

이 세 사람의 지역구분도를 살펴보면 농산물의 종류로 나눈 마사시, 생산량으로 나눈 마미, 논 비율로 나눈 아야카처럼 각자 독자적인 관점에서 지역구분을 함으로써 자기 나름의 관점에서 일본 여러 지역의 특징을 파악하고 있다는 걸 알 수 있다. 호쿠리쿠 3현의 특색이 잘 보이지 않아 곤혹스러워하던 마사오는 이 토론을 받아들여 되돌아보기 장면에서 후쿠이 현의 농업 특색에 대해 다음과 같이 새로운 발견을 하게 되었다.

> 후쿠이 현은 이시가와 현, 후우야마 현과 마찬가지로 도후쿠 지방과 홋카이도에 비해 면적이 좁은 현입니다. 그래서 도후쿠 지방과 홋카이도의 쌀 생산량에는 비길 수 없지만, 논 비율이 높아서 면적당 쌀 생산량이 많은 지역이라고 생각합니다. 단지 생산량이 많다는 것만으로 농업이 활발하다고 말할 순 없지만, 호쿠리쿠 지방은 면적에 비해 농업이 활발한 지역이라고 생각합니다.

마사오의 경우 이제까지는 지역적 특색을 생산량과 생산액 등의 양적인 자료만으로 판단했지만, 면적비와 인구에 따른 자료를 보지 않으면 지역의 진짜 모습을 볼 수 없다는 것을 깨닫게 되었다. 이것은 자신의 지역구분도를 되돌아봄은 물론, 나아가 서로의 지역구분도를 비교·검토함으로써 지역적 특색을 좀 더 다양한 관점에서 파악하게 되었다는 것을 시사해준다. 이렇게 서로의 생각을 살펴보고 다양한 관점을 체득해가는 활동을 통해 아이들의 사회인식이 심화되어감을 느낄 수 있었다.

나가타 요시야스(永田賀保)

참고문헌

大橋巖 「様々な視点から主体的に地域を扱い、地域とは何かを問う」『社会科教育 2002 6月』明治図書.
安藤輝次 『評価規準と評価基準表を使った授業実践の方法』黎明書房 2002.

탐구와
대화의 전개

2

친구의 탐구활동을 지원하며 얻게 된 배움

높이뛰기 수업에서 코치와 선수 간에 다음과 같은 대화가 오갔다.

유　타(선수): 도움닫기의 스피드는 있는데 도약하는 게 안 되네.

유키에(코치): 발을 높게 올리는 연습을 했잖아?

유　타(선수): 연습할 때는 발이 높이 올라갔는데, 도움닫기에 이어
　　　　　　점프하면 발이 잘 올라가지 않아. 어떻게 하면 좋을
　　　　　　까?

유키에(코치): 그러면 뭔가 목표물을 막대 위에 놓고 그것에 발이 닿
　　　　　　도록 점프하면 좋을지도 몰라. 한번 해보자.

유키에(코치): 선생님, 끈이나 뭐 매달아놓을 만한 게 없을까요?

배구부에 소속된 유타는 운동에 자신이 있어서 3종류의 어느 도약 방법에도 자신만만해 belly-roll방식(높이뛰기 중 엎드려 회전하면서 넘어가는 방법)을 선택했다. 처음에는 순조롭게 진행되었지만, 최근에 와서 쉽사리 자기 기록을 갱신하지 못해 고민하고 있었다. 한편 코치 역할의 유키에는 검도부기는 하지만 운동은 서투르고, 이제까지 체육에 대해서는 그리 적극적으로 참여해오지 않았던 아이였다.

코치는 이전 시간까지 학습한 내용을 기초로 선수들의 연습내용을 결정하고 그 연습이 잘 진행되고 있는지 또 선수에게 기량에 대한 조언을 해주는 것이 임무다. 유키에 코치도 유타 선수의 기량에 대해 협의를 하고 그 해결책을 생각해 냈다.

이제까지 코치는 교사가 제시하고 있는 코칭 매뉴얼을 참고해 그 중에서 선수의 능력에 가장 가까운 훈련방법을 찾아가는 게 일반적이었다. 그러나 이번 유키에 코치는 코칭 매뉴얼에는 없는 연습방법을 선수와 협의해서 생각해 내고 더 나아가 그 연습이 잘되도록 교구까지 직접 만들기 시작했다.

2 / 아이들의 배움이 깊어지려면

1 두 가지 측면의 재미

높이뛰기는 도움닫기 스피드로 힘차게 차서 뛰어올라 상승력으로 얼마나 높이 도약할 수 있는가 하는 기록에 도전하거나, 상대와 경쟁하는 것을 즐기는 운동이다. 이제까지 여러 종류의 높이뛰기 수업을 해보았지만,

이번 학습지도요령의 개정에서 배면뛰기(a backward jump: 등쪽으로 바를 뛰어넘는 높이뛰기 형태 중 하나)가 정식으로 채택되어 높이뛰기에서 아이들의 선택 폭이 더욱 넓어졌다. 그와 동시에 교사도 아이들의 요구에 따라 새로운 교구와 교재 개발, 지도과정 학습 등이 꼭 필요하다고 생각하게 되었다. 더욱이 그 운동이 가진 즐거움을 여러 관점에서 파악해 아이들에게 제공해가는 것도 개인차에 대응한 학습형태라고 생각한다. 그래서 본 실천에서는 이런 높이뛰기 수업의 재미 측면을 두 가지로 설정했다.

첫 번째는 가장 자신 있는 도약법을 선택해 그 도약법의 기술을 학습함으로써 어떤 목표에 도전해가는 재미다. 그리고 두 번째는 각자 연습해가면서 코치 역할이 되어봄으로써 친구들을 코칭하는 재미로 다음과 같은 효과를 노렸다.

- 다른 사람에게 조언함으로써 자신이 갖고 있는 높이뛰기 지식을 정리하고 정착시킨다.
- 아이들끼리 자주적·자발적인 활동을 촉진한다.
- 이론은 알고 있어도 신체적 특징상 뛰어오르기에 자신이 없는 아이들에게 코치를 통해 기록을 늘리는 즐거움을 맛보게 함으로써 적극적인 수업 참여를 촉진한다.

첫 번째 재미 측면은 기존 체육 수업에서 흔히 볼 수 있는 방법으로 개인이 어떤 기록 목표를 세우고 스스로 과제를 달성해가는 데서 충족감을 느끼는 것이다. 이번에는 여기에 두 번째 재미 측면을 추가로 덧붙였다. 이 방법으로 아이들끼리의 의사소통을 촉진시키고, 자신의 목표 달성에 별로 흥미를 느끼지 못하던 아이들에게도 높이뛰기의 매력이 전해지게 함으로써 활발한 탐구활동을 기대했다.

2 활발한 코칭을 촉진하기 위해

이번 수업에서는 도약법의 종류(가위뛰기-정면으로 달려와 장대를 뛰어 넘는 것, 벨리롤-높이뛰기 형태중 하나, 배면도약)에 따라 4~6명까지의 소모 둠을 만들고 모둠 안에서 코치 역을 매시간 교체하는 방식으로 진행했다.

코치의 역할을 맡은 아이들은 그 시간 동안에는 코치 역할에 충실함 으로써 자신의 모둠원들을 어떻게 지도해 기록을 향상시켜갈지 진지하게 고민한다. 이러한 코치활동을 효과적으로 하려면 아이들 하나하나가 자신 의 기능 향상을 위해 탐구해가려는 자발적인 의욕과 함께 하나하나 단계 를 높여 가려는 대화과정이 필요하다.

그래서 서로 협의가 원활해질 수 있도록 개인연습카드(기록카드)를 작성해 코치의 역할이 바뀌더라도 그 단계를 잘 이어갈 수 있도록 했다. 이 카드에는 오늘은 어떤 단계부터 연습해갈 것인가(연습내용), 연습장소 와 바의 높이는 어떻게 했는가(장의 설정), 이번 연습에서 선수에게 좋아진 것과 어려운 점, 또 다음 코치에게 요청할 것(연습 상황) 등의 항목을 가능 한 자세히 기입하도록 했다.

또 높이뛰기 경험이 없는 아이들이 자신도 잘 모르는 것을 남에게 가 르치기란 매우 어려운 일이다. 그래서 교사가 도약법에 따라 코칭 매뉴얼 을 작성하고 그것을 참고하여 각자에게 맞는 과제를 찾아내는 것으로 코 치가 될 수 있도록 했다.

도약방법(   ) 이름 (   )

제 ( ) 회째 ( )월 ( )일 코치 이름 ( )		
연 습 내 용	① (클리어런스 · 도약 · 도움닫기)의 ( ) 단계	
	② (클리어런스 · 도약 · 도움닫기)의 ( ) 단계	
	③ (클리어런스 · 도약 · 도움닫기)의 ( ) 단계	
장 의 설 정	①의 연습 때의 높이-( )cm 준비물( )	
	②의 연습 때의 높이-( )cm 준비물( )	
	③의 연습 때의 높이-( )cm 준비물( )	
연 습 의 상 황	〈오늘의 연습에서 선수의 좋았던 점이나 잘 되지 않았던 점, 다음 코치에게 신경을 썼으면 하는 점을 쓴다〉	
	오늘의 연습에서의 최고기록 ( )m ( )cm ( )점	
선 수 의 반 성 · 코 치 의 평 가	〈오늘의 연습에서의 자신의 과제〉	
	〈연습의 감상〉	
	〈오늘 코치의 좋았던 점은?〉 평가(A B C)	

연습기록카드 양식

3종류의 도약법(가위뛰기, 벨리롤, 배면뛰기)을 습득하기 위해 클리어
런스(바를 넘는 기술), 도약(도약을 위해 땅을 박차고 뛰어 오르는 기술), 도움
닫기라는 3개의 기술로 나누고 각각 제1단계부터 차례로 연습해가도록
했다. 또 이제까지의 실천 경험에서 이러한 기술 국면별 연습에 집중하고
말아 종합적인 기술 습득이 불가능한 경우가 있었다(예를 들면, 1보 도움닫
기와 3보 도움닫기의 클리어런스는 능숙하게 할 수 있지만, 길게 도움닫기는 전혀
할 수 없다). 그래서 어떤 국면도 균형 있게 연습할 수 있도록 클리어런스
의 제1~3단계까지 가능해지면 다음은 도움닫기의 제1단계를 하는 등 연

습의 순서를 봐서 아이들의 탐구활동이 매끄럽게 이어질 수 있도록 했다.

수업 중에는 코치로서 책임감과 자신감을 가질 수 있도록 선수에 대한 교사의 직접적인 조언과 지도는 가능한 한 제한하고, 조언이나 지도가 필요한 경우 담당 코치에게 조언함으로써 코치를 통해 각 선수에게 전해지도록 했다. 운동경험이 별로 없는 아이들도 자신감을 갖고 코치활동이 가능하도록 배려한 것이다.

또한 코칭을 받는 선수가 매시간 코칭에 대한 평가를 앞에서 예시한 연습기록카드에 적어서 어떤 코칭이 좋았는지, 어떤 연습이 효과적이었는지 등을 분석·평가하는 것으로 다음번 코칭에 참고가 될 수 있도록 했다.

높이뛰기 코치 매뉴얼 ①

클리어런스 편

단계	연습내용	순서
제1단계	등을 돌리고 우레탄 매트로 향해 높이 양 발 점프를 하고, 턱을 당겨 안전하게 등으로 착지할 수 있다.	1
제2단계	고무바로 향해, 그 자리에서 양발 점프를 해서 바를 넘어 안전하게 엉덩이로 착지할 수 있다.	2
제3단계	고무바로 향해 그 자리에서 양발 점프를 해서 바를 넘어 안전하게 등으로 착지할 수 있다.	3
제4단계	1보 도움닫기 양발 도약으로 고무바를 넘어 안전하게 엉덩이로 착지할 수 있다.	5
제5단계	1보 도움닫기의 양발 도약으로 고무바를 넘어 안전하게 등으로 착지할 수 있다.	6
제6단계	1보 도움닫기 한발 도약으로 고무바를 넘어 안전하게 등으로 착지할 수 있다.	7
제7단계	1보 도움닫기의 한발 도약으로 고무바를 뛰어넘을 때에 바를 확실히 볼 수 있다.	11
제8단계	1보 도움닫기 한발도약으로 등으로 착지할 때, 양발이 도움닫기해온 방향을 향하고 있다.	12
제9단계	1보 도움닫기 한발로 점프하고 바를 뛰어 넘을 때 신체를 젖히는 것이 가능하다.	16
제10단계	1보 도움닫기 한발 점프하고 바를 넘을 때 신체를 뒤로 젖히는 게 가능하다.	17

도약 편

단계	연습내용	순서
제1단계	5보 도움닫기의 자주 딛는 발로 도약할 수 있다.	4
제2단계	5보 도움닫기로 점프할 때 등을 앞으로 구부리지 않고 등을 펴서 바를 뛰어넘을 수 있다.	9
제3단계	자신의 가장 도약하기 쉬운 도움닫기 지점을 알고 있다.	13
제4단계	5보 도움닫기 배면뛰기로 도움닫기 지점을 잃은 후 몸이 바의 정 가운데를 넘고 있다.	14

도움닫기 편

단계	연습내용	순서
제1단계	1,2,3의 리듬으로 3보 도움닫기의 배면뛰기를 할 수 있다.	8
제2단계	1,2,1,2,3의 리듬으로 5보 도움닫기 배면뛰기를 할 수 있다.	10
제3단계	1,2,3,4,1,2,3의 리듬으로 7보 도움닫기 배면뛰기를 할 수 있다.	15
제4단계	7보 도움닫기 배면뛰기로 J자의 도움닫기 코스를 잡아 도약할 수 있는가?	18

배면뛰기의 연습단계

3 / 코치의 배움

1 코치들끼리의 협력

이번에 코치제를 도입한 수업에서
는 1시간 단위로 코치를 모둠 내에서 교
대하도록 했기 때문에 코치들 사이의 협
력이 중요한 포인트였다. 매 시간 코치
가 기입하는 연습기록카드를 기초로 해
서 코치들이 자기 모둠 선수들을 발달시
켜가는 양상을 다음과 같이 확인할 수 있다.

유타의 수업 전반부는 코칭 매뉴얼대로 진행되었지만, 어느 정도 이
루어진 시점부터 기록이 늘지 않아 고민하고 있었다. 사요 코치는 이에 대
해 "약간 더 도움닫기에 기운을 붙이면 좋겠어. 리듬이 늦어지니 약간 더
템포를 높여보면 어때."라고 지적했다. 그러나 도움닫기에 스피드를 붙이
면 힘이 너무 붙어서 몸이 앞으로 쏠려 높이 뛰어오를 수 없었다. 이것은
기술적으로 보면 도약시 뒤로 기울이는 자세가 불충분해서 일어나는 현상
이지만, 정확한 자세를 유지하는 것은 감각적인 부분도 커서 전문 선수도
힘들어 하는 부분이다. 이것을 해결하기 위해 유키에 코치는 발을 높이 치
켜올리기에 착안해서 상승력을 높이려고 했다. 그래서 유키에 코치는 바
위에 매달려 있는 셔틀콕을 발로 차게 함으로써 상체의 쏠림을 해소하기
위한 연습 도구를 스스로 고안해 냈다. 그 결과 "오늘은 발을 올리기 위해
봉 끝에 배드민턴 셔틀콕을 매달고 그것을 차도록 연습했습니다. 그렇게
하니 점점 좋아졌습니다."라는 유키에 코치의 감상대로 유타의 기록도 단

숨에 10cm가 갱신되었다. 게다가 사요 코치가 "현재 도움닫기가 5보인데 7보로 해보면 약간 더 강력한 도약이 되지 않을까 하는데 한번 도전해보자."라며 도움닫기 거리에 대해 조언하자, 최초 기록 100cm에서 최종적으로는 120cm까지 기록을 향상시키게 되었다. 이에 유타는 다음과 같이 소감을 밝혔다.

처음 시작할 때는 그리 어렵지 않아서 착착 진행해갔지만, 높이가 높아지면서 어려워지고 폼도 무너졌습니다. '어떻게 하면 높이 뛸 수 있을까?' 잘 안 되는 이유가 무엇인지 잘 몰랐습니다. 그런데 여러 코치로부터 많은 조언을 받고 어떻게 하면 잘할 수 있을까에 대해 함께 생각해보게 되었습니다. 그래서 마지막에는 최고 기록이 나올 수 있어서 매우 기뻤습니다.

<u>2</u> 코치로서의 성장

유키에: 선생님, 남아 있는 매트는 자유롭게 사용해도 되나요?

교 사: 코치 미팅 때 다른 모둠과 조정이 된다면 상관없어요.

유키에: 그러면 선생님, 내일은 코치하는 날인데 매뉴얼과 모든 기록카드를 빌리고 싶습니다. 지난번은 그다지 잘 보지 못해서 계속 같은 연습만 했거든요…. 이번에는 모두에게 맞는 연습을 확실히 시키고 싶어요.

교 사: 오케이! 여러 가지 방법을 공부해보세요.

코치는 매시간 연습기록카드를 기초로 연습 장소와 도구의 조정을 하는 코치 미팅을 하고 연습내용을 생각하지만, 그 경우 얼마나 확실히 선수의 기술 레벨을 파악할 수 있는가가 포인트가 된다. 그것을 이해하지 못한 코치는 이전 회에 이은 연습단계를 단순히 기계적으로 기입하고 만다. 유키에 코치도 처음 코칭을 할 때는 매뉴얼을 그리 깊게 읽지 않고 안이하게 결정했다. 그런데 자신의 코칭에 대해 "계속 똑같은 훈련만 할 게 아니라 좀 더 높이 뛰는 연습을 해보고 싶다."는 평가를 본 후 2회째의 코칭에서는 코칭 매뉴얼과 연습기록카드를 빌려 모둠 선수 각자에게 맞는 연습 내용을 생각해 선수들에게 제시했다. 높이 도약할 수 없는 유타에 대해서는 발을 치켜 올리는 것의 문제는 아닌지 분석했다. "발을 높이 치켜 올리는 연습을 해보자. 내 손에 발끝이 닿도록 점프해봐."라고 매뉴얼에 쓰여 있는 연습으로 되돌아갔다. 그러나 점프하는 연습에서는 발이 높아지는 유타를 보고서 "실제 도약에 가장 가까운 모양으로 발을 올리려는 의식을 갖게 하려면 어떻게 하면 좋을까?"라고 고민했다. "바 앞에 서서 손을 내밀고 있으면 방해가 될 거고, 뭔가 좋은 방법은 없을까?"라는 생각에 유키에는 봉에 배드민턴 셔틀콕을 끈으로 매달아 바 위로 늘어뜨렸다. 그렇게 해서 셔틀콕에 치켜 올린 발이 닿을 수 있도록 한다는 매뉴얼에도 없는 독창적인 코칭이 가능해졌다. "오늘 연습에서 발이 높이 올라가지 않았던 게 원인이라고 코치가 지적했다. 스스로는 높이 올리고 있다고 생각했지만, 실제로는 올라가지 않은 것을 알 수 있었다. 오늘 코치가 생각해 낸 방법으로 연습하면서 발을 높이 올리는 감각을 파악할 수 있었다."는 유타의 감상에서도 알 수 있듯이 이 날의 유키에의 코칭은 유타에게 아주 유효했다. 유키에는 다음과 같이 적었다.

모두가 나에게 "코치, 이것 좀 알려줘." 하는 말을 들었을 때 나도 꽤 쓸모 있다고 생각했다. 모두가 도약하고 있는 모습을 더욱 꼼꼼하게 관찰할 수 있었다. 그 덕에 나도 벨리롤 도약법의 포인트를 찾아낼 수 있었다. 그래서인지 코치가 매우 재미있었다.

3 다른 종목에서의 코치제 도입 가능성

육상경기는 운동의 특성상 운동능력이 좋은 아이들조차 적극적으로 즐길 수 없다는 문제가 있었다. 이번에는 운동능력이 낮은 아이들도 어떻게 하면 적극적으로 몰입하게 할 수 있을 것인가라는 관점에서 코치제를 생각해 도입했다.

실제로 이 코치제를 도입한 수업은 운동에 서투른 아이들에게는 목표대로 매우 유효했다고 할 수 있다. 그런데 운동능력이 좋은 아이들에게는 1시간 동안 코치를 하는 게 오히려 수업에 대한 의욕을 저하시키지 않을까 하는 우려도 있었던 게 사실이다. 그러나 "코치는 지도해주는 임무, 친구의 기록을 늘리는 임무가 있다고 생각했습니다. 그리고 그렇게 하다 보니 저만큼 도약할 수 있으면 좋겠는데, 엉덩이가 떨어지면 끝인데 등 코칭에 필요한 여러 가지 것들을 배우게 돼 코치를 한 다음부터 수업이 더 즐거워졌습니다."는 소감에서도 알 수 있듯이 운동능력이 좋은 아이들에게도 코치제는 좋은 경험이 되었다. 이번의 육상뿐만 아니라, 기계운동 등 개인 스포츠에서도 이러한 코치제를 도입하면 아이들의 자주적인 탐구활동을 심화시키는 데 대단히 유효한 수단이 될 거라는 생각이 들었다.

타테야마 야스노부(立山 泰伸)

참고문헌

岡田泰士 『中学校体育実践指導全集　第4巻第5章第5節』 日本教育図書 1992

小山高義　 『SPSS 第6巻第1章第6節』 ニチブン 1988

繁田進 『SPSS 第6巻第3章第6節』 ニチブン 1988

3

반성을 통해 심화되는 탐구

1 / 탐구를 심화하는 아이들

1 자신의 글을 검토하며 과제를 깨닫다

"설득력을 높이려면 근거를 공부해야만 해…." 다미는 자신이 쓴 글을 다시 검토해보았다. 구상을 확실히 해서 설득력 있는 표현을 의식하면서 썼지만, 다시 꼼꼼히 검토해보니 두 가지 문제점이 드러났다. 하나는 자신의 추측만을 근거로 하고 있다는 점이었다. 읽는 사람을 납득시키려면 구체적인 수치를 들어 설명하거나, 더욱 확실한 근거를 제시할 필요가 있다. 또 하나는 일방적으로 자신의 의견만 기술하는 것은 소용없다는 점이다. 다른 사람을 설득할 수 있으려면 사례와 체험을 더해야 할 필요가 있다.

다미의 논술문은 중학교 2년생인 자신도 슬슬 신경 쓰이기 시작하는 입시를 주제로 한 것이었다. 그녀는 글에서 3가지 근거를 들어 입시제도를 재검토해야 한다고 썼다. 매스컴 보도에 영향을 받은 조금 단편적인 견해이기는 했지만, 왜 그렇게 생각하는가라는 이유와 그것을 근거로 한 주장이 명료하게 정리되어 있다.

'입시전쟁'. 이것은 일본에서만 있는 특수한 상황이 아닐까? '입시'라는 단어. 나는 '과연 입시가 필요한 걸까?' 하고 생각할 때가 많다. 나의 결론은 '필요 없다'는 것이다. 내가 '필요 없다'고 생각한 이유는 크게 세 가지다. 우선 첫 번째는 '부정입시'가 빈번하다는 것이다. 입시 관계자에게 거액의 돈을 지불하고 문제를 입수한다거나, 브로커를 써서 합격을 의뢰하는 부정입학(裏口) 등이 있다. 어떻게 해서든 '들어가기만 하면 된다'는 의식이 만연하고 있다. 이런 식이라면 전혀 의미가 없다.

두 번째 이유는 이런 일본과는 정반대인 미국을 보고 배워야 할 점이 있다고 생각하기 때문이다. 미국은 우리와 같은 '입시'는 존재하지 않는다. 대신에 '졸업시험'이라는 것이 있다고 한다. 결국 입학은 비교적 간단하지만, 졸업이 어렵다는 말이다. 이렇게 하면 학생들은 입학 후 졸업시험을 향해서 열심히 공부할 것이다. (이하 생략)

2 높은 평가에 안주하지 않고 더 낳은 표현을 탐구하다

다른 아이들은 다미의 글을 높이 평가했다. '생각 – 구체적인 사실 – 사실에 기초한 고찰이라는 글쓰기 방식으로 되어 있고 구성이 좋다', '미

국과 일본의 입시제도를 비교한 점이 좋다', '어른의 입장과 아이들의 입장
이라는 복수의 관점에서 입시제도를 보고 있어서 훌륭하다'는 등의 발언은
다미의 논술문이 우수하다는 것을 정확하게 파악하고 있고, 교사가 봐도
타당하다고 생각했다. 그런데 다미는 그러한 긍정적인 평가에 만족하지 않
았다. 친구들과 어떤 내용과 어떤 방법이 설득력을 더욱 높일까 하는 것에
대해 서로 협의하고 자기가 배운 것을 다시 생각해보면서 다미는 자신의
문제점을 깨닫고 개선하는 방법을 찾고 있었다.

다미의 이러한 배움은 어떻게 해서 생겨난 것일까? 자발적으로 탐구
를 심화해가는 아이들의 배움의 자세에 대해서 살펴보기로 하자.

2 / 모방도 훌륭한 탐구의 방법

주장하는 글을 쓰라고 해도 어떻게 쓰면 좋을지 모른다면 아이들은
당황할 것이다. 이때 마음과 생각을 잘 전하는 적절한 예시문이 있다면
"아, 그런 식으로 써가면 되겠네."하면서 표현방법에 대한 실마리를 잡을
수 있을 것이다. 그런 실마리를 잡을 수 있는 텍스트로 2개의 글을 정했
다. 니시에 마사유키(西江 雅之)씨의 「서로 전하기」와 칸토 도모코(貫戶 朋
子) 씨의 「마두의 땅에서」다.

1 「서로 전하기」에서 근거제시의 중요성을 배우다

공통의 언어를 갖는 것은 서로 의사소통을 하기 위한 중요한 조건의

하나다. 그렇지만 니시에 씨에 의하면 말이 통해도 오해는 생길 수 있다고 한다. 니시에 씨는 '양(羊)이 없다.'고 답했더니 이를 소말리아 사람들이 먹을 게 없어졌다고 오해했던 자신의 체험과 세계 어떤 지역 사람들은 '감사합니다'라는 말을 우리와는 반대로 다른 사람에게 뭔가를 해준 사람이 해야 하는 말이라고 생각하고 있다는 사례 두 가지를 들어 설명하고 있다.

이 글을 다룬 의도는 주장의 정당성과 타당성을 높이려면 적절한 근거를 제시하는 게 중요하다는 것을 깨닫게 하기 위해서였다. 그런데 필자가 들고 있는 체험·사례와 그에 기초한 생각을 모둠마다 정리하게 했지만, 아이들이 그 논리관계를 잘 잡아내지 못했다. 글을 세분해서 읽고 있는 아이들로 하여금 글 전체를 조망해 그 논리 구성을 잡을 수 있도록 의식을 바꾸게 할 수밖에 없었다. 교사는 모둠 토의를 그대로 방치하면 더 이상 진전되지 않을 것 같아 근거와 결론의 관계를 확인해가게 했다.

교　사: 소말리아 사람들에게 오해를 샀다는 체험에서 필자는 언어가 통해도 문제가 생긴다는 생각을 하게 되었지요?

다　미: 말이 통하지 않는 사람들을 오해하게 만든 게 아니라 말은 통하지만 입장, 습관을 몰랐기 때문에 오해를 가져온 체험이라고 생각합니다.

교　사: 결국 상대의 입장, 습관을 모른 채 깊이 생각하지 않고 어떤 것을 말하면 오해를 부를 수 있다고 필자는 말하고 있는 게 아닐까요?

아이들: 그렇다고 생각합니다.

교　사: 좀 더 구체적으로 필자의 체험을 설명하면 어떻게 되지요?

도모코: 소말리아에서 말은 통했지만 소말리아 사람의 입장, 습관

을 알지 못했기 때문에 오해가 생겼다는 체험이라고 생각
합니다.

2 체험을 서술해 설득력을 높인 「마두의 땅에서」

칸토 도모코 씨는 '국경없는 의사회'의 일원으로 분쟁지인 스리랑카
의 마두에서 의료활동에 종사했다. 「마두의 땅에서」는 그 체험을 근거로
쓴 글이다. 칸토 씨도 처음에는 자원봉사란 자신이 가진 지식과 기술, 일
손을 제공함으로써 남을 돕는 일이라고 생각했다. 그런데 일본과는 비교
할 수 없는 곤궁한 상황 속에서 의료활동을 하는 가운데 오히려 기쁨과 삶
의 보람을 찾아냈다고 썼다. 이 글이 강력한 설득력을 갖는 이유는 자신의
경험을 통해 얻은 깨달음을 묘사했다는 점이라는 것을 가르치고 싶었다.
교사는 자원봉사에 대한 필자의 생각이 달라졌다는 것을 이해할 수
있는지 물어보았다. 「마두의 땅에서」는 이런 이유로 생각이 바뀌었지만
이유를 명확하게 보여주는 글쓰기는 되어 있지 않다. 이에 교사는 필자의
변화에 대해 아이들이 의문을 갖는 게 아닐까 하고 생각했다. 그런데 납득
할 수 없다고 하는 아이는 없었다. 그 이유를 가나라는 아이가 다음과 같
이 설명했다.

> 필자는 의료활동을 계속하고 싶어하기 때문이다. 어려운 상황에서의 활동
> 을 통해서 필자가 기쁨과 충만감을 느끼고 있음을 알 수 있기 때문이다.

「마두의 땅에서」라는 글이 가진 설득력의 원천은 묘사하고 있는 체험

그 자체의 힘이다. 그래서 다음 시간에 체험을 어떻게 묘사하면 독자가 납득할지에 대해 물어보았다. '독자가 공감하거나 간접체험할 수 있도록 리얼하게 구체적으로 묘사한다', '사실만이 아니라 그때의 마음, 기분, 느낀 점, 생각한 것을 쓴다', '특수한 체험을 묘사하면 효과적이다' 등등 생생하고 절실한 표현이 중요하다는 아이들의 발언이 이어졌다.

3 배운 것을 살려 비평문을 써본다

「서로 전하기」는 정확한 근거를 제시해 그것을 기초로 필자의 주장을 펼쳐 논리성으로 독자를 납득시키기 위한 글입니다. 그에 반해 「마두의 땅에서」는 인상적인 체험을 구체적으로 묘사함으로써 그 체험이 주는 인상의 강도로 독자의 공감을 얻는 글이고요. 이 둘 중 어느 하나의 방법으로 논술문을 써보세요."라고 교사가 지시했다. 주제는 자유였지만 주제 선택에 너무 많은 시간을 쓰지 않도록, 예로서 '교실에 에어컨은 필요한가', '후쿠이 공항은 필요한가', '주5일제 수업에 대해서'의 3가지 주제를 보여주고, 만약 딱히 쓰고 싶은 게 없다면 이 중에서 골라서 쓰도록 했다.

3 / 친구들의 글을 돌아보며 배우기

1 모둠 대표를 뽑다

아이들은 5명씩 모둠을 이루어 서로의 글을 바꿔 읽고, 모둠을 대표할 한 편의 글을 선택했다. 평가의 관점으로는 '주장이 명확한가', '필자가 그런 주장을 하는 이유를 납득할 수 있는가(근거의 적절성, 설득력)', '문장은 신중하게 구성했나', '글의 시작과 마무리는 효과적인가'의 네 가지를 들었다. 그리고 각 모둠에서 뽑은 대표 글을 학급에 소개할 때 어떤 점이 좋았는지 의견을 발표해보도록 했다.

2 뽑힌 글을 검토하고, 설득력을 높이는 포인트를 찾아낸다

각 모둠에서 뽑힌 8편의 글을 둘로 나눠 1시간씩 검토하도록 했다. 처음은 1모둠부터 4모둠까지의 논술문이다. 각각의 글에 대해 소개하고 소리 내어 읽은 후 학급 전체가 검토에 들어갔다.

맨 처음 소개한 2모둠에서 뽑힌 다미의 글에 대해 유카가 평가했다. '생각-구체적인 사실-사실에 기초한 고찰'이라는 문장 구성이 좋다'는 의견이었다. 이어서 아쓰시가 신학습 지도요령 문제점을 기술한 3모둠의 추천 논술문에 대해 '내용이 전문적이랄까 상세해서 논리적이라고 생각한다'며 내용의 질이 높다는 의견을 냈다.

또 안이하게 애완동물을 키우다가 결국은 동물을 학대하는 사람이 있다는 것을 비판한 4모둠의 논술문에 대해서는 '실제 체험이 들어 있어서 호소력이 있다'며 미도리가 지지하는 의견을 냈다. 미도리가 지적했듯이 실제 경험에 대한 기술이 발휘하는 효과는 교사가 이번 학습에서 가장 중요한 포인트로 생각했던 부분이었다.

탐구와
대화의 전개

3 논술문을 검토하며 토론으로 탐구를 심화시키다

1모둠의 글은 교복의 필요성에 대해 논한 것이었는데, 이것에 대해서는 아이들로부터 좀처럼 발언이 나오지 않았다. 그래서 교사가 재촉하니 글 속의 예가 현실성이 있어서 공감할 수 있다는 것과 독자에게 질문을 던지는 표현이 좋다는 의견이 나왔다.

한편 도모코는 '1모둠의 글은 필자의 주장 근거는 들어 있지만, 근거의 가치를 생각할 필요가 있다. 후반의 예는 그다지 설득력이 없다'며 문제점을 지적했다. 매끄럽게 근거를 열거하는 것은 「서로 전하기」글에서도 배운 중요한 점이다. 그런데 설득력을 높인다는 점에서 생각하면 좀 더 정확하고 적절한 근거를 찾아야 할 필요가 있는 것이다. 그런 점에서 근거의 설득력에 대해 평가한 도모코의 의견은 학급의 배움을 한층 높여주는 의견이라고 할 수 있다. 게다가 유타가 "모두 1모둠의 글은 문제의식이 분명히 드러나서 좋다고 했지만, 저는 문제제기가 많다 보니 자신의 생각은 그리 명확하게 표현되어 있지 않다고 생각해요." 하고 지적했다.

1모둠의 글은 후반에도 문제제기가 반복되고 있어 확실히 문장의 흐름이 매끄럽지는 않았다. 유타의 지적에 교사도 수긍했다. 그렇지만 문제제기 그 자체는 의의가 있고, 이 글의 문제는 글을 쓴 아이의 문장력에도 문제도 있다고 생각해 이 시간에는 그 이상 깊게 들어가지 않았다. 그래도 유타의 지적은 아이들에게 자신들의 평가에 대한 검토를 다그치는 계기가 되었다. 전체 분위기에 휩쓸리지 않는 이런 솔직한 의견이 나오면서 토론은 더욱 심화되었다. 실제 이 발언이 나온 때 아이들의 집중력이 높아졌다.

4/ 자신의 배움을 되돌아보기

1 되돌아보기에 의해 평가규칙을 명확히 하고 개선점을 찾다

이제까지의 학습활동을 통해 배운 것을 확인하고 정리하는 마당으로 자신이 배운 것을 되돌아보는 활동을 했다. 자신이 배운 것을 확인하는 것은 학습의 성과를 자각해 이후의 학습으로 이어가는 데 있어서도 매우 중요하다. 특히 국어과의 경우는 수업을 통해 배운 것과 길러진 학습능력을 확인하기에 어려운 면이 있다. 이러한 약점을 보충하는 의미에서도 되돌아보기가 효과적으로 이루어진다면 커다란 의의가 있다.

되돌아보기의 내용으로서 다음 두 가지 점을 설정했다.

가. 좀 더 좋은 논술문을 쓰기 위해 자신이 특히 중요하다고 생각한 것을 4
가지 열거한다.
나. 자신이 쓴 논술문에 대해 되돌아보고 내용과 표현의 측면에서 수정해
야 할 곳은 어디인지, 또 어떻게 바로잡으면 좋을지에 대해 구체적으
로 찾아낸다.

아이들은 논술문을 검토해가는 과정에서 설득력을 높이는 여러 가지 아이디어를 만나게 될 것이다. '가'에서 언급한 4가지는 그 중에서 아이들이 취사선택해 범위를 좁혀 자신이 가장 중요하다고 생각하는 포인트다. 이 네 가지가 글의 평가기준이 되는 것이다. 그들은 한 사람 한 사람씩 자신의 평가기준에 기초해서 자신의 글을 다시 살펴보고 설득력을 높이기 위해 개선해야 할 점을 찾아냈다.

2 모둠 대표로는 선택되지 않았던 아이의 배움

본 학습활동을 통해 아이들은 어떤 것을 배웠을까? 서두에 소개한 다미는 스스로 찾아낸 주제로 글을 썼고, 모둠의 대표로도 뽑혔다. 문제의식을 가진 주제를 잘 만난 케이스라고 할 수 있다. 그렇지만 처음부터 그런 문제의식을 강하게 갖는 아이들만 있는 것은 아니다. 여기에서는 교사가 제시한 주제 중 '학교 주5일제'를 골라서 썼지만, 대표로는 뽑히지 않았던 다카히로라는 아이의 배움을 소개하고 싶다.

① 다카히로가 깨달은 3가지 개선점

다카히로는 '주5일제 수업'에 찬성하는 입장에서 글을 썼다. 그가 논술문에서 중요하다고 생각한 것은 다음의 네 가지다.

1. 모든 관점에서 주제를 바라볼 것
2. 주장을 강하게 내세울 것
3. 사례로 잡은 내용을 공부할 것
4. 정식 주제를 집어넣을 것

그의 주장은 토요일은 특별활동에만 전념할 수 있어서 즐겁다는 점과 가족과 여행도 갈 수 있게 되었다는 시간적 여유 측면에서 주5일제 수업의 장점을 기술했다. 그러나 설득력 측면을 생각해보면 자신의 입장을 기술하는 것뿐만 아니라, 주제인 주5일제 수업 자체에 대해서도 더욱 다면적으로 고찰해볼 필요가 있었다. 그래서 다카히로가 개선점의 첫 번째로 든 것은 '주5일제 수업이라는 것은 구체적으로 무엇일까? 또 그것은 무엇을 목적으로 하고 있는 것일까 등의 설명을 초입에 넣는다'는 것이었다. 또한 '주제에 대해 전문용어(2모둠 글에 있던 '아이들의 학력차'와 같은)를 넣는다면 읽기 쉽고 이해하기도 쉬울 것이다'라고도 했다.

그리고 주장의 설득력 면에서도 과제가 있다고 생각했다. 그의 글은 "아무 느낌 없이 지내고 있는 토요일. 그 토요일이 휴일이라는 것에는 어떤 이익과 손실이 있을까? 여러분도 잘 생각해보면 좋겠습니다."로 맺고 있었다. 이런 끝내기 방식은 주5일제 수업에 찬성하는 입장의 글로서는 조금 약하다. 그래서 '마지막 부분의 정리에서는 자신의 주장을 더욱 강하게 드러낼 수 있는 내용으로 한다'를 두 번째 개선점으로 했다.

세 번째의 개선점으로 다카히로는 '지루하게 계속되고 있는 사례를 정리한다'고 했다. 사례와 체험을 쓰는 것은 효과적인 방법이지만, 도모코가 학급 협의에서 지적한 대로 설득력이라는 관점에서 보았을 때는 내용과 방법을 궁리해야 할 필요가 있었다. 다카히로는 도모코의 지적을 진지하게 받아들였던 것이다.

② 구체적인 실마리를 잡는 것에서 향상되는 표현력

다카히로의 글은 논술문으로서는 아직 개선해야 할 점이 많기는 하지만, 그는 자신의 약점을 깨닫고 적극적으로 개선방법을 찾아냈다. 이는 다른 아이들의 글을 검토하는 과정에서 자신의 글을 돌아봄으로써 논술문 쓰기에 대해 인식이 깊어지고, 구체적인 방법에 대한 배움이 생겼다는 것을 시사해준다.

다카히로는 이번에 설득력을 높이는 표현에 대해 그 나름의 실마리를 찾아냈다. 그런데 이 실마리는 그가 배움을 심화해감에 따라 거듭 새롭게 발전해갈 것이다. 표현력은 이렇게 구체적인 실마리를 찾아내고, 점차 자신의 것으로 만들어감에 따라 더욱 향상되는 것이다.

미치가미 켄이치(道上賢一)

탐구의 시작은 이미 익숙해진 뭔가에 대해 다시 묻는 것이다. 이미 주어진 세계, 이미 주어진 규칙, 세상에 부딪쳐보지도 않고 이미 주어진 것을 묻고 답하는 손쉬운 학습을 극복하고 이제껏 당연하다고 생각해온 것에 대해 의문을 제기할 때 비로소 탐구는 시작된다. 지역을 나누는 기준을 세워나가면서 아이들은 처음으로 자료를 재해석하는 법, 지역을 이해하는 시점과 방법을 재검토했다.

방법을 검토해가면서 아이들은 자신들이 했던 방법을 되돌아보고 새로운 방법을 모색해나갔다. 어느 단계에서 막혀 더 이상 진전이 없던 자기 팀의 높이뛰기 연습. 아이들은 코치 매뉴얼에만 의존하지 않고 한 사람 한 사람을 직접 대면해서 상대방에게 적합한 방법을 찾아나갔다. 교사와도 이야기하면서 친구와 연습방법을 찾아갔고, 상황 속에서 방법을 찾고 수정해가면서 팀의 연습은 점차 향상되었다.

자신의 현재 상황을 검토하면 다음에는 무엇을 해야 할지 파악할 수 있다. 선배들의 표현을 보면서 배우고 주제에 따른 자신의 경험을 돌아보면서 자료를 모으고 점점 자기다운 표현을 해나가게 된다. 아이들은 좀 더 많은 사람에게 자신의 의견을 전달하기 위한 문장을 모색하고 모둠에서 함께 읽고 학급에서 더 많은 친구들에게 전달하고 다른 친구의 의견에 귀를 기울여보며 새롭게 자신의 글에 탐구할 과제를 더해간다. 이어지는 탐구와 표현의 기회가 확실히 있기에 그런 성찰이 생겨나는 것이며, 그것은 후회하는 반성이 아니라 앞으로 탐구해가야 할 방향이 된다.

그러한 전망 속에서 새로운 물음이 생겨나고 다시 새로운 탐구가 시작되어간다. 이런 과정 속에서 다중적인 나선형의 탐구가 발전하게 된다.

야나기사와 쇼이치(柳澤 昌一)

2장

나선형의 탐구

하나의 단원에서 이루어진 탐구의 경험과 성찰을 이후의 탐구에서 어떻게 다시 살릴 것인가? 나선형의 탐구에서는 어떤 배움이든 단발성으로 끝나는 것이 아니라, 이전 단계의 사이클을 토대로 다음의 사이클이 또다시 생겨나게 된다. 이런 식으로 장기적이고 발전적인 탐구가 이어질수록 '핵이 되는 배움'을 중심으로 교과내용을 재구성할 수 있고, 배움은 점차 심화되어간다. 이제 실제 수업 실천을 통해 어떤 식으로 나선형의 탐구가 이루어지는지 살펴보자.

1

또 다른 탐구를 불러오는 탐구의 감동

1 / 유원지의 놀이기구를 활용한 속도의 변화 탐구

유원지의 비디오 영상에 대한 해석으로 수업이 시작되었다. 비디오 영상에서는 코마(동영상의 근원이 되는 필름의 한 화면으로 비디오테이프라면 1초에 약 30코마가 기록됨) 단위로 화면을 하나씩 볼 수도 있어 일정 시간에 유원지의 놀이기구가 어떻게 움직이는지, 그 거리를 측정하여 속도의 변화를 고찰할 수 있다. 그래서 비디오에 찍힌 어느 유원지의 제트코스터와 바이킹, 회전그네 운동의 모습을 스크린에 비춰 그 이동거리를 측정해보았다.

그 후 자료를 토대로 이 세 가지 놀이기구의 운동에 대해서 생각해보았다. 제트코스터와 바이킹은 속도가 빨라지거나 느려지거나 했지만, 회전그네는 변화가 없이 일정했다.

이 수업을 하며 켄이치는 "높이와 물체의 속도는 밀접한 관계가 있는 것 같다. 이 둘 사이에는 법칙이 있을까?" 하는 의문을 갖게 되었다. 또 유우코는 "비디오의 버튼을 몇 회 눌러 몇 cm 나아간다는 것이 아니라 시간, 속도, 거리 등도 포함한 실험을 하고 싶어." 하며 의견을 밝혔다.

아이들은 이미 3학년이 되기 전에 데이터를 정리하고 그래프로 그려서 그 관계를 탐구하는 방법을 배워왔다. 그러나 자신들이 생각한 실험에서 스스로 조건을 바꿔가며 분석하는 실험 관찰은 2학년 때 '1회용 회로를 만들자'는 단원에서 처음 경험했다. 이때 과거에 배웠던 실험방법을 활용해 성분분석을 하고, 특정한 물질을 사용해 실제로 열을 발생시키는 화학회로를 만들었던 것이다. 그러한 경험을 통해 스스로 실험을 진행해가는데 대해 자신감이 쌓인 아이들은 유우코처럼 실제로 실험을 해보고 싶어하는 이들이 많았다.

특히 유우코는 2학년 때의 '일회용 회로를 만들자'의 탐구활동을 마치고 다음과 같은 소감을 밝히기도 했다.

나는 지금까지 아무 생각 없이 사용해왔던 열(熱)회로를 과학적으로 분석할 수 있어서 정말 재미있었다. 생활 속에서 과학적으로 분석할 수 있는 것들이 더 많지 않을까 하는 생각을 하게 되었고, 실제로 조사해보고 싶다는 생각이 들었다.

첫 번째 수업을 마치고 유원지 놀이기구의 운동과 속도에 어떤 관계가 있는지를 일회용 회로의 탐구활동과 같이 스스로 실험방법을 생각해보고 조사해가기로 했다.

2 / 스스로 생각해서 진행하는 실험

1 실험을 어떻게 해나갈까?

두 번째 시간. 물체의 운동에는 어떤 규칙성이 있는지, 실험을 하면서 탐구하기로 했다. 그런데 아이들은 일회용 회로와 같은 화학실험은 경험해보았지만, 조건을 여러 가지로 바꾸면서 많은 데이터를 처리해야 하는 물리실험은 아직 해보지 않았다. 그래서 아이들에게 "속도 변화의 조건을 바꾸면 그에 따른 규칙성은 무엇일까?"라고 조언해주었다. 그러자 모둠별로 어떤 조건이 있을지 생각해보면서, 물체의 질량을 바꾸는 모둠과 떨어질 때의 높이와 속도와 각도를 바꾸는 모둠이 나오기 시작했다.

1회용 회로의 단원에서도 아이들은 회로의 성분비를 공부하면서 변화시켰다. 조건을 바꾸면서 실험하기의 중요성을 이해하고 있는 것 같았다. 실험방법을 생각하면서 처음에는 모둠별로 종이 위에서만 생각을 진행시켰지만, 점차 실제 도구를 만지면서 서로 대화를 나누게 되었다. 즉 모둠 멤버들이 실물을 기초로 서로 말하는 방향으로 논의가 진행되었다.

2 높이를 바꿔 최하점의 속도를 측정

세 번째 시간. 드디어 모둠별로 실험이 시작되었다. 첫 시간의 비디오 해석에서 실제로 시간, 속도, 거리 등의 데이터를 가지고 생각하고 싶다고 말했던 유우코의 모둠은 어떤 실험을 하는지 즐겁게 지켜보았다. 유우코의 모둠은 기준면의 높이를 바꾸어서 최하점에서 속도가 어떻게 변화하는가를 조사했다.

경사면을 미끄러지는 물체의 속도가 어떻게 변화되는지를 조사하는 실험

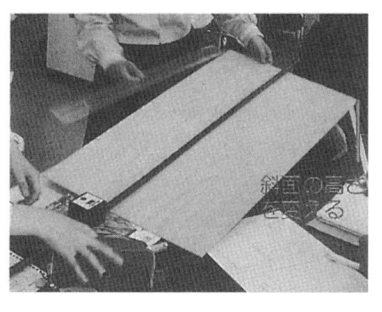

경사면의 높이와 최하점에서의 속도의 관계를 조사하는 실험

실험실을 돌아보니 모둠마다 다른 실험을 하고 있었다. 속도측정기(beespi)를 써서 일정한 거리에 따라 속도가 어떻게 변하는지를 조사하는 모둠이 있었고, 높이와 각도의 조건을 바꾸어 최하점에서의 속도를 측정하는 모둠도 있었다. 또 기타 조건으로 구의 질량과 크기에 주목하는 모둠도 눈에 띄었다. 각각의 모둠이 서로 다른 모둠의 실험을 의식하는 모습도 볼 수 있었는데, 같은 실험을 하고 있는 모둠 사이에는 서로 같은 결과가 나올까 의식하는 모습도 보였다.

BeeSpi(속도측정기), 레일, 구 이번 실험도구의 주인공은 전기배선커버와 굴리는 구 그리고 속도측정기다. 이 속도측정기의 장점은 내장된 2개의 센서를 통과하는 시간에 순간속도를 표시할 수 있다는 점이다. 이 점에 의해 물체의 운동의 정량적 실험이 가능하고, 수치를 정확하게 산출할 수 있다.

탐구와
대화의 전개

유우코의 모둠은 판에 배선 레일을 양면테이프로 붙여 고정시키고 여기에 제트코스터의 코스를 완성했다. 같은 실험을 하는 다른 모둠에서는 레일을 판에 붙이지 않고 레일을 휘게 하여 실제 코스처럼 곡선으로 만들었다. 실험을 시작하면서 속도 측정기의 성능에 놀라는 아이들도 많았다. 이 기계는 시속 1/100까지의 수치를 보여주었는데, 아이들은 기계가 상당히 정량적으로 속도를 취급하는 것에 대해 신기해했다. 아이들은 조용히 레일의 위에서 구를 굴리고 데이터를 얻으며 즐거워했다.

3 비례가 아닌 그래프로 생각에 잠기다

유우코의 모둠은 제트코스터의 실험에서 높이를 10cm 간격으로 높이면서 데이터를 얻었다. 다음의 표는 유우코 모둠의 실험 데이터다.

유우코 모둠의 제트코스터 실험 데이터

높이		10cm	20cm	30cm	40cm	50cm	60cm
최하점에서의 속도(km/h)	1회	3.52	4.99	6.13	7.26	7.73	7.99
	2회				7.13	7.75	8.28
	3회				7.37	8.02	8.51

표에서 알 수 있는 것처럼 40cm 이상은 데이터를 세 번 취했다. 그이유는 40cm 이상부터 그래프의 기울기가 떨어졌기 때문이었다. 유우코의 모둠은 높이에 비례하여 속도가 증가해간다고 생각했지만, 결과적으로 비례하지 않기 때문에 다시 시도해본 것이다. 그러나 다시 해본 두 번의 데이터에서도 비례관계인 직선으로는 나타나지 않았다.

3/ 다른 모둠과 의견을 교환하며 음미하는 결과

7번째 시간에 모둠 보고회를 마련했다. 지금까지는 네 사람씩 모둠으로 활동을 전개해왔기 때문에 다른 모둠은 어떤 활동을 했는지 잘 알지 못했다. 그래서 모둠에서 두 사람이 짝이 되어 자신들의 활동을 다른 모둠에 보고하게 했다. 세 개 조의 짝이 모여 6인이 된 새로운 모둠이 만들어졌다. 이 보고회에서는 실제 실험과정을 재연하면서 지금까지의 경과를 보고했다. 이렇게 함으로써 그 자리에서 다른 모둠이 구체적으로 어떤 실험을 해왔는지를 경험할 수 있었다.

유우코는 메구미와 짝이 되어 다른 두 모둠의 짝에게 실험을 재연해 보였다. 유우코의 모둠은 직선 레일의 제트코스터를, 테츠오의 모둠은 곡선 레일을 재연하였다. 모두 그래프가 달랐다. 유우코는 자신이 만든 포트폴리오와 테츠오가 만든 포트폴리오 사이의 다른 점을 발견하고 테츠오와 그 결과에 대해 의논했다.

테츠오: 레일이 굽어져 있는 것과 직선인 경우 속도의 차이가 없지 않아?

유우코: 레일이 굽어 있으면 그 속도가 그만큼 빨라진다고 생각해.

테츠오: 그래프에서 보면 레일이 굽어 있으면 속도도 곡선으로 되고 있어.

유우코: 우리들은 직선 레일이기 때문에 직선으로 되어야 한다고 보았지만…

그래프는 직선이 될까 곡선이 될까? 1학년 때부터 지금까지 아이들이 해온 실험은 모두 직선형의 비례 그래프였지만, 직선 레일과 곡선 레일의 실험 결과에 반드시 차이가 있을 거라고 생각했던 유우코는 직선 레일은 직선의 비례 그래프가 되어야 하지 않을까 생각하면서 다시 자신의 그래프 결과에 대해 의문을 가졌다.

보고회를 마치고 모둠이 받았던 조언을 기초로 실험을 재평가하게 되었다. 다른 모둠의 실험을 해보면서 자기 모둠과 비교하는 아이들도 보였다. 유우코의 모둠은 다시 제트코스터의 실험에 도전해보았지만, 결과는 역시 전과 마찬가지로 직선이 되지 않았다.

"확실히 곡선 그래프야."

유우코는 제트코스터의 실험에서 우여곡절을 거쳤지만, 친구들과 의견을 교환하며 자신의 생각을 정리할 수 있었다.

4/ 각기 다른 실험에서 얻어 낸 일련의 규칙

이번에는 반 전체의 결과를 분석해보았다. 교사의 생각으로는 이제까지의 실험으로 무엇이 분명해졌을지, 제1차 실험의 최종단계로서 운동과 속도의 관계를 찾아나갔다. 특히 많은 모둠이 도전했던 제트코스터에 관해 시간을 들여 결과를 탐색했다. 아이들의 고찰 내용은 다음과 같았다.

모든 모둠 데이터의 공통점

모둠A(유우코)　2배〉 3배〉 4배〉

높이	10cm	20cm	30cm	40cm	50cm	60cm
속도 1번째	3.52	4.99	6.13	7.26	7.73	7.99
2번째		1.41배〉		7.13	7.75	8.28
3번째			1.74배〉	7.37	8.02	8.51
				2.06배〉		

모둠B　2배〉 3배〉 4배〉

높이	6cm	12cm	18cm	24cm	30cm	36cm
속도	2.98	4.32	5.24	6.13	6.68	7.56
		1.41배〉				
			1.75배〉			
				2.05배〉		

모둠C

2배 〉 3배 〉 4배 〉

벽돌의 수	1개	2개	3개	4개	5개	6개
속도	4.02	5.67	7.11	8.42	9.46	10.67

1.41배
1.76배
2.09배

모둠D

2배 〉 3배 〉 4배 〉

굴리는 경사면의 속도	6cm	12cm	18cm	24cm
속도	3.30	4.66	5.80	6.08

1.41배
1.76배
2.09배

주) 표 안의 속도는 모두 최하점에서의 속도를 나타냄.

- 물체의 최초의 위치가 높으면 높을수록 최하점에서 속도는 빠르다.
- 높이와 최하점의 속도는 비례관계가 아니다.
- 최하점의 속도는 질량과는 관계없다.
- 경사면이 급하면 속도의 변화 비율도 크다.

고교 물리에서는 에너지 보존의 법칙에서 높이와 최하점의 속도의 관계를 배우는데, 높이가 X배로 되면 최하점에서의 속도는 √x배가 된다. 즉 2배의 높이에서 굴릴 때 에너지 손실이 없다면 그것의 속도는 √2배가 되는 것이다. 혹시 이 속도측정기로 거기까지 정확하게 산출할 수 있을까 불안했지만, 아이들이 애착을 갖고 산출해 낸 데이터에 숨어 있는 비밀스런 규칙성을 스스로 발견하게 하고픈 생각도 있었다. 더욱이 제곱근에 대해서는 3학년 학생이면 이미 공부한 내용이었다.

각 모둠에게 높이와 최하점의 결과를 칠판에 쓰게 했다. 각각의 모둠은 높이와 최하점에서의 속도라는 과제는 같았지만, 높이의 초기위치는 모두 달랐다. 유우코의 모둠에서는 10cm부터 시작해 10cm씩 높이를 증가시켰지만, 다른 모둠에서는 벽돌을 한 개씩 더해갔다. 높이가 2배, 3배가 되면 속도는 어떻게 될까? 실제로 계산기를 이용해서 조사해보도록 했다.

4개의 모둠을 골라서 보면 언뜻 보아 최하점의 속도는 각각 달라서 모두 다른 실험결과인 것처럼 보인다. 그러나 실은 어느 모둠이나 높이가 2배, 3배, 4배가 되면 최하점의 속도는 √2배, √3배, √4배로 나타나고 있었다.

탐구와
대화의 전개

당연히 앞서 배운 것임에도 아이들의 생각은 여기에 미치지 못했다. 그러나 구체적인 수치를 들어 몇 배가 되었는지 계산을 해보자 드디어 깨닫기 시작했다.

"우와, 거의 같은 변화가 있네. 1.4배, 1.75배, 2.0배…로 되고 있어."

변화의 비율이 같다고 느끼는 아이가 나오게 된 것이다.

"그래? 정말 굉장한데!"

"아!"

한 아이로부터 돌연 기이한 소리가 터져 나왔다.

"굉장해, 굉장해! 루트다, 루트야!"

이 아이는 흥분을 감추지 못하고 주위의 모든 아이들에게 설명을 하기 시작했다.

"정말! 높이가 2배로 되면 최하점에서 속도는 $\sqrt{2}$배가 되네~!"

"우와, 멋진데… 정말 멋져!"

학급 전체가 들끓어 오르며 흥분이 계속되었다.

각각의 모둠은 독자적인 방법으로 실험을 시작해서 스스로의 힘으로 결과를 이끌어 냈다. 언뜻 보아 각각 다른 활동을 하고 있는 것처럼 보였던 모둠의 결과에는 사실 과학의 규칙성이 공통으로 존재하고 있었던 것이다. 수업을 마친 후 유우코는 다음과 같이 소감을 썼다.

이번의 실험으로 알게 된 것은 하나의 실험 안에도 실은 사물의 놀라운 관계가 숨어 있다는 점이다. 실험을 하면서 새로운 무엇인가를 알 수 있어서 정말 즐거웠다.

이와 같이 과학수업에서는 3년에 걸쳐 탐구의 경험을 이어갈 수 있도록 수업을 전개하고 있다. 되풀이하여 이어지는 탐구가 아이의 사고를 심화시키고, 과학 교과에서 몸에 익히는 탐구력도 배가시킬 수 있다고 생각한다.

키모토 시게루(木本 茂)

참고문헌

福井大学教育地域科学付属中学校, 研究紀要, 第31号(2003)
福井大学教育地域科学付属中学校研究会, 「探究, 創造, 表現する総合的な学習」東洋館出版社, 1999

2

자유로운 발상에서 시작되는 배움의 연결

1 / '식사'에 대한 탐구

1 식탁의 모습을 그림으로 그려보면…

식생활 학습의 두 번째 시간. 수업의 서두에서 자신의 식생활을 되돌
아본 것처럼 수업 전날의 저녁 식사와 당일 아침 식사를 그림으로 그려보
았다. 전날 무엇을 먹었는지 기억하지 못한다거나 아침에는 바빠서 아무
것도 먹지 않았다는 등등 '먹는 것'에는 별로 관심이 없는 아이가 누구인
지 알 수 있었다. 또 "어제 저녁은 학원에 가는 길에 편의점에서 산 주먹밥
을 차 안에서 먹었어."라고 하는 아이와 "언제나 저녁은 혼자서 먹어."라고
하는 아이, 특히 "햄버거를 좋아해서 저녁에는 자주 패스트푸드점에 가."
라고 하는 아이까지 있었다.

이 그림은 특히 누군가에게 보이거나 발표하는 게 아니라 클리어 파일에 철해두고 혼자서 보도록 했다. 그리고 식탁에서의 문제점을 학급 전체에게 생각하게 하기 위해 칠판에는 NHK 출판의

『알고 있습니까? 아이들의 식탁』 중 세 가지 그림을 골라서 확대 복사해 붙여놓았다. 골라 낸 그림은 세 장인데, 편의점에서 산 컵라면과 햄버거가 놓인 식탁, 가족이 둘러 앉아 저녁 식사로 핫케이크를 먹는 식탁, 형이 게임을 하고 옆에서 동생이 혼자 조용히 우동을 먹는 식탁이다.

2 '식사'로 드러난 것

세 장의 그림을 제시하자 아이들은 "에~!", "쓸쓸하다", "이게 저녁밥?", "핫케이크를 먹다니?" 등 여러 가지 반응을 보였다. 이 그림 가운데 현대 일본의 식생활 문제점이라고 생각하는 것을 식사라는 글자인 'こ食'의 'こ(코)'의 부분에 음이 같은 다른 여러 가지 문자를 넣어서 표현해보도록 했다. 각 모둠별로 지혜를 짜내며 나눠준 종이에 매직으로 쓰기 시작했다. 교사는 "생각이 나지 않을 때는 칠판에 붙여놓은 그림을 잘 살펴보세요." 하고 덧붙였다.

아이들은 "아이를 뜻하는 子[1]는 어때?", "뭔가 쓸쓸하다", "아이만 있으면 영양도 편중될 것 같아" 등등 처음에는 이런 식으로 써 나가기 시작

---

[1] 일본어로 子는 'こ(코)'라고 읽음

했다. 5개 정도 쓰고 나자, "선생님, 'ㄷ'말고 'ㄷㅎ(고우)'나 'ㄷ(고)'도 되나요?"라며 더 이상 'ㄷ食'으로는 막히게 되었다. 'ㄷ'에 꼭 들어맞는 한자가 더 이상 생각나지 않았던 모양이었다. 그래서 "한자를 찾는 것도 좋지만, 꼭 한자에 얽매이지 않아도 좋아."라고 말해주었다.

하 루 코: …그렇다면, 가타가나로 찾는 건 어때?

타카시히로: 가타가나의 ㄷ食? 앗! 콘비니(편의점)의 ㄷ!

나 나: 계속 먹으면 위험할 것 같아.

하루코: 약 같은 것을 많이 사용할 것 같아.

교 사: 약, 어떤?

하루코: 착색료라든가, 보존료라든가.

나 나: 첨가물 같은 것도

하루코: 화학조미료 같은 것도 많이 쓰지 않을까?

교 사: 그래서 위험한가?

하 루 코: 화학적인 것이어서 위험하지. 엄마가 물건을 살 때 신경 쓰는 것을 보았어.

대수롭지 않은 힌트에서 또 새로운 문제가 나타났다. 이 활동은 작년까지는 식생활 학습의 마지막에 식생활의 문제점을 5개의 'ㄷ食'으로 소개하는 정도였다. 이 다섯 개의 'ㄷ食'은 『알고 있습니까? 아이들의 식탁』에서 다음과 같이 기록되어 있다.

'孤食' = 혼자서 먹는 것

'小食' = 소식, 먹는 양이 적은 것

'個食' = 자기(개인)가 좋아하는 것을 각자 먹는 것

'粉食' = 스파게티와 빵 등, 밀가루를 사용한 주식을 선호하는 현상

'固食' = 고정된 것, 자기가 좋아하는 것만 먹는 것[2]

　작년에 수업에서 5개의 'こ食' 하면 어떤 게 생각날까 하는 문제를 제시했을 때, 아이들은 훨씬 많은 'こ食'를 생각해 냈다. 더구나 그 내용이 그때까지 학습한 것까지 포함해 식생활의 학습내용을 망라했다. 그래서 금년도는 이 활동을 식생활 학습을 시작하는 데 있어 도입으로 삼게 된 것이다. 그렇게 함으로써 아이들은 어렵게 여기던 '영양소', '식품의 선택과 배합' 내용을 중요하게 생각하며 학습할 수 있을 거라고 생각했다.

3 그래서 진짜 문제는?

　같은 것을 빼고 남은 것을 칠판에 붙이기 시작했다. "우와- 많다!", "저것은 어떤 의미지?"라고 아이들이 의문과 소감을 말하기 시작했다. 교사는 "말하고 싶은 게 있으면 손을 드세요!" 하면서 아이들의 느낌이 정리될 때까지 교통정리 역할에 충실했다.

　억지로 꿰어 맞춘 게 분명한 것과 문제 상황이 아닌 것은 제외했다. 그러나 처음에는 억지로 꿰어 맞췄다고 생각했지만, 서로 이야기를 나누다 보면 중요한 문제가 되는 것도 있었다. 두 번째 시간 후반에 시게오가 아무렇게나 썼던 '故食'이다. 의미는 '고인(故人)'이 되어 버릴 만큼의 위험한 식사'다. 시게오는 "계속해서 먹으면 죽음에 이르게 된다."라고 썼다.

---

2 동음이의어를 이용해서 내용을 확장한 예. 孤, 小, 個, 粉, 固 ㅡ들은 전부 일본어로 코(こ)로 시작되는 발음이다.

타카시히로: 위험한 식사는 어떤 것인가요?

시 게 오: (좀 생각한 뒤, 자신 없이) 유통기한이 지난 것이라든가…

타카시히로: 그래도 실제로 문제가 될 정도는 아니라고 생각합니다. (박수) 그것이… 그것보다도 유통기한이 지났기 때문에 먹지 않고 버리는 게 문제가 된다고 생각합니다.

나   나: 그래그래. 얼마 지나지 않았다면, 기한이 지났다고 해도 먹어 버리자.

여기에서 'ㄱ食³'을 생각했던 모둠의 하루코가 손을 들고 다음과 같이 발언했다.

우리 모둠에서는 편의점 음식이라는 뜻으로 ㄱ食이라고 썼는데 계속 먹으면 위험하다고 썼어요. 왜 위험한가 하면 편의점 도시락에는 첨가물 같은 것을 많이 사용할 수밖에 없어요. 그래서 이 '故食'도 그런 의미의 위험한 음식물이기 때문에, ('ㄷ食'으로서) 남겨야 하지 않을까 생각하는데요…

그러자 '故食'은 음을 맞추기 위해 억지로 꿰맞춘 것이기 때문에 제외하자고 하던 학급의 흐름이 바뀌었다. "그러면 '故食'도 포함해요!"라는 소리가 여기저기에서 들려왔다. 그래서 시게오에게 물어보았다.

교   사: 이 제안에 대해서 어떻게 할까?

시게오: 저도 그게 좋을 것 같은데, 그런 의미에서 바꾸고 싶어요.

---

3 コンビニ(콘비니) 편의점.

서로 계속 이야기를 나누면서 30개 정도였던 것이 20개로 줄었다. 'ㄷ食'에 문자를 끼워 맞춰 생각해가는 활동은 처음에는 마냥 즐겁기만 한 활동이었다. 가능한 많은 것을 쓰려니 억지로 꿰어 맞춘 것 같은 답도 많이 나왔다. 아예 사전을 들고 활동을 시작한 모둠도 있었다. 그러나 교과서를 읽는다거나 핸드북을 살피면서 점차 'ㄷ食'과 현대인 식생활의 문제점을 연결해나가게 되었다. 그 활동 가운데 자신의 생활(물건을 살 때의 어머니의 모습과 식탁에 오르는 식재료 등)을 통해 문제를 바라보는 아이가 나왔고, 그러면서 자신의 생활을 돌아보면서 문제를 바라보려고 하는 분위기가 확대되었다.

또 많은 'ㄷ食' 중에서 문제점으로 남긴 것과 그렇지 않은 것을 음미해가는 단계에서는 '분명히 그러한 것'과 '분명히 지금 생각하고 있는 것에서 벗어난 것'과 '잘 이해되지 않는 것'이 아이들 속에 있었고, 대화를 나누어가면서 그 '잘 이해되지 않는 것'에 대해 점차 분명히 이해해나갈 수 있게 되었다. 수업의 3번째 시간에 이루어진 대화에서 건져 올린 시게오의 '故食'도 그 하나의 예로써 처음에는 제안한 본인조차 자신 없어 했지만, 다른 모둠의 의견을 듣고 새롭게 거듭나게 되었다.

2/ 문제점에 대한 조사와 발표

4회차 수업에 들어갔다. 이때에는 대화를 통해 정리된 20여개 중에서 자신이 흥미를 가진 'ㄷ食'을 골라서 같은 것을 고른 친구와 함께 모둠을 만들어 그 문제점에 대해 조사하고 발표하게 했다. 여기에서 아이들이 선택한 'ㄷ食'은 10개였다. 10개 모둠이 만들어졌고, 모둠별로 자료를 모아왔다.

자료를 모아 시작하기 전에 다시 한 번 더 선택한 'こ食'에 대해서 확인하게 했다. 각각 어떤 의미가 있고, 어떤 문제가 있는지 모둠원이 공통으로 이해하고 조사할 수 있게 하기 위함이었다. 특히 그렇게 함으로써 문제를 좀 더 명확히 할 수 있다. 시게오가 발표했던 '故食'을 선택한 모둠도 그 중 하나였다. 물론 시게오도 그 모둠의 멤버였다.

어떤 음식물이 위험한가? 고민하고 있는 것 같았다. 그렇지만 대화가 식품에 포함된 독으로 시작되었다가 거기에서 BSE(광우병)에 대한 이야기로 옮겨가 특히 생산지 위장의 문제로 발전해갔다. 위험한 음식물이라면 생산지를 위장한 것과 보존기간이 지난 식품을 재이용하는 것 등 진실을 알려주지 않는 식품도 포함된다. 아이들에게 꼭 접하게 하고 싶은 게 있어서 이 모둠과 대화를 나눠보았다. 그러자 이 모둠에는 지금도 쇠고기는 좀처럼 먹지 않

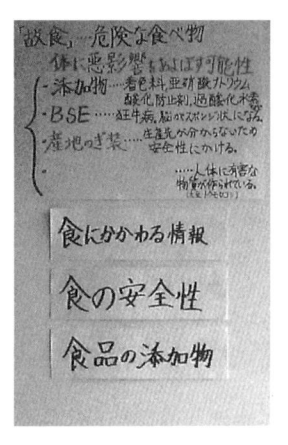

시게오가 속한 모둠의 발표 보드

는다고 하는 아이가 있었다. 표시된 것이 진짜인지 아닌지 알 수 없기 때문이라는 이유였다. 이로부터 '故食' 모둠의 구성원은 '음식에 대한 정보'의 신뢰성으로 이야기가 나아가게 되었다. 이 모둠에서는 결국 식품첨가물, BSE, 유전자 조작 식품에 초점을 맞춰 자료를 모으고, 문제점을 조사해갔다.

이와 같이 각각의 모둠이 조사해서 모은 자료를 기초로 발표를 준비했다. A4 사이즈의 종이와 종이를 길게 자른 카드를 준비했는데, 종이에는 각각 선택한 'こ食'에 대해 무엇이 문제인지를 자료 등에 근거하여 이

해하기 쉽게 정리했다. 카드에는 이 문제를 해결하기 위해 지금부터 자신들이 학습해야 할 것들을 키워드로 쓰기 시작했다. 그것을 화이트보드에 붙여서 발표한 것이다. 시간은 한 모둠당 2분. 짧은 시간에 이해하기 쉽게 문제를 전달하기 위해 '故食' 모둠에서도 발표원고를 작성하거나 종이에 큰 글씨로 간결하게 정리한다거나 색칠도 하면서 차근차근 준비를 해나갔다.

1 발표를 듣고, 자신의 생활을 돌아보다

드디어 아이들이 각각의 문제점을 발표했다. 어느 모둠이나 다른 아이들에게 잘 전달하기 위해 열심히 노력했다. 그 발표를 들으며 가장 흥미 있는 'ㄷ食' 한 개를 골랐다. 그리고 같은 것을 선택한 친구들과 모둠을 만들어 브레인스토밍을 하게 했다.

시게오는 이번에도 '故食'을 선택했고, 지금까지와는 다른 구성원과 대화를 나누었다. 시게오가 진행 역할을 맡았다. 현상을 서로 이야기한 후 해결방법을 생각해갔다.

> **다이치**: 첨가물은 표시를 보면 좋지 않을까?
> **시게오**: 그렇지만 그래도 첨가물이 정말 몸에 나쁜 걸까? 실험이나
> 검사를 하려고 생각하지만…

해결방법이 심화되면서 새로운 과제를 찾아갔다. 각각의 문제에 대해서 '이것이 맞다'고 하는 정답은 없다. 아이들이 자신의 생활을 돌이켜

보며 같은 문제를 가진 사람과 대화할 기회를 갖는 게 목표다. 대화를 나누다 보면 처음에 문제라고 생각했던 부분이 그렇지 않은 것으로 보이거나 특별히 다른 문제가 있어 보인다거나 해결할 수 없는 큰 문제가 그 배경에 있다는 것까지 생각이 미칠 수도 있다. 그럼으로써 자신의 힘으로 가능한 것은 무엇인지를 알아보는 방향으로 나아가기를 바라면서 설정한 시간이었다. 그러나 그 중에는 '문제점은 반찬을 잘 사는 것이다', '반찬은 사지 않고 만들어 먹는 게 좋아'와 같은 말만 하고 있는 모둠도 있었다. 자신의 생활 속에서의 문제점을 제대로 보지 못하고 있는 것이다. 자신의 생활을 통해서 문제점을 보면 알고는 있지만 해결할 수 없는 문제들을 발견하게 된다. 아이들이 자신의 생활을 돌아보면서 생각할 수 있도록 궁리할 필요가 있다고 교사 스스로도 반성하게 된 시간이었다.

3 / 추후 학습에 대한 기대

발표할 때 나왔던 키워드 카드에는 앞으로 학습할 거의 모든 내용이 포함되어 있었다. 더구나 학급에 따라 다른 'ㄷ食'이 나왔음에도 불구하고 이 키워드 카드의 내용은 거의 같았다. 그래서 이것을 이용해 앞으로 진행될 학습의 흐름을 생각해보게 했다. 그 결과 우선 '영양의 균형', '영양과 성장' 등의 영양과 식품의 조합에 관해 학습한 후에 '식사의 매너', '커뮤니케이션' 등 '먹는 방법의 문제'에 대해서 생각해보기로 했다.

나왔던 키워드들
영양의 양과 균형/ 영양과 몸의 기능/ 먹는 방식의 문제/ 먹는 것의 조합/ 식사의 매너/ 식생활 습관/ 바람직한 식사/ 음식에 대한 감사/ 음식의 안전성/ 식사와 심신의 성장/ 마음이 충만한 식사/ 식품 첨가물/ 생활습관병/ 음식에 관계된 정보/ 매일의 식생활 돌아보기

이 밖에도 평소 고려하면 좋은 것으로 매일의 식생활을 돌아볼 것이 거론되었다. 그래서 마침 이 기회에 식생활을 돌아볼 수 있는 '식생활 돌아보기 표'를 만들게 했다. 이 표의 체크 항목도 서로 대화를 통해 결정하였다. '좋고 싫음을 떠나 식사를 하고 있는가?', '야채가 들어간 요리를 먹고 있는가?' 등의 구체적인 항목이 제시되었고, 그에 따라 다른 면에서도 자신의 생활을 돌아볼 수 있도록 구체적인 항목이 제시되었다.

또 앞으로 더 배우고 싶은 것에 대해 아이들은 이렇게 쓰고 있다.

시게오: 저는 '故食'에 대해 조사했지만 먹는 것과 관련된 문제를 좀 더 깊게 조사하고 싶습니다. 예를 들면 BSE에 감염된 쇠고기를 먹으면 실제로 어떠한 증상이 나타나는가와 같은 것입니다. 그 외에도 식품첨가물과 농약 등 식품에 포함되어 있는 위험한 것을 '故食'을 조사하면서 알았습니다. 특히 첨가물이 정말 몸에 해로운지 잘 이해하지 못해 철저하게 조사해보고 싶습니다.

나나이: 제가 지금부터 공부하고 싶은 것은 '마음과 음식'입니다. 고민이 생기거나 피곤할 때 나는 어머니께 "달콤한 것을 먹으면 안정된다."고 말하곤 했습니다. 그러나 그것이 왜 그런지는 알지 못합니다. 사람은 먹는 것으로 편안함을 느끼지요. 또한 친구들이나 가족과 대화하면서 먹으면 혼자서 먹는 것보다 맛있다고 느낍니다. 그래서 저는 음식과 마음을 주제로 여러 가지 것들에 관해 생각해보고 싶습니다.

탐구와
대화의 전개

처음에는 생각이 막혀서 던지듯이 써냈던 시게오의 '故食'. 그러나 다른 모둠인 하루코의 의견으로 인해 의미를 갖게 되었고, 같은 문제에 흥미를 가진 친구들과 서로 대화하는 가운데 과제가 생겨났다. 이러한 과정을 통해 시게오는 '故食'에 대해 '철저하게 조사하고 싶다'는 책임감과 비슷한 애착을 갖게 된 게 아닐까?

일상의 '식탁'에서 시작된 탐구. 이제 아이들에게는 학습의 방향이 보이고 있다. 편향된 식생활과 성분표시를 보지 않고 선택하는 게 위험하다는 것을 알게 된 아이들은 균형 잡힌 영양을 갖춘 식생활과 적절한 식품의 선택에 대한 중요성을 실감했다. 그런 식으로 영양소에 대해, 청소년기의 영양과 식사에 대한 기초적인 지식을 얻으면서 균형을 갖춘 식단 작성에 들어갔다.

이 식단 작성도 우선 자신의 식생활을 돌아볼 수 있도록 자신의 하루 식사를 기록하는 것에서 시작했다. 아이들은 영양소에 대한 학습을 거쳐, 기록한 식사를 이상적인 식단으로 수정했다. 그것을 모둠끼리 서로 평가하고, 선택된 하나의 식단에 대해 서로 대화하면서 수정해갔다. 그렇게 해서 나온 식단 중에서 하나씩 골라서 4~5회 조리 실습을 했고, 조리 실습 사이에는 가공식품과 식품첨가물, 식품을 선택하는 방법 등의 학습도 진행해나갔다.

또 식생활의 혼란은 몸뿐만 아니라 마음에도 악영향을 미치는 것을 알게 되었고, 몸과 마음의 건강을 위해 적절한 '먹는 방법'을 생각할 수 있는 활동으로 연결하였다. 아침식사의 중요성, 가족 등 가까운 사람과 함께 하는 식사의 중요성을 자신의 식생활을 돌아보면서 조사활동과 대화활동을 통해 배워나간 것이다.

자신들의 생활을 돌아보며 문제를 찾아낸 아이들. 그 문제를 해결하고 싶다는 아이들의 의욕 덕분에 탐구는 더욱 더 심화되었다.

츠게 야스코(柘植 泰子)

참고문헌

足立己幸, NHK 「子どもたちの食卓」プロジェクト(2000) 『知っていますか子供た
ちの食卓』NHK出版

3
의식까지 바꿔준 팸플릿 만들기

1 / 심포지엄의 시작

심포지엄에 참가하는 아이들이 흡연에 관한 팸플릿을 만들어왔다.
이 팸플릿 내용이 OHC(실물투영기)로 펼쳐졌다. '건강에 대한 영향', '의
존성에 대한 위험', '흡연의 유혹을 반드시 뿌리 뽑자', '여성의 흡연은 태
아에게 악영향'에 이어 '주위 사람을 괴롭힌다'의 제안발표가 시작되었다.
다음은 신이치의 발표내용이다.

내뿜는 담배연기에는 마시는 담배연기보다 유해물질이 몇 배나 더 많이
포함되어 있습니다. 그러므로 간접흡연을 하게 되는 주위 사람에게 미치
는 영향이 문제입니다. 담배를 한 개피도 피우지 않은 아내가 남편 때문에
폐암에 걸릴 확률이 1.9배나 높아졌습니다. 이것을 알고 우리는 가족의 흡

연에 대해서 조사해보았습니다. 그 결과 지금까지 절반 정도의 가족에 흡연자가 있음을 알게 되었고, 흡연자에게 여러 가지 요구를 하고 있음을 알수 있었습니다. 2003년 5월 21일에는 WHO에서 '담배 규제조약'이 채택되었습니다. 흡연자 감소에 대한 기대도 높아지고 있지만…

참가자인 신이치의 발표는 흡연이 얼마나 주위 사람들의 건강에 해로운 행위인가를 말해주고, 학급의 아이들에게 흡연자의 가족이 고통을 받고 있다는 사실을 보여주었으며, 법률과 조약까지 끌어들여 '금연을 해야만 한다'고 호소하고 있었다.

발표를 마치고 코디네이터의 역할을 맡고 있는 교사가 보충발언을 촉구하자 코오켄이 손을 들었다. 코오켄은 흡연이 주변에 미치는 영향에 대해서 조사하고, 담배를 피우고 있는 교사와도 인터뷰를 했다.

코오켄: 저는 담배를 피우고 계시는 선생님과 인터뷰를 했습니다. 인터뷰를 통해 흡연자들도 끊고 싶어하거나 흡연을 매우 싫어한다는 것을 알게 되었습니다. 지금까지는 담배를 피우는 사람은 '주위에 고통을 주니 무조건 나쁘다'고 일방적으로 책망했지만, 그들의 기분을 이해하면 담배를 끊고 싶어도 쉽게 끊지 못하므로 일방적으로 책망만 해서는 안 된다고 생각합니다.

신이치: 담배를 피우지 말라고 말하고 싶지만, 말할 수 없어 고민하고 있는 사람도 있습니다. 인터뷰에서 보듯이 임신한 여성이 담배연기를 마시고 싶지 않지만 회사에서 사람들이 여전히 담배를 피우고 있기 때문에 회사에 가고 싶지 않다며

고민하고 있습니다. 그러므로…

흡연에 관한 배움은 심포지엄에서 더욱 심화되었다. 심포지엄이 전개되기까지 아이들은 개별적으로 과제를 탐구해왔다.

2 / 심포지엄에 이르기까지

1 팸플릿을 만들자

"지금부터 '세계에서 오직 하나 뿐인 팸플릿'을 직접 만들고 싶어요." 선배들이 만든 팸플릿들을 보여주자 아이들은 이같이 포부를 밝혔다.
"색지는 받을 수 있나요?", "몇 시간 동안 제작해요?", "좋아하는 내용으로 만들어도 되나요?" 차례차례 이어진 물음에는 팸플릿 제작을 향한 아이들의 강한 의욕이 느껴졌다. 팸플릿의 주제는 소단원으로 제시되고 있는 '흡연', '음주', '약물남용', '감염증', '에이즈 등의 성병'이다. 어느 주제를 선택해서 팸플릿을 만드는가는 각자의 흥미에 따라 결정했다.
다른 아이들이 어떤 내용을 할지 고민하는 동안 코오켄은 처음부터 흡연을 선택하려고 했다. "아버지가 의사여서, 흡연에 대해서는 슬라이드 등 자료가 많이 있어요."라고 말했고, 조사하기 쉽다는 동기로 흡연을 선택했다. 누구보다도 자세한 자료를 갖고 있다는 자부심이 엿보였다. 흡연을 선택한 아이는 총 13명이었다. 교사는 흡연에 인원이 편중되었다고 생각했지만, 아이들이 모든 주제에 걸쳐 흩어져 있었기 때문에 굳이 무리해서 인원을 조정하지 않은 채 그대로 진행하기로 했다.

팸플릿 안에 어떤 내용을 채워 넣을까? 우선은 각각의 주제별로 자신들이 알고 싶은 것, 궁금하게 여기고 있는 것, 중요하다고 생각하는 것을 쪽지에 쓰는 작업으로 시작했다.

왜 좋지도 않은 담배를 만들까?	흡연을 시작하는 계기는 무엇일까?	왜 몸에 나쁜데도 끊지 못할까?	왜 폐암에 걸릴까?	담배 연기에는 무엇이 포함되어 있을까?	성인은 피우면서 왜 미성년자에게는 못하게 할까?

쪽지에는 여러 가지 질문이 나오기 시작하였다. 한 사람당 5장 이상. 중요한 것이 조사에서 빠지지 않도록 교과서에서도 골라내도록 했다. '음주', '약물남용', '감염증', '에이즈 등의 성병'의 모둠에서도 차례대로 쪽지에 조사하고 싶은 내용이 채워졌다.

- 에이즈는 어떤 병인가?
- 곧 죽나?
- 에이즈에 걸리면 어떻게 하는 것이 좋은가?
- 성병에는 어떤 증상이 있나?
- 어떤 식으로 전염되나?
- 차별과 편견을 갖지 않으려면 어떻게 해야 하나?
- 에이즈는 감소하고 있나, 증가하고 있나?

쓴 쪽지를 비슷한 것끼리 나누어서 일람표로 정리하는 것은 교사의 역할이다. 교사는 다음 시간까지 학습내용을 확인하면서 주제별로 일람표를 작성했다. 그들의 팸플릿이 배워야 할 내용을 모두 담을 수 있도록 배려하는 것이다.

2 나는 '흡연에 따른 주변 사람들의 피해'를 조사하고 싶다

작성된 내용일람을 기초로 역할을 분담했다. 누구와 어떤 내용을 어떤 방법으로 조사할 것인지 상담한 것이다. 흡연과 씨름하기로 결정한 코오켄은 즉시 부친의 서재에서 몇 권의 책을 자료로 가져왔다. 그는 빠르게 자료를 살펴보았다. '까맣게 오염된 폐', '전신에 번진 암' 등 담배가 건강을 해치는 모습과 담배연기가 주위 사람에게 해를 미치는 것을 볼 수 있었다. 그 때 준이치가 말했다.

> **준 이 치**: 가족 중에 담배를 피우는 사람이 있으면… 담배를 싫어하지 않을까?
>
> **코 오 켄**: 그런가? 나도 주위 사람에게 미치는 해에 대해서 알고 싶었는데 그걸로 할까?
>
> **키요히코**: 나는 어머니가 담배를 피우기 때문에 여성의 흡연에 대해서 조사해보고 싶어.
>
> **교   사**: 어머니께 보여드리는 팸플릿이 되면 좋겠구나.

"무엇을 조사할까? 어떻게 할까?"를 친구와 얼굴을 맞대고 고민하는 아이도 있다. '의존성', '담배의 존재', '흡연의 계기', '미성년자의 흡연' 등 일람표에 정리된 과제는 내용의 연관성도 고려하면서 서로 분담해 조사하여 각자의 팸플릿에 넣게 되었다.

팸플릿은 각자가 만들어가는 것이다. 따라서 선택한 과제가 같아도 팸플릿이 어디로 나아갈지 그 방향은 개별적이다. 과제가 결정되면 조사를 하면서 학습이 시작된다. 교사는 보건실의 전문도서 등도 포함시켜 참고도서를 교실에 준비했고, 교과서의 활용도 권유했다. 컴퓨터실과 도서실도 조사를 위한 학습의 장이 되었다.

에이즈에 관한 팸플릿을 만드는 리미가 질문을 던졌다.

리미 : 에이즈는 현재 증가하고 있나요?

교사 : (에이즈에 대한 배포용 팸플릿을 건네주며) 젊은 사람들에게 급증하고 있어요. 이 자료에 나와 있어요.

리미 : 위험하네요. 어째서 증가하지요?

교사 : 어째서 증가할까요? 모두들 알고 싶어할 것 같은데요.

교사와의 대화가 조사의 방향을 제시해주었다.

3 자신들의 생활과 밀접한 정보를 수집하다

조사학습이 시작되면 누구 할 것 없이 컴퓨터실로 달려간다. 인터넷에서의 정보수집이 가장 쉽기 때문이다. '검색창에 흡연이 건강에 주는 영향'이라고 써 넣으면 바로 여러 가지 정보가 나온다. 정말 편리하다. 하지만 그걸로 끝났다고 생각하고 조사학습을 마친다면 팸플릿은 어딘가에 있던 내용을 그대로 옮겨놓은 작업에 머물고 만다.

그렇게 되지 않도록 '팸플릿의 평가기준표'가 제시되었다. 기준표에는 '메시지성', '지식과 이해', '생활에 연결됨' 등 6개의 항목이 있고 각각 A, B, C의 3단계 평가기준이 제시되었다. '생활에 연결됨' 항목에서는 (A) 충분히 만족스러운 평가는 '가까운 현실에서 문제를 끌어내고 조사하여 자신들의 건강문제의 해결책으로 고려하고 있다'로 되어 팸플릿 만들기의 중요한 목표가 되었다.

타이코는 어떤 계기로 흡연이 시작되는지 설문조사를 하고 싶다고 말했다. 질문항목을 고려해 설문을 작성했다. 그리고 학급친구의 가족과 교사, 대학생에게 배포했다. 타이코 모둠이 설문조사를 시작했다고 교사가 소개하자 조사활동이 좀 더 다양한 방법으로 증가했다.

코오켄은 흡연이 담배를 피우는 본인보다 주위 사람에게 더 큰 영향을 준다는 것을 알고 '흡연하는 사람에 대해 주위 사람은 어떤 감정을 갖고 있는가?' 또 '흡연하고 있는 사람의 기분은 어떤가?'에 대해서 친구들과 교사에게 들어보려고 했다.

친구에게는

1) 교사들이 학교에서 담배를 피우는 것에 대해서 어떻게 생각합니까? 이유도 서술해주세요.

2) 학교에서 담배를 피우지 않게 하려면 어떤 대책이 있다고 생각합니까?

교사에게는

1) 현재 담배를 피우고 있습니까? (예, 아니오)

2) 5월 1일에 시행된 〈건강증진법〉을 알고 있습니까? 또 그 법률을 어떻게 생각하십니까?

위와 같은 질문으로 설문조사를 실시했다. 코오켄은 교사에게 설문을 의뢰하는 것에 대해 매우 긴장했다. 어떤 반응을 보일까? 또한 담배를 피우고 있는 선생님에게는 자칫 실례가 될까 봐 불안했다고 서술했다. 그

긴장을 넘어서 인터뷰와 설문을 통해 알게 된 '흡연자도 고민하고 있다'는 것이 그의 팸플릿 제목이 되었고, 심포지엄에서 흡연자도 사실은 끊고 싶어한다든지, 담배를 싫어한다는 것도 알 수 있었다고 보고했다. 지금까지는 담배를 피우는 사람에게 '주위에 피해를 주어서 정말 싫다'며 일방적으로 책망했지만, 흡연자의 기분을 알게 됨으로써 담배를 끊고 싶어도 끊지 못하는 상황도 있으므로 일방적으로 책망만 해서는 안 된다고 생각하게 되었다고 했다.

4 메시지가 있는 팸플릿으로

팸플릿은 읽는 사람을 의식하는 표현 수단이다. 또한 한 사람 한 사람의 개성 있는 표현으로 자기다움을 표출하는 즐거움을 준다. 읽는 사람을 끌어당기려면 표지와 편집에 대한 공부가 필요하다.

팸플릿 제작에서 중요한 것은 메시지로 누구에게 어떤 내용을 전달하려고 하는가다. 메시지를 의식하고 표현은 간결해 보기 쉬워야 하며, 이해하기 쉬워야 한다. 이를 위해서는 획득한 지식이나 정보를 그대로 사용할 게 아니라, 재구성할 필요가 있다. 책이나 인터넷에서 검색한 정보와 설문의 결과를 어떤 형태로, 어떤 방향으로, 어떻게 기술해갈지를 모색하면서 부족한 정보를 좀 더 조사할 필요성도 생기게 된다. 처음에 코오켄은 흡연자들 때문에 주위 사람이 입는 피해를 범위로 잡았지만, 흡연자도 고민하고 있다고 느낀 단계에서는 '담배는 피우지 않는 것이 첫째'라는 메시지가 중요하다고 생각하게 되었다. 팸플릿의 구성을 바꾸면서 '흡연자 자신이 받는 건강 피해'를 추가했다.

탐구와
대화의 전개

5 선배를 뛰어넘고 싶다

'팸플릿 만들기'로 배워가는 교육과정은 올해로 2년차다. 첫해에는 보건실에 비치되어 있던 팸플릿들을 나눠주고 이미지를 키워 참고하도록 했다. 아이들은 자기들만의 고유한 팸플릿 만들기에 즐겁게 몰두했다.

만들어진 팸플릿은 내용면에서도 충실해 교사도 감탄에 마지않은 것이 적지 않았다. 만들어진 팸플릿 중 몇 개는 후배들에게 보여주고 싶어서 학교에 남겨두고 싶다고 몇몇 아이들에게 부탁하기도 하였다. 그러자 "에~ 언제 돌려주실건데요?"라는 아이도 있었고, "시험공부도 못하고 며칠이나 걸려서 만들었는데요."라고 하는 아이도 있었다.

심지어 "제 보물이에요!"라고까지 말하며, "알았어요, 수업이 끝나면 반드시 우편으로 보내주세요."라고 애석해했다. 그 정도로 깊은 애착을 갖고 만든 선배의 팸플릿이기에 훗날 후배들의 의욕을 불러일으킨 것은 굳이 말할 필요도 없다.

팸플릿을 제출하는 날 아침에 아이미가 숨을 헐떡이며 보건실로 달려왔다.

아이미: 선생님, 보세요! 보세요! 선배들보
다 잘했나요? 그게… 이것이 얼굴
에서 입을 크게 열어서… 입을 벌
리면 목구멍에서 몸의 중앙으로 들
어가요. 그래서… 담배에 의한 질
병이 씌어져 있고…

아이미의 독창적인 팸플릿

교 사: 멋진데!

아이미: 선배들보다 잘했나요?

교　사: 잘했어! 잘했어! 지금까지 이렇게 멋진 팸플릿은 없었어.

아이미: 정말이죠? 해냈다!

'선배를 뛰어넘는다' 이렇게 배움은 더욱 발전적으로 계승되어가는 것이다.

6 팸플릿 평가회

각기 다른 내용으로 모둠을 만들어 다섯 명이 한 조로 평가회를 가졌다. 한 바퀴 돌고 온 자신의 팸플릿에는 '메시지', '이해하기 쉬움', '생활에 밀착됨' 등의 관점에서 평가와 질문이 적혔다. 코오켄의 팸플릿에는 '생활에 밀착됨'의 관점에서 B의 평가가 내려졌지만, 다른 것은 모두 A라는 높은 평가를 얻었다. 쪽지에 쓰인 질문은 다음의 3가지였다.

• 왜 연기에서 나쁜 냄새가 날까?

• 해롭지 않은 담배는 없을까?

• 어떻게 하면 끊을 수 있을까?

각 질문에 대해서는 심포지엄에서 응답하게 되었다.

3/ 개별적인 탐구가 심화된 심포지엄

아이들은 팸플릿의 내용에서 '키워드 카드'를 작성해 심포지엄에 참가했다. 아이들은 키워드를 사용해 차례차례 발표를 진행했다. 교사는 코디네이터로서, 키워드와 키워드를 연결하는 화살표라든가 보충설명이 되는 말을 체크하면서 아이들의 이해를 도왔다.

앞에서 보여준 심포지엄 전개에 더한 장면을 조금 더 소개하고 싶다.

코오켄: 긴장을 풀고 싶을 때라든가 일의 능률이 떨어질 때 담배를 피운다는 사람이 많다고 하는데, 제가 조사해보니까 담배를 피운 후에는 오히려 능률이 떨어진다는 결과가 나왔습니다. 이것으로 보아 그렇게 느껴질 뿐 실제로는 담배로 일의 능률이 올라가지 않는다는 검사 결과가(실제 담배를 피우는 사람은 능률이 올라간다고 느끼는 것은) 흥미로웠습니다.

카오리: 뇌의 신경전달은 인(P)이 움직이고 있지만, 니코틴에 의존하는 인은 움직이지 않게 되어 니코틴에 맡기게 됩니다. 그러므로 중독된 사람은 니코틴이 끊기면 머리가 돌아가지 않고, 실제로도 일의 능률이 올라가지 않아 담배를 피워 니코틴을 보충하려고 합니다.

교 사: 실제는 니코틴 덕분에 보통 수준으로 뇌가 움직이게 되는 셈이군. 니코틴에 의존해 작동하지 않고 있던 인이 움직이게 되려면 어느 정도나 금연이 필요한 걸까?

카오리: 꽤 시간이 걸릴 것 같습니다.

심포지엄에서 평상시 느꼈던 의문도 해결해갔다. 심포지엄이 '탐구하는 공동체가 될지 그렇지 않을지'는 팸플릿 만들기에서 개별적인 탐구가 심화되었는지 여부에 좌우된다.

4/ 계속해서 쌓여가는 탐구활동

보건학습에서 탐구활동은 1학년 때부터 시작된다. 소단원 '생식기관의 성숙'에서는 '월경, 사정, 임신의 관계를 분명히 안다'를 학습과제로 월경, 사정, 임신에 관한 의문에서 탐구활동이 진행된다. 3학년에서는 2회차의 탐구활동을 준비하는데, 1회차는 '흡연, 음주, 약물남용과 건강'과 '감염증, 에이즈 및 성병'을 팸플릿 만들기와 심포지엄으로 진행시켰다. 그래서 최종 학습은 '생활습관병의 예방'을 사례연구로 한 탐구활동이 전개되었다. 또 각 단원의 탐구활동에서는 몇 개의 축적물이 준비된다.

여기에서는 심포지엄이 축적되었다. 흡연, 음주, 약물남용에 이어서 감염증, 에이즈 및 성병에 대해 건강과제별로 심포지엄이 3회 축적된 것이다. 후반에는 주제를 설정해 토의를 진행시켰다.

마지막 심포지엄은 '에이즈 및 성병의 예방'이었다. 리미는 성병의 증가와 안이한 성행위의 관계를 팸플릿으로 정리했다. 심포지엄 후에 토의 주제에 대해서 상담할 때였다. '사랑은 성병을 예방할 수 있나?' 과연 이 주제로 양측에 대립되는 의견이 나올까? 감염증의 팸플릿을 만든 7명이 자신의 입장을 표명해보았다. '예방은 불가능하다'고 주장하는 사람은 4명, '예방할 수 있다'고 답한 사람은 3명이었다. 토의가 가능하겠다고 확인했을 때, 리미가 교사들도 이 토의에 참가해 달라고 요구했다. 그리하여 그 수업은 교내의 자유참관수업이 되었다.

보고 싶은 수업, 보고 배우고 싶은 수업을 대중에게 자연스럽게 공개하는 것이다. 아이들도 그것을 알고 있다. 심포지엄에서 '사랑은 성병을 예방하는 것이 가능한가, 불가능한가?'에 대해 리미의 진행으로 의견교환이 시작되었다.

'사랑과 성병은 별개다. 막을 수 없다'는 의견이 있는가 하면 '사랑한다면 어떻게 해서든 숨기지 않고 말한다든가, 검사를 한다든지 해서 막을 수 있다'는 발언이 이어졌다. 리미가 수업을 참관한 교사의 의견도 물어보았다.

이런 수업은 교사들의 교육탐구도 가능하게 해주므로, 교사도 함께 배워갈 수 있다.

키노시타 요우코(木下 洋子)

아이들의 주체적인 탐구활동은 탐구주제를 결정하는 합의의 과정, 구상(조사연구), 역할 분담, 발표 표현, 성찰(상호평가)의 순으로 전개된다. 그리고 첫회 사이클 후의 성찰과정을 토대로 새로운 과제를 포함한 의견이 생기고 두 번째 활동 사이클이 시작된다. 처음 활동에서 더 보충할 점, 체험, 추가한 것들을 포함해가면서 학습활동의 사이클이 반복되어 더 높은 단계로 올라가는 과정을 우리는 나선형 탐구라고 불러왔다.

나선형의 탐구는 대부분 전 단계의 사이클을 토대로 다음 사이클이 생겨난다. 2학년 때 했던 '일회용 회로를 만들자!'가 3학년 때의 '유원지의 놀이기구' 실험으로 연결되듯이 탐구의 구조는 같은 형태로 전개되기도 한다. 일상에서 흔히 보이는 것은 뭔가 해보기에 평범한 것이다. 누구나 일회용 전지를 사용한다. 하지만 일단 일회용 전지를 교과 고유의 언어로 재구성하면 틀림없이 큰 벽에 부딪치게 된다. 그러나 아이들로서는 친구들과 협력으로 생활세계를 특별한 언어로 재구성해가는 즐거움을 맛보며 이를 통해 새로운 세계를 발견하게 된다. 시간이 지나면서 유원지를 물리학 고유의 언어로 재구성하는 활동을 시작하게 된다. 그때 "아!!" 하는 순간에 발견한 법칙과 그것을 발견한 기쁨은 학습활동을 더욱 촉진시킨다.

점점 더 높은 단계로 반복하며 발전해가는 나선형의 탐구가 장기적으로 이어질지 그렇지 못할지는 자신의 일상에서 경험하는 일들이 교과 고유의 언어로 재구성되어 새로운 세계가 생겨나는 순간의 기쁨을 맛볼 수 있는지 아닌지에 달려 있다고 하겠다. 또 다른 사람과 탐구의 내용을 서로 표현하고 공유하면서 탐구가 심화되어가는 탐구 공동체가 자연스럽게 형성되는 것을 보게 되면 탐구활동은 점점 발전해간다.

마인드맵으로 가볍게 그려간 내용들이 하나의 구조를 만들게 되고 자신의 일상생활을 몇 가지 카테고리로 묶는다. 보건시간에 실시한 심포지엄의 주제는 확실히 중학교 생활의 관심사 그 자체다. 그런데 아이들은 탐구내용을 때로는 모둠 내의 대화로, 때로는 심포지엄에서 학급 학년에 발표함으로써 의견을 수렴했다. 함께 탐구자가 되면 듣는 힘과 표현력을 길러 탐구의 단계를 높여갈 수 있는 것이다.

교과의 재구성

탐구와 대화를 중시하는 탐구하는 공동체에서는 '핵이 되는 배움'을 바탕으로 어떻게 교과를 재구성할까? 교과는 절대 아이들의 배움과 경험에서 동떨어져서는 안 된다. 마찬가지로 교과를 재구성할 때도 아이들의 배움과 경험을 배제한 채 그저 이론적으로만 재구성해서는 안 된다. 본교 교육과정의 중심에는 '핵이 되는 배움'이 존재하고, 그것을 중심으로 서로 어떻게 연결하고 재편하는지 구체적인 수업 실천을 통해 살펴보자.

1

사고과정을 중시하는 사회과의 탐구

1 / 중요한 건 탐구의 과정 그 자체

과제를 탐구하는 과정에서 가치를 찾아냄으로써 배움의 깊이를 한층 더 심화해가는 수업. 사회과에서는 이러한 수업을 목표로 단원에서 학습 과제를 밝히거나 사고를 드러내고 대화 등의 탐구활동을 통해 3년을 관통하는 교육과정을 만들어가고 있다.

본 실천에서는 도쿄의 지형, 기후, 산업, 교통, 생활 등을 총망라하여 나열식으로 학습하는 게 아니라, '인구의 집중'에 따른 상호관련성을 밝히고자 한다. 그것은 서로 밀접한 관계를 가지면서 존재하고 있는 지역의 특색을 거시적으로 포착해 '도쿄에 사람이 집중한다'는 것에 연결되는 사고 회로도를 작성함으로써 도쿄를 보는 시점(보는 입장이나 방향)이나 관점(착안점)의 넓이와 깊이를 느낄 수 있게 되므로, 사회과에 필요한 자료의 활용력이나 사고력을 습득하게 할 수 있다고 생각했기 때문이다.

2 / 도쿄의 지역적 특색을 밝히는 사고회로도

1 시점을 넓히다

① 중심부의 인구가 줄어드는 이유를 사고회로도로 표시

도쿄는 다양한 매력이 있는 도시로 전국뿐만 아니라 외국에서도 많은 사람들이 모여든다는 것을 이전 시간까지 학습했다. 그러면 도쿄에서는 어떻게 사람들이 이동하고 있는 것일까.

아이들은 교사가 준비한 자료를 통해 '중심부(23구)는 주간에 인구가 많지만 살고 있는 사람은 적다', '교외의 인구는 증가하고 있다'고 했던 것을 확인했다. 그리고 의문점을 개별 학습과제로 만들어 그 예상 내용을 보고서로 정리했다. 보고서의 공통 키워드는 아래의 8개가 만들어졌다.

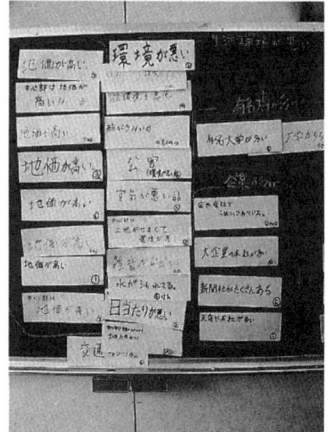

칠판에 분류 키워드를 작성

| 정치의 중심이 되고 있다 | 기업이 많다 | 유명한 대학이 많다 | 큰 빌딩이 있다 |
| 상업이 번창한다 | 생활환경이 열악하다 | 땅값이 비싸다 | 주거하는 장소가 아니다 |

타카아키의 사고회로도

이 8가지 핵심내용을 기초로 도쿄 중심부의 인구가 감소하는 이유를 설명하는 방법으로 사고회로도를 도입했다. '사고회로도'란 생각한 내용을 단어나 단문 또는 선으로 묶어 구조적으로 단위화할 수 있는 기법이다.

우선 개인별로 사고회로도를 작성한 후 몇 명씩 모여 설명하고, 이후 학급 전체에 설명했다. 우선 타카아키가 먼저 자신의 것을 제시하면서, 다음과 같이 설명을 시작했다.

도쿄는 정치의 중심지가 되었기 때문에 큰 빌딩이 생겼습니다. 이것(정치의 중심지가 되고 있다) 때문에 기업이 많아집니다. 그리고 큰 빌딩이 생기니까 사람이 살 곳이 없어져 버리고 한층 더 생활환경이 악화됩니다. 기업이 많기 때문에 상업이 번창하게 됩니다. 상업이 번창하게 되면 땅값이 높아집니다. 그로 인해 주거지가 없어져서 중심부의 인구가 감소하고, 생활환경도 악화되어 인구가 감소해 버리며, 땅값이 높은 탓에 집을 살 수 없어서 인구가 감소합니다.

타카아키의 설명은 이해하기 쉬웠는지 큰 박수가 터져 나왔다. 설명 후 질의응답에 들어갔다.

테 츠 야: 왜 큰 빌딩이 생기면 환경이 나빠지나요?
타카아키: 큰 빌딩이 생기면 쓰레기가 많이 나와서 생활환경이 악

화되기 때문에 어딘가를 매립지로 만들어 버리고 거기서
물이 오염되어 공업용 배수가 나오면 생활환경이 악화된
다고 생각합니다.

켄 이 치: 왜 상업이 번창하게 되면 지가가 높아지나요?

타카아키: 상업이 번창하게 되면 모두 거기에 살고 싶어지기 때문
에 지가가 높아진다고 생각합니다.

여기까지는 왜 그 키워드끼리 연결되는가 하는 질문이었는데, 하루
카라는 아이가 "기업이 많아져서 상업이 번창한다는데, 혹시 그 반대가 아
닐까?"라는 질문을 던졌다. 이에 교사는 '상업이 번창한다'에서 '기업이
많아진다'로 사고의 흐름을 잡은 또 다른 학생이 있는지 확인했다. 5명 정
도의 아이 중에서 켄토라는 아이에게 그 이유를 발표하도록 하고 질의응
답이 다시 시작되었다.

켄 토: 상업이 번창하면 이로 인해 기업이 거기에 (건물을) 세워
많아지기 때문입니다.

타카아키: 질문! 왜 상업이 번창하게 됩니까?

켄 토: 상업이 번창하는 이유는 사람이 잔뜩 모이기 때문입니
다. 거기서 상업을 하려는 사람이 몰려들기 때문입니다.
새롭게 대기업을 세우려는 사람 또는 기업이 많아집니다.

교 사: 타카아키군은 왜 '기업이 많아진다'에서 '상업이 번창한
다'는 흐름으로 잡았나요?

타카아키: 기업이 많아지기 때문에 주식이 생겨 주식의 투자가가
그것을 사고 그리하여 주식 투자가가 되면 돈이 회전하

게 되고, 다시 기업이 그 돈으로 건물을 세우고, 그것이 자꾸자꾸 갈려져 나오게 되며 따라서 상업이 번창하게 된다고 생각합니다.

키워드끼리 연결되지 않거나, 반대로 연결될 가능성이 있는 것 등에 대해서 아이들은 자신의 사고회로도를 돌아보면서 타카아키의 사고회로도에 관해 질문을 던졌다.

② 켄지의 사고회로도

타카아키 다음에, 켄지가 설명했다. 켄지는 도쿄의 지역별 인구통계 자료를 보고 치요다 구는 주간인구가 많아 주간인구지수(야간인구에게 대한 주간인구의 비율)가 가장 높다는 것을 발견하고 관심을 갖게 되었다. 그리고 '치요다 구에 사람이 모이는 것은 어떤 매력이 있기 때문이지?'라는 학습과제를 스스로 만들어 다음과 같이 예상했다.

> 치요다 구에는 일본의 터미널 역, 도쿄 역이 있어 통학이나 통근 때에는 많은 사람이 모인다. 그리고 정치의 중심인 가스미가세키(霞ヶ關)[4]가 있으며, 이것만으로도 많은 사람이 치요다 구에 모인다. 치요다 구에 있는 대학으로 유명한 대학은 ○○대학, △△대학 등이 있고, 이러한 대학에 통학하기 위해 많은 학생들이 치요다 구에 모인다…

치요다 구에 주목하고 있던 켄지는 보고서를 쓰기 위한 자료로 치요다 구에 살고 있는 지인과 잡지, 인터넷 등에서 많은 정보를 수집했다. 그

---

[4] 관료 사회를 지칭하는 은어.

리고 치요다 구에는 몇몇 유명한 대학이 있다는 것도 알 수 있었다. 거기서 켄지는 '유명 대학이 많다'를 시작으로 한 사고회로도를 작성하고 설명을 시작해갔다.

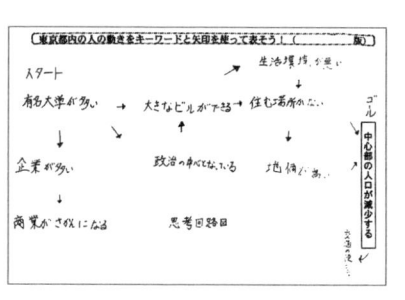

켄지의 사고회로도

유명대학이 많기 때문에 기업은 유명대학을 나온 사람을 고용하고 싶어지고, 유명대학이 많기 때문에 큰 빌딩이 생긴다. 유명한 대학을 나온 사람이 정치의 중심이 되려고 가스미가세키로 움직인다. 그리고 큰 빌딩이 생기기 때문에 사는 장소가 없어지며, 생활환경이 악화되어 중심의 인구가 감소한다.

켄지의 설명에 다음과 같은 질문이 쏟아졌다.

야 스 오: 상업이 번창하는 것은 뭔가에 연결되지 않나요?

켄   지: 연결되지 않아요.

타카아키: 유명대학 출신이 왜 정치의 중심이 되나요? 그것을 구체적으로 말해주었으면 해요.

켄   지: 외무성이나 재무성 등 일본의 중심이 되는 각 행정부처(省廳)에서는 역시 유명대학 출신을 고용하고 싶어하기 때문입니다.

사 다 오: 왜 주거지가 없으면 땅값이 높아지나요? 보통은 땅값이 높아지기 때문에 주거지가 없어지는 것은 아닌가요?

켄   지: 집이 없어져서 빈터가 생기면 모두가 다 이곳을 갖고 싶

어 하기 때문에 (땅값이) 높아집니다.

켄지의 사고회로도에 대해서는 키워드가 도중에 끊기는 곳이나 연결
이 반대방향에 관한 질문뿐만 아니라, '대학'과 '정치'나 '기업' 등과 연결
되는 점에 주목한 질문을 볼 수 있다. 이는 '대학'에 주목한 켄지에게 그
연결고리를 묻고 싶었기 때문이었을 것이다.

이런 식의 전체적인 토론이 각자 사고의 흐름을 되돌아보는 것과 연
결되면서 사고를 더욱 심화시켜간다.

<u>2</u> 시점을 심화시킨다

① 사고회로도를 평가하려면

사고회로도는 자신의 사고의 흐름을 표현해나감으로써 다른 사람의
사고와 쉽게 비교할 수 있다는 장점이 있다. 또 문장에 자신 없는 아이들
도 자신의 생각이나 사고를 표현할 수 있다는 장점도 있다. 그러면 이것을
어떻게 평가하면 좋을까? 평가기준으로 다음과 같은 평가표를 사용해 다
른 사람의 것과 자기평가를 실시했다.

사고회로도의 평가기준

평가기준 : 매우 좋은(A) 좋은(B) 이외(C)		자신
키워드가 「원인→결과」라고 생각할 수 있는 화살표로 연결되어 있는가.		
「좌→우」「상→하」로 밝히기 쉽게 연결할 수 있는가.		
최종적으로 「중심부의 인구가 감소한다」에 연결되고 있는가.		

본교 사회과에서는 평가기준을 아이들과 함께 생각해 작성하거나 활동 전에 제시함으로써 좀 더 좋은 학습물이 나오도록 하고 있다. 또한 아이들이 평가기준을 참고해 재차 탐구활동을 하면서 자신의 탐구의 깊이를 실감할 수 있도록 하고 있다. 본 실천은 1학년 첫 지리단원이며, 우선 교사부터 평가기준을 알기 쉬운 내용으로 제시했다.

② 교사의 사고회로도와 비교해보다

교사가 작성한 사고회로도를 모둠에서 평가한 후 아이들에게 보여주었다. 아이들이 비교기준이 될 만한 사고회로도를 필요로 했기 때문이다. 리사는 교사의 사고회로도와 자신의 것을 비교해 다음과 같은 감상을 적었다.

사고회로도를 평가하는 모습

내 것은 선생님 것과 매우 달랐다. 내 것에는 애매모호한 점이 많았지만, 선생님 것은 쉽게 이해할 수 있어서 좋았다. 내 사고회로도를 보고 모둠 아이들이 질문했고 나도 생각해보았는데, 이해가 안 되는 것이 있어 어려웠다. 몇 번이나 생각해보고 모두의 조언과 생각을 들을 수 있어서 좋았다.

또한 고타는 다음과 같이 감상을 적었다.

(선생님의 사고회로도와 비교해) 마지막 부분은 비슷했지만, '정치'의 연결방

식이 나는 많이 있다고 생각한다. 그렇지만 역시 '생활환경(이 나쁘다)'과 '주거장소(가 없다)'는 99% 그렇다(연결이 있다)고 생각한다. (나의 사고회로도에서) 가장 집중한 것은 '(큰) 건물(이 생긴다)'이지만, 선생님의 것은 좀 더 잘 분산되어 있고, 연결 이유가 많이 있는 것처럼 생각되었다. 하지만 사실을 보면 선생님의 것이 맞고, 이유도 납득할 수 있었다고 생각한다.

사고회로도도의 작성은 결말을 내는 것이지만, 실제로 작성해보면 결말을 내지 못하고 두루뭉술하게 끝내거나 같은 곳을 반복해 버리는 경우도 있다. 이러한 문제점을 해결하기 위해서 교사는 도쿄 중심부의 인구가 감소하기 시작했던 시기(1905~1925년)의 인구증감을 참고로 해서 사고회로도를 작성했다. 따라서 교사가 작성한 것이 전적으로 옳다는 게 아니라 키워드끼리 사고의 연결이나 결말을 짓기 위해 연관을 짓는 방법을 아이들에게 보여줄 필요가 있다는 것을 이해하고 고타가 쓴 것처럼 사고의 흐름을 공감할 수 있느냐 하는 것이 포인트라고 하겠다.

3 / 관점을 성장시키는 협동적 탐구

본 실천을 통해 도쿄의 단편적인 지역적 특색을 사고회로도를 사용해 연결함으로써 도쿄에 대한 시점이나 관점의 폭과 깊이를 주고 싶었다. 게이코는 "도쿄에 사람이 모이는 이유는 다양한 가게가 있어 편리한 생활을 할 수 있기 때문일 거라고 생각했지만, 실제로는 일자리를 구하러 온다거나, 대학이 있으니까 많은 사람이 모여들고 있다는 것을 알고 역시 사람이 모이는 데는 합당한 이유가 있구나 하고 생각했다."고 반추했다. 도쿄에 대해 막연한 인상을 갖고 있었는데, 학습을 통해 도쿄를 새롭게 발견할 수 있었던 것이다. 케이타는 수업 종료 후에 다음과 같이 썼다.

> 도쿄에는 또 다른 매력이 있다는 것을 알게 되었다. 왜냐하면 유흥장소가 많고 단지 즐기는 곳쯤으로 생각한 도쿄가 역사도 깊고 교통편도 좋다는 것을 알게 되었기 때문이다. 그리고 도쿄에 대한 사고회로도에서는 왜 주간에 사람이 모여들고 밤에는 교외로 나갈까 하는 문제에 대해 의견을 나누었는데 '유명대학이 많기 때문에', '상업이 번창하기 때문에', '큰 빌딩이 생기기 때문에', '살 곳이 없으니까' 등 생각지 못했던 아이디어를 얻을 수 있었다. 사고회로도로 많은 사실을 새롭게 알게 되었다. 다른 지역에 대해서도 이러한 수업을 해보고 싶다.

본 단원에서는 '사고를 나타내는 형태'라는 생각에서 시작해서 사고회로도를 사용한 수업을 시도했다. 사고를 드러내 그 생각을 서로에게 보여주면 대화를 나누기도 쉬워져 협동적인 탐구가 가능하다. 이러한 사고 표현에 대해서는 향후 한층 더 연구를 깊이 하여 좀 더 질 높은 탐구활동으로 연결시켜가고 싶다.

코우토우 마사타카(向當 誠隆)

참고문헌

澁澤文隆「中学校社会科　新地理学習の方向と展開」明治図書(2001)
福井大学教育地域科学部附属中学校　研究紀要　第31号(2003)
影山清四郎 編著「多様な学習活動を生かした中学校社会科の授業」黎明書房(1993)

2

'보는 것'과 '만드는 것'을 연결하는 미술과의 탐구

1 / 시작은 보는 것부터

1 좋은 작품을 선택하기

나는 원작을 감상할 때만 가능한 놀라움이나 발견을 중요시하고 싶
었다. 그래서 실제 작품을 감상하는 것에서 연결해가도록 했다.

우선 '작가와 대화하자'라는 과제로 시작해 그 의미에 대한 질문을 받
았다. 이에 "작가가 전하고 싶은 게 무엇인지를 작품에서 감지하는 것이
지."라고 대답한 후, "그러면 도대체 어떻게 감지할 수 있을까?"라고 아이
들에게 질문을 던지자 "그리는 방법이나 색, 그리고 있는 대상이요."라는
대답이 들려왔다. 나는 후쿠이 시 미술관에서 개최되고 있는 《소리를 느
껴보자 전(展)》의 기획전시에 대해 소개했다. 또 "작가의 표현 방법을 활용

해 소리를 느끼게 하는 작품을 만들어보자."고 제안했다.

감상을 하게 하는 이유는 작품을 대하는 폭넓은 자세를 갖추게 하고, 평생 동안 미술을 즐길 수 있는 소양을 기르게 하려는 의도였다. 그동안 감상과 표현을 분리해서 가르쳐온 탓에 표현활동에 약한 아이들에게 미술에 대한 관심을 갖게 하고 싶었던 것이다. 그러나 단 몇 시간의 감상 수업으로는 한계가 있다. 그래서 어떻게 하면 효과적으로 감상력을 심화시킬까에 대해 생각하고 있었다. 1학년에서는 여름방학을 이용해 원작이 갖는 매력을 접하게 하려고 주로 국내 미술작품을 선택했다. 2학년에서는 미술이 주위의 친밀한 생활공간 속에 있는 것임을 이해하거나 자신만의 미의식을 찾도록 해왔다. 3학년에서는 미술작품이 발하는 메시지나 감동을 공유해 독자적인 미술적 감각을 형성해주었으면 했다.

우선 기획전의 작품을 도판으로 미리 감상하게 했다. 아이들은 흥미로운 작품 두 점을 선택해 종이에 이름을 써 붙였다. 독특한 표현기법에 대해 많은 아이들이 대화를 나누고 있었다. "이 그림이야. 이봐. 이 얼굴을 보면 알아.", "사진을 보고 싶다.", "학급 모두가 선택한 작품입니다. 특히 이 작품군의 원본을 꼭 감상했으면 합니다."라고 말해, 모두가 선택한 작품을 OHC로 먼저 살펴보았다. 도판만 본 상태에서는 부조나 입체작품에 대한 관심은 상대적으로 낮은 편이다. 왜냐하면 도판에서는 작품의 크기나 색, 입체감이 드러나지 않으므로 당연히 그럴 수밖에 없다. 하지만 원작을 직접 보게 되면 그와는 달리 놀라움이 생겨날 것이다.

이 기획전 때문에 '이미지를 색으로 표현해보자'는 주제로 아이들에게 좋아하는 음악이나 소리를 사용해 작품을 만들어보게 했다. 아이들은 형체가 없는 것을 표현하기 위해 추상이란 무엇인가에 대해 생각했다. 기획전 《소리를 느껴보자》에서는 다양한 작품에서 여러 가지 소리를 느껴보고 표현의 다양성을 찾아내려 했다. 학생들이 직접 만든 추상적 작품을 작가들의 작품과 비교해봄으로써 표현의 다양성을 찾아낼 수 있을 것이다.

2 원작을 직접 보고 다시 느껴본다

한 학급당 2시간의 수업시간을 확보해 버스를 타고 시 미술관으로 감상을 하러 갔다. 감상시간은 1시간 정도로 하고, 기획전은 출입을 자유롭게 했다. 아이들은 작품을 보고 든 의문이나 작가에게 물어보고 싶은 것 등 작가에 대한 소박한 질문의 형식으로 느낀 점을 메모해나갔다. 또 원작을 실제로 보고 다시 느낀 것을 감상에 남겨놓았다. 게다가 스스로 한번 해보고 싶은 표현을 구현한 작가를 선택해, 그 작가는 무엇을 해보고 싶었는지에 대해 깊이 생각했다.

아이들은 우선 원작의 실제 크기에 놀랐다. 기존에 가지고 있던 이미지가 뒤집히는, 신선한 충격을 느끼며 원작을 감상했다. 감상 후 많은 아이들이 무카이 료키치(向井良吉), 오노 타다히로(小野忠弘)의 반입체적인 작품 등을 선택하게 된 것은 원작을 직접 보았기 때문이라는 것을 알 수 있다. 또 세부까지 자세히 들여다보며 그 표현의 기술면을 찾으려고 몇 번이나 기획전시실로 들어가는 모습을 볼 수 있었다.

작가의 표현 방법을 이용해 소리를 느끼게 하는 작품을 만든다는 과제를 의식하고 있음을 알 수 있었다.

작품 앞에서 감탄한다거나 소재나 구성에 관한 것을 소곤소곤 이야기하는

미술관에서 기획전을 관람하는 아이들

모습을 보고, 그 작품 앞에서 아이들을 모아놓고 이야기하는 것이 제일 적당하다고 생각했다. 다음 시간은 작품해석을 심화할 목적으로 학급에서 이야기해보려고 했지만, 소박한 질문을 하는 것으로 이미 목적은 달성된 것 같았다. 거기서 원작을 직접 보고 생각이 달라진 아이들을 중심으로 이야기를 들어볼 필요성을 느꼈다.

2 / '만드는 것'으로의 연결

1 작품해석을 넓히자

우선 "선택한 작가의 표현의도, 구상과 그 작품의 매력을 찾자."고 이야기했다. 무카이 료키치(向正良吉)의 작품을 선택해 모두에게 생각해보게 했다. 이 작품은 도판에서만 봤을 때는 아무도 선택하지 않았으나, 미술관 감상 후에 많은 아이가 선택한 작품이다.

"〈석양의 트럼펫〉의 매력을 모두 찾아봅시다. 선택한 사람의 설명을 들어주세요." 이 작품을 선택한 아이는 입체적으로 존재감이 있다고 설명하며, 금속이라는 소재, 은색으로부터 소리를 감지할 수 있다고 말했다. 거기서 "궁금한 것은 무엇이 있을까?"라고 물어보았는데, "왜 석양의 트럼펫이란 제목을 붙였지?"라는 질문이 나왔다. 아이들의 추측으로는 "알루미늄색이 햇빛에 비쳐 빛나는 이미지는 아닐까?", "석양이 저물어간다는 의미가 있는 것은 아닐까?", "트럼펫을 일부러 부수고, 인공적인 물건을 부숨으로써 인간이 만든 물건에는 한계(끝)가 있다는 것을 말하고 싶었던 게 아닐까?" 등의 다양한 답변이 나왔고, 주위에서 수긍하는 장면도 볼 수 있었다. 이후에 "자신의 작품에 도입한다면 어떻게 될지 생각해보자."
고 제안하니 "평면에서 표출되어 나오는 입체감을 저도 이용하고 싶어요."
하고 대답하는 아이들이 많았다.

다음은 선택한 작가별로 나눠 모둠을 만들어 모둠별로 대화를 나누
었다. 서로 선택한 이유를 들어보니, 같은 작품을 선택했더라도 각자 파
악하는 방식이 다르다는 것을 아이들은 느끼고 있었다. 한 사람 한 사람
이 원작을 꽤 제대로 보았다는 것을 알 수 있었다. 작가의 어떤 표현을 자
신의 작품에 활용하려는지 서로의 의견을 들어보면서 아이디어가 한층 더
확장되는 것 같았다.

2 만들어가면서 감상이 심화되다

이윽고 자기 작품의 아이디어 스케치에 들어갔다. 아이들은 어떤 주
제로 어떤 재료가 필요하고, 어떤 작품을 만들고 싶은지 의식하면서 스케
치를 진행했다. 수업 후 아이디어 스케치를 제출할 때는, 위의 3가지 점에
대한 자신의 생각을 썼다. 제작의도를 언어화하면 표현하려는 의식이 명
확해지므로 유효하다. 작품의 크기를 A4 이하로 해서 제작에 너무 큰 부
담이 들지 않게 했다.

아이디어 스케치를 기초로 판지나 보드 용지, 색지(色畫用紙), 베니어
판, 지점토, 철사 등을 준비했다. 아이들은 자신이 만들려는 이미지에 맞
는 재료를 선택하고 제작을 시작했다. 이 과정에서 작가의 표현에 대한 여
러 가지 의문이 생겨날 것이다. 어떤 아이들은 주제에 대해서, 어떤 아이
들은 그 색의 사용법, 또 어떤 아이는 그 묘화기법에 공감을 느껴 제작하

고, 어떤 아이들은 주요 내용을 패 러디하기도 하는 등등 표현기법을 빌려 각각의 생각을 제작하였다. 히데오 모둠에서는 대부분의 아이 들이 "어떻게 해야 사진처럼 리얼 하게 그릴 수 있을까?"라는 의문 을 가졌다. 또한 "처음에는 어떻게

작품 제작에 몰두하고 있는 아이들

그렸을까?"라는 의문을 떠올리며 "사진을 보면서 그대로 복사해나가면 좋 을 거야."라든지 "실제 사진을 확대, 복사해서 그리고 있는 것 같다."고 대 답했다. 사진을 준비해 그 일부를 그려본다든가, 칼라사진을 복사해보거 나 하는 등 그리는 방법을 시범적으로 행동으로 옮기고 있는 모습을 볼 수 있었다.

3 작품을 서로 소개하다

먼저 자신의 작품을 되돌아보는 시간을 가졌다. 같은 시점에서 작품 을 감상할 수 있도록, 큰 범주로 해서 들어본 내용을 정리해보았다.

• 왜 그 작품을 선택했는가?
• 무엇을 위해서 어떤 표현방법을 사용하려고 했는지?
• 만들어보고 알게 된 것은?

전원이 자신의 작품에 대해 말함으로써 자신의 제작의도를 명확하게

하는 시간이다. 우선 모둠별로 감상을 하게 하고, 그 후 학급 전체로 감상회를 가졌다. "작가의 표현을 자신의 작품에 활용한 작품 두 점을 선택해 봅시다."고 하자 아이들은 선택한 이유를 종이에 써 붙였다. 정확히 같은 작가를 대상으로 작품을 만든 미나와 아이에게 시선이 집중되었다. 그래서 그 작품을 채택해서 이번 감상회를 되돌아보기로 했다.

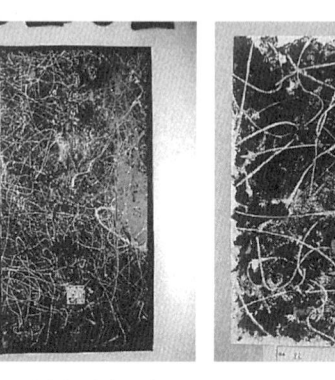 

오노 타다히로의 〈BLUE〉　　　　아이의 〈모기〉　　　　미나의 〈손을 내밀어〉

교　사: 이것은 아이의 작품입니다. 왜 이 작품을 선택했나요?

이와오: BLUE의 좋은 점을 제대로 받아들여서, 대단하다고 생각했습니다.

교　사: 좋은 점은?

이와오: BLUE 안에 흰 선이 비치고 있는 것입니다.

요스케: 작가를 닮아 있어 무엇인가 미묘하게 좋다고 생각합니다.

교　사: 미묘하다는 것은?

요스케: 제목이 〈모기〉여서요……

교　사: 그렇다면 아이가 이 작품에 대해 말해보도록 해요.

아　이: 오노 씨의 〈반딧불이(螢)〉처럼 흰 선을 모기가 날고 있는 소리로 집어넣었습니다. 빨강과 흰색과 검은 색을 사용해 대조적(對照的)으로 그릴 수 있어서 좋았습니다. 오노 씨의 보코보코[5]를 표현하고 싶었지만, 조금 밖에 부풀지 않아서 실패해 버렸습니다.

미나의 그림은 색조나 색의 배합이 예쁘다는 칭찬을 받았다.

교사 : 같은 작품을 선택했는데 느낌은 매우 다르군요.
교사 : 색의 대조도 마치 두 사람처럼 생각할 수 있겠어요. 이렇게 작품을 비교해보니, 같은 것을 느끼면서도 각자 나름대로 도입을 해갈 수 있다는 것이 재미있네요.

같은 작가의 표현을 도입하더라도 사람마다 서로 다르게 느끼는 것에 대해 아이들은 흥미로워하는 것 같았다. 다른 학급의 작품도 보고 싶어 했으므로, 학년 전체의 미술전을 열기로 했다. 선택한 작가 모둠별로 아이들의 작품을 전시해 작가·작품소개의 자료도 제작해 게시하였다. 아이는 다음과 같이 소감을 쓰고 있다.

한 번 본 순간 빈틈이 없다고 느꼈습니다. 색이라든가 표면의 요철이라든지 모든 것이 대단하다고 생각했습니다. 처음에는 무엇을 표현하고 싶었던 건지 잘 이해하지 못했지만, 내 생각에는 사람이 죽어 피가 흐르고 있는 것처럼 느껴져 죽음과 반딧불이의 빛이 무척 무서웠습니다. 표면이 물결치고 있어 무섭다는 느낌을 받는 순간, (거의 동시에) 선만으로 반딧불이

---

[5] 팬 곳이나 구멍이 많이 뚫려있는 모양. 우둘우둘한 모양.

의 빛을 나타낼 수 있다는 것이 멋있었습니다.

처음에는 그 작품의 크기와 소재, 물체, 색의 사용법에 매료되어 그것을 도입해 제작했지만, 그러는 가운데 붉은 점이 흩어져 있는 모양이 왜 그렇게 물결치고 있는지를 생각해본 것이다. 그것이 피는 아닐까 생각했는데 단지 무섭게 여기고 압도되는 것이 아니라, 작가가 이를 통해 무엇을 표현하려고 하는지에 관해 생각해보고 있었다. 미나는 다음과 같이 썼다.

> 이 작품은 어두운 색조 안에 가는 흰색이 아로새겨져 있어 매우 통합되어 있다는 인상을 받았습니다. 저는 밝은 색으로 한번 전체를 칠한 뒤, 어두운 계통의 그림 도구로 겹칠을 해서 오노 씨가 가진 독특한 분위기를 내려고 했습니다. 지저분한 색조가 되지 않도록 몇 번을 거듭하여 색을 칠했습니다. 또 가방과 손의 색을 대조적으로 하도록 했습니다.

처음부터 흰색과 검정색의 밸런스에 매료되었던 것 같다. 대조적인 색을 사용하고 싶지만 거무스름해도 더러운 색으로는 하고 싶지 않다는 생각에서 중색(重色)을 받아들여, 많은 친구들로부터 높은 평가를 받았다. 흰색의 밸런스와 통합을 자기 나름대로 추구한 작품이 되었다.

3 / 연결하면 보이는 것

도판으로 작품을 감상한 후 미술관에서 감상하고, 학급일람표, 동(同) 작가 모둠의 감상, 감상회, 작품전 등으로 감상을 되풀이하면서 아이들은 자신이 선택한 작가뿐만 아니라 많은 작가의 표현이나 작풍에 대해 자기 나름의 생각을 갖게 되었다고 했다. 아이들은 전시를 보면서, 미술 작가에 대해 상세히 알게 되고, 어느 작품에 대해서도 즐겁게 감상할 수 있었다고 했다. 또 지금까지 도전해본 적이 없는 표현기법을 체험해본 아이들도 있었고, 자신이 좋아하는 부분만을 도입해 작품을 만든 아이들도 있었다. 어느 쪽이든 스스로 표현의 폭을 넓히게 되었다. 보고 느낀 것을 만드는 것에 연결해가는 전개는 효과적이었다. 후에 자료집의 작품을 보면서 "타카마츠 지로(高松次郎)[6]다…"라고 중얼거리고 있는 모습을 보니, 작품이나 작가에 대한 관심도 높아진 게 분명했다. 이렇듯 표현이나 체험이 연결되어야만 감상도 심화되는 게 아닐까?

학예원(學藝員)과 면밀한 협의가 필요 없는 이번과 같은 형태의 미술전 감상은 쉽게 이용해볼 수 있다. 교육과정에 적합한 기획전이 개최될 때, (예를 들면 현대미술이나 일본미술 등) 언제라도 (교육과정 상에) 집어넣을 수 있다. 또 하나의 방법은 지역의 작가를 대상으로 한 지방 도시의 기획전을 이용하는 것이다. 작가는 전원 생존해 있고, 후쿠이 현지의 작가들이 현재 무엇을 생각하고, 어떠한 생각으로 제작을 하고 있는지를 배우는 것이다. 감상 수업에서 원작을 직접 보기란 좀처럼 어려운 실정이다. 이러한 기회를 놓치지 말고, 교육과정에 넣을 필요성을 느낀다.

이시도우 카즈요(石堂 和代)

참고문헌

秋田喜代美『子どもをはぐくむ授業づくり』岩波書店, 2000

---

[6] 일본의 현대미술가.

3

풍부한 대화의 세계를 여는 영어과의 탐구

1 / '자기 자신'을 말하면서 익히는 문법과 대화능력

1 수업 중에는 영어로 말한다

영어로 대화하는 능력을 육성하려면 각종 메시지가 난무하는 실제 대화에 가까운 형태로 일상적인 수업이 이루어져야 한다. 지식으로 축적해왔던 문법사항을 상황에 맞게 사용하면서 아이들은 영어 대화능력을 높여갈 수 있다.

날마다 수행되는 50분간의 수업 그 자체가 대화의 연속이 되도록 수업의 처음부터 끝까지를 가능한 한 영어로 하는 것이다. 이러한 발상은 자화자찬이지만 콜럼부스의 달걀이다. 다만 이것을 실현하려면 교사 측에도 상당한 정도의 결의와 역량 그리고 유연한 발상이 필요하다. 어설프게 도전했다가는 실패하기 쉽다.

2 '자기 자신'에 대해 말하는 것을 중심으로

나는 수업에서는 항상 영어로 '자신'을 말하도록 요구하고 있다. 그것이 대화의 본질이며, 가장 즐거운 일이기 때문이다. 간단한 자기소개부터 어떤 주제에 대한 자신의 생각에 이르기까지의 모든 것이 바로 '자신'을 말하는 것이라고 할 수 있다.

자신이 전달하려고 하는 내용을 영어로 표현하다 보면 문법적 지식을 사용하지 않을 수 없다. 그러면 문법적인 실수도 일어날 것이다. 그러한 실수나 오류들에 대해 다양한 방식으로 대처하면서도 어디까지나 말하고자 하는 메시지에 주목하고 있다.

새로운 문법 사항을 도입할 때도 '자신을 말하는 것'과 자연스럽게 이어지도록 하는 편이 좋다. 영어로 자신을 열정적으로 말하거나 흥미를 가지고 친구의 말에 귀를 기울이다 보면 그 문법에 대해서도 훨씬 인상 깊게 이해될 것이다. 날마다 이렇게 반복하다 보면 점차 올바른 문법을 사용하게 될 거라고 생각한다.

3 교과서 본문의 내용을 자신의 것으로 소화

교과서는 문법에 따라 잘 표현된 본문(text)으로 이루어져 있다. 본문에서의 단어나 숙어는 필수 사항이다. 따라서 교과서를 소홀히 한다면 소기의 성과를 거둘 수 없다. 그러나 다른 한편으로는 앞서 서술한 바와 같이 실제에 가까운 형태의 대화를 실시해야 한다.

여기서 다시 콜럼부스의 달걀. 본문의 내용에 대해서 제각기 생각한 바를 영어로 표현하게 하면 좋지 않겠는가! 본문의 개요나 거기서의 문법 사항·어휘의 확인 정도로 끝나지 않고, 그 내용이 내포하고 있는 문제점에 대해서 생각해보거나 등장인물이 한 행동의 옳고 그름을 검토하는 식으로 여기에서도 자신의 생각이나 사고방식을 강하게 표현해 낼 것을 요구하는 것이다.

2 / 자신의 일을 자세하게 말하기 (1학년의 6월 단계)

1 좋아? 싫어?

① 메시지를 전달해보자

Unit 3. (New Horizon English Course 1)의 새로운 언어재료는 다음의 3가지다.

- 일반동사의 긍정문(I like music)
- 일반동사의 의문문(Do you play the piano? ──Yes, I do./No I don't)
- 일반동사의 부정문(I do not have a car)

기존의 일반동사를 사용한 학습은 주로 기계적인 문형연습이 중심이었다. 그러나 교사가 'tennis', 'music' 등 단서를 주고, 아이들 전원이 'I like tennis.", "I like music." 등 따라서 읽는 방식으로 하다 보면, 실제 상황에는 맞지 않는 경우가 생기기 마련이다. 따라서 한 사람 한 사람의 메시지를 중시하고 싶은 경우에는 "I don't like ~."라고 말할 수 있는 수업을 하는 것이 좋다.

나는 우선 "I like sports." 이렇게 말하고, 여러 가지 스포츠가 그려져 있는 그림 카드를 보여주었다. 그러자 아이들로부터 "Baseball!"이라는 소리가 높았다.

교　사: Yes. I like baseball. (like의 의미가 이해되도록 칠판에 하트 마크를 쓰고, 가슴 앞에 손을 대었다. 아이들은 의미를 유추할 수 있는 것 같았다)

아이들: Me, too./I like baseball.(등의 반응이 되돌아 왔다)

교　사: Please say "I like baseball." or "I don't like baseball."(I don't like baseball." 이렇게 말하면서 양손으로 가슴 앞에서 x를 만들며 싫은 얼굴을 하거나 했다)

아이들: I like baseball. / I don't like baseball.(등으로 각자가 대답했다)

교　사: "How about other sports?(그림 카드를 보여주지 않고, 각각의 스포츠에 대해서, "I like. 또는 "I don't like."를 이용해 표현하도록 촉구했다)

교과서에는 일반동사의 부정문은 긍정문과 의문문을 지도한 후에 다루는 것으로 되어 있다. 그러나 말하고 싶은 것을 꺼내기 위해서는 긍정문의 도입과 동시에 부정문 "I don't like'도 도입할 필요가 있다. '좋아' 혹은

'싫어'를 스스로 결정해서 말하는 것은 자신의 진실한 생각을 말하는 것과 연결된다.

② 표현과 어휘를 알자

입문시기의 아이들은 전하고 싶은 메시지가 있어도 이를 제대로 표현할 수 있는 능력이 부족하다. 따라서 교사는 아이들이 자신의 메시지를 쉽게 표현할 수 있도록 지원해줄 필요가 있다. 이 경우 교과서에 구애받지 않고 필요한 표현이라면 자꾸자꾸 들려주고 아이들에게도 사용하도록 격려해주는 게 좋다. 적절한 어휘를 주게 되면 아이들은 자신의 생각을 표현하기 쉬워져서 대화의 내용에 깊이가 생긴다. 또 그러한 어휘는 반복해서 사용되면서 자연스럽게 정착되어간다.

본 단원에서는 좋고 싫음의 정도를 6단계로 표현할 수 있도록 지원했다. 이렇게 하면 자신의 진솔한 기분에 맞는 내용을 상대방에게 자세히 전달할 수 있으므로 표현의 폭이 넓어진다. 이 정도의 고려만으로도 아이들에게 있어서는 진실성 높은 표현이 된다.

◎ I like ~ very much.　　○ I like ~ .　　○ I like ~ a little.
× I don't like ~ very much.　× I don't like ~ .
×× I don't like ~ at all.

또 이 6단계의 표현과 동시에 다양한 형용사도 소개했다. 스포츠라면 interesting, easy, difficult, exciting 등을 소개했다. 표현이나 어휘를 이와 같이 지도해가면 아이들은 자신의 본심을 말하기 시작한다.

<u>2</u> 좋아? 싫어? 그건 왜?

① 이미 배운 사항을 반복해서 사용하자

일반동사의 긍정문 · 의문문 · 부정문을 도입한 후 아이들은 그러한 언어 재료를 이용해 대화를 한층 풍부하게 발전시켜갔다. 여기에서는 이미 습득하고 있는 내용이 반복해서 사용되고 있다.

교　사: Do you like volleyball? (시간을 주고, 곰곰이 생각할 수 있도록 했다)

아이들: Yes, I do./No, I don't. (등으로 각자가 대답했다)

교　사: Long answer, please. (6단계로 표현하도록 지시했다)

아이들: I like volleyball very much./I like volleyball./ I like volleyball a little. /I don't like volleyball very much.

교　사: Why(not)? (이유를 설명하도록 요구했다)

아이들: Because it is interesting/difficult···

② 자신의 생각을 추가해서 말하자

위에 서술했던 아이들의 생각을 교환한 후, 이번은 개인적으로 물으면서 상호작용(interaction)을 계속하라고 말했다. 아이 한 사람 한 사람이 아웃풋(output)하기에 수월하도록 배려한 것이다. 짧은 내용이지만 그 중에는 아이들 각자의 색다른 생각이나 발상이 담겨져 있었다.

교　사: Do you like volleyball, Jun?

준　: Yes, I do. I like volleyball very much.

교 사: Great. Why do you like volleyball very much?

준　　: It's interesting.

교 사: Are you a good player?

준　　: No, I don't.

교 사: No, I'm not. (be동사와 일반동사를 혼동하고 있었으므로, 교사
　　　가 자연스럽게 정정해줌)

준　　: No, I'm not, but Toru is a very good player.

아이들: Wow. (토루라는 친구가 배구에 능숙하다는 것을 알고 놀람)

3 자신에 대해 한층 더 자세히 말해보자

① 짝을 이루어 여러 가지를 맘껏 물어보자

지금까지도 영어를 사용하는 장면을 반복해서 확인해왔지만, 여기에
서는 아이의 발화가 한층 더 발전하도록 유도했다.

마사: Is that a 탁구대? (교사가 칠판에 그리는 그림에 반응했다)

교사: Yes, you're right.(탁구대를 그리고, 그 위에 라켓과 공을 그렸다)
　　　Do you like table tennis? (생각할 시간을 주는 동시에, 칠판에는,
　　　"Yes, I do./ No, I don't."라고 적은 대형의 종이를 붙여 대답
　　　을 쉽게 할 수 있도록 했다)

교사는 "Do you like tabletennis?", "Do you play tabletennis?", "Are
you a good player?"를 이용해 아이들에게 묻고, 아이들은 나름의 생각을

말했다. 다음에 교사와 1명의 아이가 모두의 앞에서 상호작용(interaction)을 실시했다. 이 상호작용은 이해 가능한 인풋(input)이 되었다.

교　　사: Do you like table tennis?

나오미치: Yes, I do. I like table tennis very much because table tennis is very interesting and... interesting, oh, exciting. (조용한 분위기에서, 전원이 집중해 듣고 있다)

교　　사: Do you play table tennis?

나오미치: Yes, I do. I play table tennis very much because I am table tennis member.

교　　사: You are a member of the table tennis club.(마치 아무런 일도 없다는 듯이 정정했다) Are you a good player?

나오미치: No, I don't. I don't good player very much.

교　　사: You are not a very good player.(be동사와 일반 동사를 혼동하고 있었으므로 올바른 영어로 자연스럽게 정정해줌)

그 후 반 아이들 앞에서 1모둠의 아이들과 상호작용(interaction)을 진행했다.

게 이 코: Do you like table tennis?

토모히사: Yes, I do. I like table tennis very much because it is interesting.

게 이 코: Wow. Do you play table tennis? (회화를 발전시키려고 했다)

토모히사: Yes, I do. I play table tennis because I am member of the table tennis club. (나오미치와 교사의 대화를 참고해서 대답한 것 같다)

게 이 코: Are you a good player?

토모히사: No, I don't.

교　　사: No, I'm not.(be동사와 일반 동사의 사용이 구분된다는 것에 대해서는 후일 재차 설명해주었다)

토모히사: No, I'm not. I'm not good player because it is not easy

게 이 코: What do you mean?

(의미가 이해되지 않는다는 것을 전달했다)

토모히사: 탁구는 간단하지 않아.(이 장면에서는 일본어가 사용됨)

　게이코와 토모히사의 대화가 끝난 후 근처에 있는 아이들끼리 모둠을 짜서 1분간 회화를 진행했다. 많은 모둠에서 교사와 나오미치, 게이코와 토모히사의 대화를 참고로 하면서 1분간 회화를 계속할 수 있었다.

② 친구와 함께 수준을 높이자

　나는 짝활동(pair)과 모둠을 서로 묻고 서로 이해하려는 의식을 가진 집단으로 만들고 싶었다. 이번에는 세 모둠 내로 스피치를 발표하게 하면서 한층 잘할 수 있도록 서로 상의하게 했다. 서로 검토하는 과정을 통해 내용면에서도 깊이가 생겨나기를 기대했기 때문이다. 그러나 전달하려는 것과 언어 지식의 사이에는 큰 간극이 있었다. 이를 해소하기 위해서 그림과 제스처를 이용하도록 조언했다.

　다음은 모든 아이들 앞에서 발표한 마사오의 스피치이다. 〈 〉의 영문은 모둠 내에서 검토한 결과 추가된 것이다.

Hello. I like baseball very much because baseball is very interesting. So I play baseball. 〈I like Yakult Swallows.〉 Sometimes I'm a good player, but sometimes I'm a bad player.(good와 bad를 엄지를 세우고 내리는 동작으로 표현했다.) I play catch once a week.(once a week를, 칠판에 1~7까지의 수자를 써, 1에 ○표를 붙여 표현했다.) I'm a pitcher or a second baseman. I want to be a professional baseball player. I usually practice baseball and I wish to be a very good baseball player.(wish 때, 양 손을 모아 기원을 하는 제스처를 했다.) Next, I hope to play baseball with my classmates. (모두를 가리키는 제스처를 했다.) 〈And today, I will play baseball.〉 Thank you.

마사오는 모둠 내에서 스피치의 내용을 검토했던 것에 대해서, 다음과 같이 말했다.

모두가 서로의 수준을 높여가는 것은 매우 즐거운 일이었다. 왜냐하면 나 자신부터 "이것은 어떻게 하지?"라든가 "이건 어떻게 생각해?" 등을 묻고, 상대방의 생각을 알 수 있었기 때문이다. 게다가 하나가 되어 이것은 영어로는 어떤 식으로 말해야 할까를 생각하며 서로 조사할 수 있었을 때는 몹시 기뻤다. 그리고 친구나 자신의 스피치가 level up 하면, 성취감이 들어, 매우 기뻤다.

마사오의 모둠에서는 각각의 스피치 원고를 기초로 새로운 언어재료 및 이미 습득한 사항의 정확한 운용이라는 본연의 자세, 장면에 어울리는 유창한 표현방식에 관한 탐구가 전개되었다. 다만 이야기는 영어가 아니고 일본어로 이루어졌다. 앞으로는 일본어를 가능한 한 사용하지 않도록 하는 의식을 심어주는 것이 중요하다고 생각한다.

3 / 주인공의 삶의 방식에 대한 자신의 생각 말하기(3학년의 6월 단계)

1 본문의 주제는 '살아가는 법'이다

본 실천에서는 배우인 이즈미 준코(和泉淳子) 씨에 대한 본문을 다루었다. 거기에는 남성중심의 세계에서 자기실현의 길을 찾아내는 데 적극적인 이즈미 준코 씨의 삶의 방법이 기록되어 있다.

─────── Unit 3 (New Horizon English Course) ───────

p.21(희극을 본 Mary와 유키의 대화)
　(유키가 Mary에게, "Did you notice that a woman played the leading role?"이라든가 "She's the first woman to perform kyogen."등으로 이즈미씨에 대해 말한다.)
pp.22-23(이즈미씨와 2인의 대화)
Mary : When did you start performing kyogen?
Junto : I made my debut when I was three.
Mary : When you were three? How did you learn?
Junto : My father taught me. We sat face to face. He recited the lines and repeated them.
Mary : First, he taught you how to the recite the dialog.
Junko : Right. Then, he showed me how to act.
Mary : You're the frst professional woman performer in kyogen, aren't you?
Junko: Yes, for 600 years, only men performed kyogen.
Yuki : Was it hard for you to go against tradition?
Junko : Not really. My father trained me not as a man or a woman, but as a performer.
Mary : Do young people in japan show much interest in kyogen?
Jurlko : Yes. More and more young people come to see it these days.
Mary : I'm glad to hear that.
Junto : We also perform abroad sometimes.
Yuki : Do people abroad understand kyogen?
Junto : Yes, I think they enjoy its humor. Kyogen has universal appeal.

나는 우선 아이들에게 "이즈미 씨에 대해서 알고 있는 것을 영어로 써내자."라고 제안했다. 그러자 본문의 표현 그대로 쓴 경우는 없고, 아래와 같이 자기 나름대로 기술하거나 혹은 자신의 해석을 더하는 아이가 많았다(문법 실수는 그대로 기재함).

카즈마사: ······She has played Kyogen since she was three. She has pride to play Kyogen······

리 케 이: ······I think maybe she's strong because she is the only woman among kyogen player······

키 요 미: ······I think it was very hard for her, but she said, "Not really." So, she has very strong heart.······

마　　　리: ·····I think thanks to her father, she grew up into a fine woman.······

인터넷으로 조사하기도 하고, 이 과제를 한층 더 연구해보는 아이들도 있을 정도였지만, 이러한 영문 정보는 모두가 공유했다. 아이들은 이 과정에서 이용된 교과서 밖의 어휘도 자연스럽게 받아들였다.

2 이즈미 씨의 삶이 부럽나요?

작년에는 "What do you think about Junko?"라는 물음을 던졌더니 이에 대해 "It's wonderful."이라는 막연한 코멘트가 많았다. 그래서 이번에는 "Do you envy Junko's way of life?"라고 물었다. "Yes, very much.",

"Yes.", "Yes a little.", "No, not very much.", "NO.", "NO, not at all." 중에서 1개를 선택한 아이들은 마인드맵을 작성했다.

그 후 보통은 수차례 두 사람씩 생각을 교류하면서 내용 및 표현 면에서 자신감을 더해가지만, 이번에는 "마인드맵을 가지고 선생님을 찾아와서 자기 생각을 말해주세요."라고 요

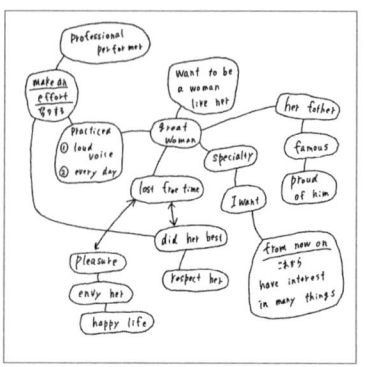

카요의 마인드맵

구했다. 학급에서 이야기를 하기까지 서로의 생각을 모르는 편이 흥미를 높인다고 생각했기 때문이다. 이러한 방식이라면 적절한 표현이나 어휘를 교사가 바로 그 자리에서 지도할 수도 있다. "Was she happy when she was young?" 같이 등과 교사가 질문을 하면 문제의식이 깊어질 수도 있다. 또 각자의 영어 말하기능력을 평가하는 기회도 된다.

3 부럽지 않다!

드디어 학급 상호 간 대화에 돌입했다. 여기에서도 아이들은 마인드맵을 한 손에 들고 자신의 생각을 말해야 했다. Yes파와 No파는 17명대 16명으로 아이들은 이 숫자에 놀라고 있었다. 처음에는 No파의 의견만 있었는데, 이는 부친이 그녀의 인생노선을 결정해 버렸다고 생각했기 때문이었다(문법 오류도 그대로 기재).

마 사 리 : Her father decided her life. Maybe she has many things to want to do. Of course I have many things to want to do.(자신의 경우과 비교하고 있다.) So this case ‥‥her life not good.

교　　사 : His point is Junko's father decided her life.(교사는 발언 내용을 확인했다)

카 즈 마 사 : My idea is similar to Masatoshi.(친구의 발언과 비교하고 있다.) When she was born, father decided her life. And she was very young, but she had to study Kyogen very hard. She couldn't be free.(전원에게) Do you understand？

다른 아이들 : No./Last sentence, one more.(개별적으로 반응)

카 즈 마 사 : She couldn't be free.

교　　사 : (전원에게)Are you free now?(자기 자신의 문제임을 이해시키고 싶어했다)

아　이　들 : Yes.

교　　사 : Thank you.(발언에 대한 격려) Any more ideas?

유 스 케 : My idea is similar to Kazumasa's.I think she cannot choose many things. I can choose many things. But she can choose only kyogen.

　　나는 끊임없이 아이들을 도우면서 말하고 들은 것들이 서로 이해하지 못한 채로 끝나지 않도록 주의했다. 표현상의 잘못은 각 발언을 바로잡아 판서하는 식으로 은근히 지적해나갔다. 유스케의 발언이 계속되었다.

유스케: She has policy to play Kyogen. It's very important thing.

교　사: Yusuke's point is this. Young Junko couldn't say no to her father. But she has a strong will(의지)to play Kyogen now. (유스케의 메시지를 해설) So his position is⋯⋯between "Yes"and "No". Next, please.

교　코: I don't want to keep a tradition. It's important. But I want to create new thing.(자신의 경우는 이러하다는 것으로 부터 말을 시작하고 있다)

교　사: (전원에게)Do you understand? Kyoko wants to create⋯ make new things.

교　코: My idea Is close to Masatoshi, Kazumas, Yusuke. She's life decided her father. If she want to play kyogen, I agree her way of life.(이즈미 씨의 수용 여부가 중요하다는 논리) Her life is hers. My life is mine.(박수)

　이즈미 씨의 수용 여부라는 미묘한 생각이 등장해 드디어 흥미로워졌는데, "매일 노력하는 것은 지치고 화가 나거나 하는 것도 싫어."라는 시게오의 발언은 큰 웃음을 자아냈다.

4 부럽다!

　계속해서 Yes파의 입장인 아이의 발언 일부를 소개하려 한다(문법 실수도 그대로 기재).

도모코: I like oil painting.(자신의 취미를 설명하는 것으로부터 시
작한다.) "Oil painting" means "유화". I have wanted to
paint in oil for a long time. Maybe she like Kyogen. She
plays Kyogen for a long time. So I like her way of life very
much. Do you understand?(박수)

교　사: (전원에게) What's her point?

다케오: (중얼거리듯이)……Junko likes Kyogen……

교　사: Tomoko(朋子), please make your English easier.

도모코: I couldn't play oil painting……I was a child. But she plays
Kyogen for a long time.

교　사: And you think it's a good thing.(도모코 수긍한다)(전원
에게) Tomoko(朋子) could't start oil painting when she
was young. Junko could start Kyogen when she was
very young. So Junko was lucky because Kyogen was
her favorite. She could start it very early in her life. So
Tomoko envies her way of life.(도모코의 생각을 말로 보충하
여 설명했다)

　도모코는 이즈미 씨는 유년기부터 하고 싶은 것(=희극)을 할 수 있었
다고 파악하고 이를 자신의 경우와 비교하고 있다. 다음에서 보듯이 치요
도 미묘한 발언을 하고 있다.

치　요: She has performed Kyogen since she was very young. I
think it is wonderful of us to give much time to one thing.

(전원에게)Do you understand?(많은 아이들이 이해하지 못함)

교 사: Your last message is wonderful. Please say it one more time
a little slowly.(치요에게 재차 진술해달라고 요구함)

치 요: It is wonderful of us to give much time to one thing.

교 사: If you understood, clap your hands.(이해하는지를 확인하자
많은 아이들이 박수를 친다)

치 요: So I envy her. I think it is very hard for us to give much
time to one thing seriously. "Seriously"means "진심으로".
And I want to do everything. So I don't envy her. I envy
her, but I don't envy her. So my answer is "I envy her a
little."

이 후 교사는 "날마다 몰두할 수 있는 뭔가를 가지고 있는가?"라고 물
었고, 손을 든 사람 중의 하나인 유코가 자신은 일러스트를 그리고 있다고
대답했다.

유코: "No" group said, "Her father decided her life." I don't think
so.(상당히 오래 전에 한 발언과 자신의 생각의 상호관계를 말하고
있다) If she don't like Kyogen, maybe she throw Kyogen. But
she dream came true.

교사: Her dream …… (이라고 말을 고치도록 촉구했다)

유코: Her dream came true. Her father didn't decide her life. And
I want to change the subject. She has a dream ……for a long
time. I have a dream, too. But I don't do my best every day.

But she is cool because she has a dream and got a dream. So
I envy her way of life.(박수)

　'희극을 중간에 그만두지 않고 끝까지 하고 있다는 사실이 그녀가
아버지에게 휘둘렸던 것은 아니라는 증거다'라는 취지인 유코의 말이다.
그리고 그녀 자신에게도 꿈이 있는데 자신은 최선을 다하지 않고 있어서
그녀가 부럽다고 말하고 있다. 어려운 내용이었지만 마지막에는 큰 박수
를 받았다.

　2시간에 걸쳐 대화를 나누면서 긍정파와 부정파 모두 논거를 명확하
게 말해 각자 앞으로 자신이 살아갈 삶의 방법에 대한 시사를 받고 있었
다. 서로 이야기를 나눈 후 재차 "부러운지 어떤지?"묻는 과정에서 Yes파
대 No파는 24대 9로 인원 수에 변동이 생겼다.

5 깊어진 생각을 영문으로 정리하다

　서로 이야기를 나눈 뒤, 아이들은 최종적인 생각을 영문으로 정리했
다. 앞서 게재한 마인드맵의 제작자인 카요는 다음과 같이 쓰고 있다(문법
오류도 그대로 기재).

I envy her way of life very much, and I respect① her because she's a great
woman. She has her specialty②. She can be proud of③ playing kyogen.
But I don't have specialty. I don't know what to do. So I want to have
interest in many things.

By the way④, I think she made an effort ⑤ to be a professional woman
performer. When I watched TV of Junko Izumi, her mother said like this.
"one day she caught a cold. But she practiced kyogen. She wasn't absent."
She is Great woman!
She practiced every day. She lost free time instead⑥. But she did her best
every day. So she could be a professional performer.
Now her life is full of pleasure. I want to become like her. I envy her very
much. (① 존경하는 ② 특기 ③ 자랑으로 여기는 ④ 그런데 ⑤ 노력하다 ⑥ 대신
에)

4/ 대화능력을 더욱 풍요롭게 하기 위해

실제로 대화를 나눌 정도로 능력을 향상시키려면 영어로 메시지를
전달할 수 있어야 한다. 하지만 영어 지식이 불충분해서 말하고 싶은 것을
제대로 표현할 수 없는 경우도 있다. 또한 상대의 생각에 귀를 기울일 여
유가 없는 상황도 엿보인다.

이를 해소하기 위해 1학년의 실천에서 볼 수 있듯이 말만 주고받는
것(언어 의존형 어프로치)이 아니라, 그림이나 몸짓 등을 이용한 대화(장면
상황형 어프로치)를 재촉하는 것도 하나의 유효한 방법이라고 생각한다. 또
3학년의 실천에서 볼 수 있듯이 아이들과 밀접하게 관련된 질문을 던지는
것도 중요하다. 게다가 자신의 생각을 전달하고 싶은 의욕을 높이려면 자
신감을 가져야 하는데, 교사와의 면담을 통해서 아이들은 내용이나 표현
면에서 자신의 생각에 자신감을 갖게 되고, 이것을 모두 앞에서 발언해보

고 싶다는 의욕이 생기는 것 같다.

이와 같이 입학 초부터 자신의 의견이나 생각을 전달해보는 장을 교육과정에 끼워 넣고 3년간에 걸쳐 일상적으로 실천할 수 있는 환경을 조성하려고 노력해왔다. 이를 통해 자신의 의견이나 생각을 표현하고 전달하려고 노력하는 아이들로 성장하고 있다고 생각한다.

오가타 토시히로, 이와사 마사키(尾形 俊弘, 岩佐 昌樹)

교과는 아이들의 배움과 경험에서 동떨어져서는 안 된다. 또한 교과를 재구성할 때도 아이들의 배움과 경험과 별개로 그저 이론적으로만 재구성되어서는 안 된다. 본교에서는 탐구와 학습공동체를 전개해감으로써 배움과 수업을 재규정해가고 있다. 즉 한 시간 혹은 한 단원이라는 수업의 틀을 깨고 단원과 단원을 연결해 1년의 주기로 전개해가는 것이다. 그 과정의 중심에는 '핵이 되는 배움'이 있고, 그것을 중심으로 연결하고 재편하는 것이다. 이처럼 필연성이 있는 배움을 위해 교과를 재구성하고 있다.

사회과에서는 '다양한 시점에서 함께 사회를 바라보자'는 '핵이 되는 배움'을 실현하기 위해, 도쿄의 지리학습에서 '인구 집중'이라는 시점을 단서로 도쿄를 바라보는 다양한 시점과 상호연관성을 탐구했다. 그리고 사고회로도를 활용해서 모둠을 편성하고 협동적인 배움을 전개해가고 있다. '수준 높은 대화 나누기'를 중시하는 영어과에서는 자신의 삶과 무관한 내용을 가지고 영어표현을 익히는 일반적인 학습방법 대신에 학생들이 문법적으로는 다소 실수가 있더라도 눈감아 주고, 한정된 어휘밖에 사용할 수 없는 상황도 배려해가면서 서로서로 학습 수준을 높여가는 수업을 전개했다.

이와 같이 아이들 스스로 탐구하고 서로 내용을 교류하면서 협동적으로 배우는 것은 대상과의 만남을 통해 의미를 구성해가는 일이다. 그러나 다른 측면에서 보면 그 자체가 경험이 누적되기 시작해 체계화되고 정식화된 교과서 지식의 내부에 녹아 있는 올바른 형태의 탐구방법을 아이들이 다시 한 번 수정하고 풀어내는 과정이기도 하다. 이 두 가지 측면이 서로 연관되면서 아이들은 자신의 경험이나 교과지식에 대해 그 의미와 관계를 발견해 내고 재구성함으로써 좀 더 넓고 깊은 세계로 진입해간다. 미술교과에서는 보통 표현과 감상이 서로 동떨어져 있는데, 이는 위의 두 가지 측면과 관련이 없기 때문이다. 감상의 대상이 되는 작품은 아이들과는 별개의 세계에서 머물러 있는 존재로 다가온다. 그러나 아이들은 다양한 감상을 통해 작품세계에 발을 내딛게 되고 그 의미를 풀어갈 수 있게 된다. 그 과정에서 포착한 것을 스스로 표현해 작품을 만들어가면서 좀 더 깊이 있는 표현을 하기 위해 고민하는 과정에서 깊이 있는 감상이 가능해진다. 아이들은 탐구경험에 의해 우리가 '교과라 부르는 진리의 조직체에 의해 상징적으로 표현된 경험에 푹 빠져들어갈 수 있는' 것이다(듀이, 『아이와 교육과정』). 이와 같은 배움의 실현을 통해 비로소 교과의 재구성이 이루어진다.

테라오카 히데오(寺岡英男)

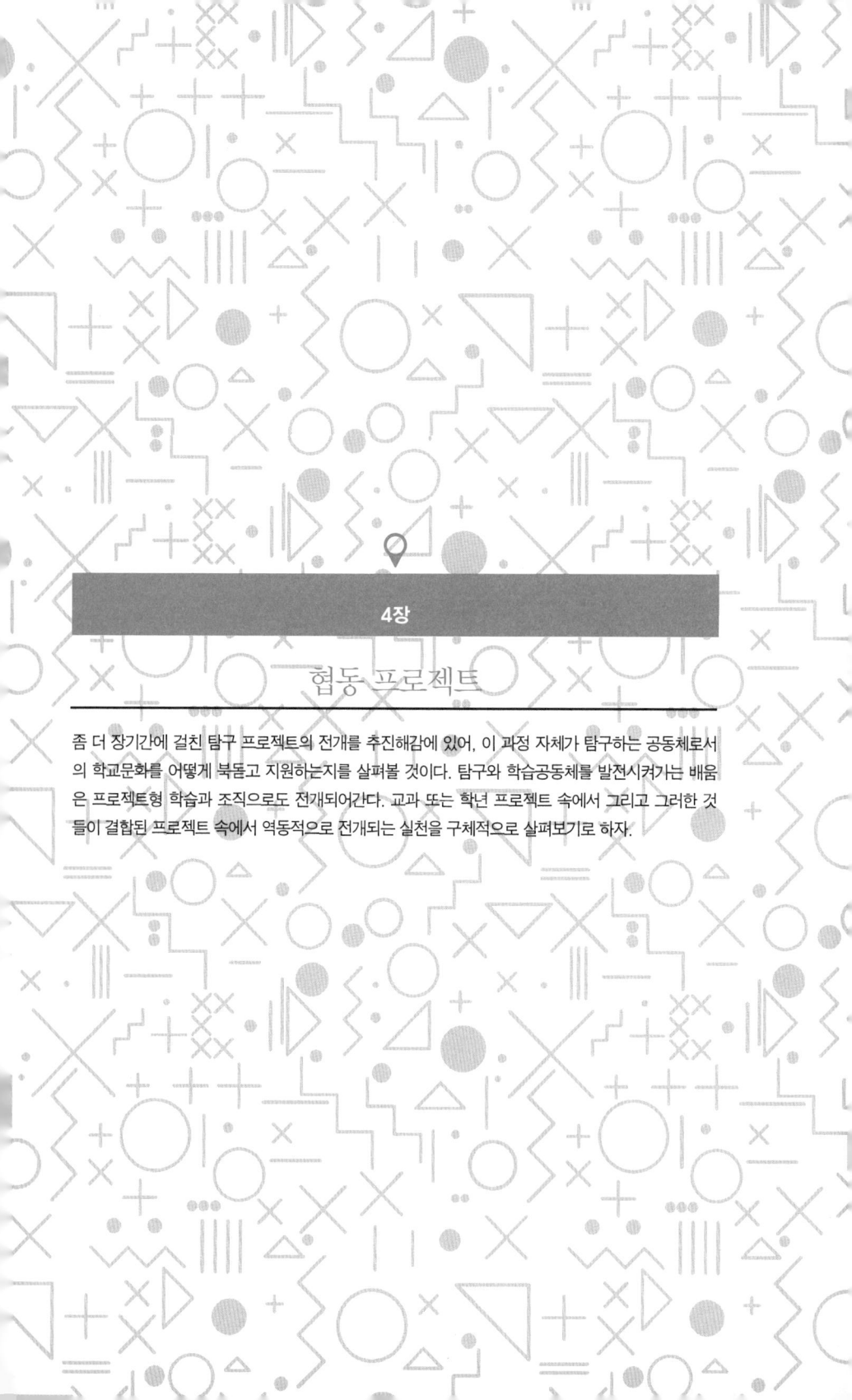

4장

협동 프로젝트

좀 더 장기간에 걸친 탐구 프로젝트의 전개를 추진해감에 있어, 이 과정 자체가 탐구하는 공동체로서의 학교문화를 어떻게 북돋고 지원하는지를 살펴볼 것이다. 탐구와 학습공동체를 발전시켜가는 배움은 프로젝트형 학습과 조직으로도 전개되어간다. 교과 또는 학년 프로젝트 속에서 그리고 그러한 것들이 결합된 프로젝트 속에서 역동적으로 전개되는 실천을 구체적으로 살펴보기로 하자.

1

학교생활과 밀접하게 연결된 제작활동

1 / 생활공간인 학교에서의 구상

리   이: 선생님, 저희가 기술 시간에 뭔가 학교에 도움이 될 만한 것을 만들어보자는 주제로 만들기를 하는데요, 뭐 필요한 거 없으세요?

고토우 선생: 교무실에서 사용할 만한 물건도 괜찮니?

리   이: 괜찮을 거 같아요.

고토우 선생: 책꽂이는 그대로 사용하면서, 위에도 물건을 올려놓을 수 있는 게 있었으면 하는데…

리   이: 그럼, 책꽂이 위에 얹을 수 있는 책장을 만드는 게 좋을까요?

사   오   리: 잠깐만 리이, 이건 모서리를 깎아서 이 위에 다시 책

꽂이를 없으면 불안정해서 넘어질지도 몰라.

리   이: 아~ 그렇구나. 그럼 다르게 생각해야겠네.

고토우 선생: 만약 제1후보로 결정되면 꼭 부탁해.

4월, 2학년이 된 아이들에게 "학교를 둘러보면, 매장에서 살 수도 있지만, 우리가 직접 만들어볼 수 있는 것들도 많이 있다고 생각해요. 이 점에 착안해서 프로젝트를 짜고 모두가 좋아할 만한 물건을 만들어봐요."라고 과제를 제시했다.

1학년 때 협동해서 '재료 수납장'을 제작해본 아이들은 리이처럼 평소 신경을 써주는 학년 교사에게 도움이 될 만한 물건을 생각하기도 하고, 교과 교사와 의논해서 수업에 도움이 되는 물건을 생각하기도 하며, 공중전화 박스 바닥에 놓여 있는 전화번호부에 주목해서 책꽂이를 생각하기도 하는 등 각자 자유롭게 학교 이곳저곳을 둘러보면서 구상을 다지기 시작했다.

학교는 아이들이 협동하며 생활을 영위하는 장(場)이다. 그곳을 무대로 설정함으로써 생활하는 당사자인 아이들의 눈으로 학교라는 환경을 꼼꼼히 둘러보면서 스스로 해결할 수 있는 게 있을 것 같다는 과제의식으로 이어지게 되는 것이다. 완제품이 넘쳐나는 사회에서 직접 만들어본 경험은 거의 없이 소비문화에 익숙해 있던 아이들에게 만들기의 필연성이 생겨나는 순간이다. 또한 종래의 가정에 필요한 물건 제작에서는 조사를 실시간으로 할 수 없거나, 남의 가정에 깊이 관여할 수 없어 대화를 통해 구상을 심화시킬 수 없었다. 그러나 학교는 주변에 사용자가 존재하거나 공공물이므로 반드시 사용자를 의식하거나 사용자와 제작자 또는 제작자들 간의 대화를 통해 구상을 세워갈 수 있다.

탐구와
대화의 전개

1 사용자와의 대화로 구상이 심화되다

두 번째 구상 장면은 각 모둠의 구성원들이 제안한 많은 소재들을 좁혀가면서 구상을 구체화하기 위해 3가지 조건을 제시하는 것에서 시작되었다. '주어진 시간 내에 완성할 수 있는 것', '프로젝트 제작의 협동적 탐구를 촉진하기 위해 모두가 프로젝트에 참여할 수 있는 것', '작품의 질이나 세대를 초월한 의식을 높이기 위해 졸업 후에도 계승할 수 있는 것'으로 정하고, 모둠별로 구상을 구체화시켜갔다.

리이가 속해 있는 6모둠은 자를 가지고 조원 모두가 고토우 선생을 찾아가 구체적인 치수에 대해 의논하고 디자인을 검토했다.

> 리　　이: 고토우 선생님. 저희 모둠은 선생님께서 교무실에서
> 　　　　　 사용할 책장을 만들기로 했는데요. 크기는 어느 정도
> 　　　　　 가 좋으세요?
> **고토우 선생**: 가능하면 낮았으면 좋겠구나.
> 리　　이: 폭은 어느 정도가 좋으세요? 높이는요?
> **고토우 선생**: 잠깐만. 지금 그려볼 테니까. 이런
> 　　　　　 모양으로, 위쪽 선반은 책을 가로로
> 　　　　　 놓을 수 있는 정도면 되니까 낮았으
> 　　　　　 면 좋겠어.
> 리　　이: 여기 있는 칼라박스보다 낮은 게 좋으세요?
> **고토우 선생**: 그래, 그게 좋겠구나.

사용자라는 주변 평가자의 존재는 필연적으로 다른 사람이나 환경과

의 대화를 유발하며 구상을 좀 더 구체적인 방향으로 이끌어 기능적·예술적 성과를 높여준다. 또한 제작자인 아이들이 같은 목적과 환경을 공유함으로써 기업에서 상품 개발을 위해 실시하고 있는 것과 마찬가지로 프로젝트가 움직이기 시작한다.

2/ 구상에서 구체적인 설계도로

5월. "이번 만들기에서는 재료의 제한이 없습니다. 제작제재가 정해진 모둠부터 형태나 크기를 생각해서 그림으로 정리해주세요. 최종적으로는 컴퓨터를 사용해서 완성할 것이므로 손으로 그린 그림은 제작제재의 형태나 크기를 정하고 그것을 바탕으로 각 부품의 크기나 필요한 재료를 알 수 있는 정도면 됩니다."라는 교사의 말에 드디어 설계가 시작되었다.

아이들이 과거에 설계도 그리는 방법을 대충 배웠다곤 해도, 이번에는 형태 그 자체를 창조하고 표현하는 활동이므로 그리는 방법을 완전히 이해하고 있는 아이가 있는 모둠과 그렇지 않은 모둠, 형태가 복잡한 모둠과 간단한 모둠의 차이가 확연히 드러났다. 입체표현을 습득하는 게 얼마나 어려운지 새삼 느끼게 된 장면이었다. 그러나 모둠별로 활동이 이루어지므로 교사가 함께 참여하고 시행착오를 반복하면서 결국 모두가 완성할 수 있게 되었다. 협동으로 진행하는 활동은 혼자서는 완성할 수 없는 아이에게도 성취감을 줄 수 있고, 어려움을 극복해가는 힘이 된다.

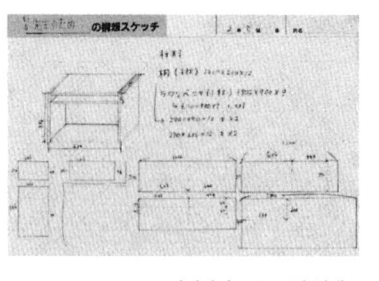

리이가 손으로 그린 설계도

1 사용법과 재료에 따라 디자인을 바꾸다

리이가 속한 6모둠은 사용자인 고토우 선생과 끊임없이 대화하며 설계를 진행하고 있었는데, 재료로 오동나무가 좋겠다는 선생님의 말 때문에 고민하고 있었다.

"선생님, 저희들이 만들려는 것은 폭이 넓어서 합판밖에 선택할 수가 없어요. 근데 고토우 선생님께선 오동나무가 좋다고 하셔서요. 어떻게 하면 좋을까요?"라며 리이가 상담을 요청했다. 아이들의 자유로운 발상을 최대한 살리기 위해 가능한 여러 가지 재료를 준비했지만, 아이들의 발상은 이미 그 틀을 넘어 있었다. 리이에게 2장의 재료를 접합하는 방법이 있다고 조언하자, 이 조언은 다른 모둠이나 다른 학급에도 점점 퍼져나갔다. 재료를 어떻게 할지 고민하고 있었던 것은 리이만이 아니었다.

한편, '화장실 휴지대'를 제작하기로 결정한 2모둠은 대상이 공공물이기 때문에 특정인과 의논할 수가 없어서 자신들의 경험을 바탕으로 설계를 진행하고 있었다. 그 중 히데키는 남녀 사용빈도의 차에 주목하여 디자인을 바꾸는 시도를 했다.

히데키: 선생님. 한 조에서 2개 만들어도 괜찮아요?

교　사: 제작 시간 내 완성한다면 상관없어. 근데 왜?

히데키: 저희 조는 '화장실 휴지대'를 생각하고 있는데요, 남자와 여자는 사용빈도가 다르니까 남자의 경우는 먼지가 쌓이지 않도록 덮개가 필요할 것 같아서요.

교　사: 사용자에 대해 많이 생각했구나. 열심히 해봐.

만들기에는 100점이라는 기준이 딱히 없다. 다만 히데키처럼 사용빈도에 따라 디자인을 바꾸는 것은 사용자를 의식한 시도이며, 남녀 모두와 의사소통을 함으로써 완성품의 질을 높이려는 태도이므로

화장실 휴지대(남자용, 여자용)

고무적이다. 이 또한 여러 가지 제한을 없애고 무엇을 만들지 거의 백지 상태에서 시작했기에 가능했던 효과이며, 새삼 아이들이 깊이 생각하고 있다고 느꼈던 장면이다.

2 교사와 아이들이 함께하는 대화

삼각코너를 참고로 히데키의 영향을 받아 설계를 진행하고 있는 2모둠의 에리는 6모둠 덕분에 우선 재료에 대한 문제를 해결했다. 그리고 재료를 어떻게 조합할지에 대해 이야기를 나누었다.

> 에　리: 화장실 휴지대의 상판과 선반은 크기를 달리해서 만들어야 한다고 생각해.
> 미　카: 응. 그러면 상판을 측판 안으로 넣으면 안 될까?
> 에　리: 근데 그러면 상판까지 대패질해야 하니까 힘들지 않을까?
> 교　사: 어느 쪽이든 상관없지만 작업의 번거로움이 달라지지.
> 미　카: 어떻게 하지?

에　리 : 역시 안쪽으로 넣는 게 보기에 좋지.

가즈미 : 그럼, 그렇게 하자.

교　사 : 이 랙(재목에 칠하는 도료의 하나)은 하판이 직접 바닥에 닿게 되는데 화장실은 물청소를 하니까 썩지 않을까?

가즈미 : 물에 강한 나무는 없나요?

에　리 : 전나무가 물을 사용하는 곳에서 꽤 쓰이는 거 같기는 해.

교　사 : 나중에 도장(塗裝)을 하는 방법도 있어. 그리고 다리를 붙여서 접지면적을 줄이는 것도 괜찮아.

　　프로젝트 제작과정에서의 듣기는 개인 제작과는 달리 대화 도중 이야기 내용이 모둠 전체로 퍼져나가 디자인의 재구성으로까지 심화된다. 개인 제작인 경우 모든 아이들의 이야기를 교사 한 명이 다 들어야 했기 때문에 어쩔 수 없이 Q&A 방식으로 기능면(技能面)을 하나하나 설명하는 데 그쳤다.

　　그러나 프로젝트 제작에서는 8개 모둠의 이야기를 시간을 들여 차분히 들어줄 수가 있다. 게다가 5명의 구성원이 같은 방향을 향하고 있기 때문에 각자의 생각을 조직적으로 서로 검토하고 교사가 모든 답을 내지 않아도 아이들의 대화 속에서 새로운 답을 찾아내기도 하고, 문제해결의 실마리를 발견하기도 한다. 단순히 공구의 사용법이나 순서를 확인하고 가르쳐주는 게 아니라 대화를 축으로 한 서로 간의 창조적인 배움이 있다. 이렇게 다양한 대화를 거쳐 탄생한 손으로 그린 설계도는 컴퓨터 설계로 이어진다.

컴퓨터를 이용해 설계를 시작했다. 이 소프트웨어는 기능이 적고 조작이 간단하며 얼마든지 수정이 가능하고 평면도를 그리면 자유자재로 입체 전환이 가능해 아이들이 제도(製圖) 규칙을 의

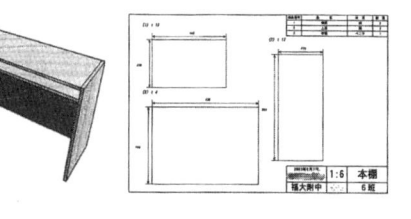

리이의 CAD 소프트웨어를 사용한 설계도

식하지 않아도 입체를 그릴 수 있다는 점에 흥미를 느껴 의욕적으로 설계에 집중할 수 있었다. 또한 발표회를 의식하여 좀 더 알기 쉽도록 모둠 구성원 한 사람 한 사람이 입체가 보이는 각도를 바꿔 인쇄했다. 하지만 입체는 간단히 그릴 수 있는 반면, 부품을 조합한 후 평면으로 그린 부품의 정면·측면·평면 중 어느 한 쪽을 회전시키지 않으면 안 되기 때문에 어디를 회전시키면 좋을지 모르는 아이도 눈에 띄었다. 손으로 그리는 그림과는 달리 별도의 힘이 필요함을 느끼는 장면이었다.

수업시수의 삭감이나 시대의 흐름에 따라 컴퓨터에 의한 설계가 늘고 있는 추세다. 손이든 컴퓨터든 한 가지 방법을 선택할 수도 있지만, 각각의 방법으로 설계해보고 그 특징을 파악할 수 있으면 좋겠다고 생각했다. 1모둠의 시오리와 사이코는 각자 자신 있는 방법이 달랐기 때문에 각자의 방법으로 설계하고 이를 공유함으로써 서로의 배움을 높여갔다. 문제해결을 위한 여러 가지 방법을 경험하고 선택지를 늘린다는 것은 아이들에게 매우 중요하다.

4 제작자 간의 대화를 통해 수정을 더하다

6월, 지금까지 많은 대화를 통해 만들어 낸 설계에 대해 학급 전체가 이야기를 나누고 수정을 더하는 발표회를 가졌다. 이 발표회를 통해 다른 모둠의 좋은 점에 영향을 받고, 고민을 서로 협동해 해결함으로써 더욱 질 높은 작품을 창조해갔다. 발표 형식은 모둠별로 전체 발표할 경우 수정안이 나오기 어려우므로, 작성한 설계도를 바탕으로 모둠 구성원 한 사람 한 사람이 발표자가 되어 의견을 활발하게 교환할 수 있는 소모둠으로 실시했다.

처음 다른 모둠에게 소개하는 발표의 장에서 '걸레걸이'를 제작하기로 정한 8모둠의 유타는 좀 더 알기 쉽게 설명하기 위해 디자인 모델이 된 본드를 놓기 위한 랙을 가져와 "저희 모둠이 제작하려고 하는 것은 이 본드 랙처럼 접을 수 있는 걸레걸이입니다. 이 걸레걸이의 특징은…"이라고 설명을 시작했다. 모델을 보자 모두 납득했다. 모델을 활용한 덕분에 효과를 봤다고 느낀 유타는 다른 모둠에서 발표하고 있는 자기네 모둠 아이들에게 모델을 가져가서 "모델을 활용하는 게 확실히 설명하기가 쉬워."라며 기쁜 듯이 이야기했다. 이어서 리이와 같은 조인 사오리가 "저희들은 고토우 선생님의 책상 위에 둘 책장을 만들려고 합니다. 재료는 고토우 선생님과 상의해서 오동나무를…"이라고 이야기를 시작했다. 사오리의 발표를 듣고 "아무리 인쇄물을 넣는 정도라지만, 너무 좁아서 손이 안 들어가지 않아?"라며 서류를 넣을 부분의 높이가 논쟁 거리가 되었다.

사오리는 "거기까지는 생각하지 못했어. 알게 돼서 다행이야."라고 말했다. 발표한 아이들 중에는 무엇 때문에 발표하는지에 대한 문제의식이 약한 아이도 눈에 띄었지만, 여러 가지로 지적을 받으면서 수정해야 할

부분을 깨달은 것 같았다.

> **사오리**: 발표회에서 책장 선반의 높이가 너무 낮아 손이 안 들어간
> 다는 지적을 받았어.
> **리　이**: 그럼 그 부분은 고치는 게 좋겠네. 난 전에 선생님께 들었
> 던 얘기와 마찬가지로 오동나무는 약하지 않을까라는 말을
> 들었어.
> **사오리**: 근데 고토우 선생님은 오동나무가 좋다고 했잖아.
> **리　이**: 그렇긴 하지만.
> **교　사**: 오동나무는 옷장 서랍으로는 사용되기는 하지만 부드러워
> 서. 그래도 오동나무로 만들고 싶은 거지? 그럼 둘레를 보
> 강하면 될 거야.
> **리　이**: 네, 해볼게요.

　끊임없이 사용자와 대화하고 그 의견을 재료나 형태, 크기에 충실히 반영해서 설계한 6모둠이었지만, 발표회 때 받은 지적으로 사용자의 의견만 100% 반영해서는 안 된다는 것을 깨닫게 되었다. 물건의 질적 향상을 꾀하려면 때로는 냉정히 볼 수 있는 제3자의 눈이 필요한 것이다. 6모둠은 이 제3자의 눈으로 선반의 높이를 수정하고 약한 오동나무를 보강하기로 결정했다.

　과거 개인 제작을 할 때는 설계과정에서 그리는 방법의 기능적인 습득이라는 경향이 강했다. 그것을 서로 가르쳐주기는 했지만, 디자인에 대해 아이들이 서로 의논하는 모습은 거의 보이지 않았다. 이는 제작에 시간을 요하기 때문이며 수업시수 삭감으로 점점 경시되는 경향이었다. 그

러나 사실상 만들기에서 가장 중요한 것은 설계다. 설계는 기술어(技術語)로, 물건의 질적 향상을 위해서는 상대방에게 전달하여 디자인에 수정을 가하는 과정이 매우 중요하다고 생각했다.

3 / 거듭된 수정으로 끌어올리는 완성도

6월 말부터 9월에 걸쳐 유타가 속한 8모둠은 모델을 활용한 발표의 성공으로 자신감에 넘쳐 제작을 진행하고 있었다. 그러나 아직 조합하지 않은 재료를 늘어놓고 크기나 나사 구멍의 위치를 확인하는 과정에서 큰 문제에 직면하게 되었다.

> **유타**: 음, 아무리 봐도 커.
> **유야**: 볼 것도 없이 커. 이건 너무 커서 교실 옆에 둘 수 없어.
> **유타**: 진짜. 선생님도 크다고 생각하시죠?
> **교사**: 걸레걸이치고는 크구나.
> **유타**: 어떻게 하면 좋을까요?
> **교사**: 이렇게 늘어놓은 상태에서 우선 어디를 짧게 하면 적당한 크기가 될지 검토해보면 어떻겠니?
> **유타**: 네, 그렇게 해보겠습니다. 근데 이 정도면 적당할 거라고 생각했는데…

8모둠은 설계 단계에서 재료의 길이를 면밀히 검토했다. 그러나 각각의 부품을 늘어놓고 보니 예상보다 커서 수정이 불가피했다. 보통은 설계도대로 완성하면 되지만, 만들기 경험이 적은 아이들에게는 문제가 생기기도 한다. 그래서 "제작하는 과정에서 수정할 사항이 있으면 설계를 변경해도 상관없어요. 단, 수정 사항은 반드시 기록해두도록 하세요." 라고 얘기하고 제작을 진행하게 했다. 전년도 제작 경험이 있고 부품을 자세하게 기입한 설계도를 만든 적도 있기 때문에 제작 공정은 비교적 순조롭게 진행되었지만, 8모둠처럼 크기를 수정하거나 재료가 부족해서 추가 주문을 하는 모둠도 있었다. 아이들은 끊임없이 수정하면서 실천해나갔다.

10월에는 만들기를 완성하고 설치한 후 다시 수정을 시도하는 모둠도 있었다. '전화번호부를 놓을 책꽂이'를 제작한 쇼코는 일반 책꽂이로는 전화번호부가 손상된다는 것을 발견했다.

교　사 : 지난주에 설치하고 1주일이 지났는데 어땠어?

쇼　코 : 전화번호부 표지가 이전보다도 찢겨져 있었어요.

교　사 : 지난주는 학년 프로젝트 일정을 잡느라 모두가 전화번호부를 사용한데다 표지가 부드러워서 넣고 꺼낼 때 아무래도 손상되는 건지도 몰라. 어떻게 하면 좋을까?

다이키 : 칸막이용 나무판자를 붙이면 되지 않을까?

쇼　코 : 나무판자를 붙이면 전화번호부가 들어가지 않을 거야.

다이키 : 폭에 여유를 두고 만들어서 1장 정도는 아마 괜찮을 거야.

가오리 : 우선 책꽂이를 도로 가져오자.

이렇게 해서 쇼코가 속한 5모둠은 다시 책꽂이와 전화번호부를 가져와 전화번호부를 펼쳐놓고 나무판자를 어떻게 붙일지 검토하기 시작했다. 그리고 한 권 한 권 수납할 수 있는 칸막이 판자를 제작하는 새로운 시도

리이가 속한 6모둠이 제작한 선반

에 들어갔다. 수업이 시작되면 가져오고 끝나면 원래 위치에 되돌려 놓기를 반복하면서 매주 판자가 늘어나 점차 사용하기 편하게 진화해가는 책꽂이를 보는 게 교사로서 즐거움이기도 했다.

본교에는 사용자의 편의를 고려해 아이들 스스로 정성스럽게 제작한 물건들이 곳곳에 존재한다. 이 활동은 학년과 세대를 넘어 명맥을 유지하며 학교에 뿌리내리기 시작한 활동이다.

모리사카 야스마사(林阪 康昌)

참고문헌

秋田喜代美, 『子どもをはぐくむ授業づくり』, 岩波書店, 2000
佐藤学 『教師たちの挑戦』 小学館, 2003
大輪武司 『技術とは何か』 オーム社出版局, 1997
福井大学教育地域科学部附属中学校 研究紀要 第29~31号, (2001~2003)

2

3년에 걸쳐 다듬어간 신체표현활동

1 / 즉흥표현으로 창작댄스에 도전(1학년)

중학생들은 '이미지나 마음으로 느낀 것을 몸으로 표현하는' 것을 창피하게 여겨 창작댄스에 저항을 느끼는 아이들이 적지 않다. 창피함을 없애고 저항 없이 창작댄스로 이행시키기 위해 아이들이 따라하기 쉬운 '리듬에 따른 움직임'에서 시작해서 점차 그 리듬을 파괴하며 '창작댄스'로 이어갔다.

이 '리듬의 파괴(재빠름, 멈춤, 느림 등 속도의 변화)'에 더해 '공간의 파괴(방향, 장(場)의 변화)', '신체의 파괴(몸 부위의 다양화, 비균형적인 자세)', '인간관계의 파괴(상대방과 반대 움직임을 한다, 상대방의 움직임을 따라 한다, 붙었다 떨어지는 등 관계의 다양화)'라는 '4가지 파괴'를 궁리하고 움직임에 변화를 줌으로써 자연스럽게 '어느새 창작댄스를 추고 있다'와 같은 식으로 발전하도록 학습을 전개했다.

또한 즉흥표현을 되도록 많이 만들어보는 것이 작품 만들기를 시작하는 원동력이 된다고 생각해 1학년 때는 1~2시간에 완결되는 '즉흥표현'을 중심으로 한 학습을 실시했다.

1 리듬에 맞춰 즉흥적으로 춤추다

수업은 리드미컬한 음악에 맞춰 교사를 따라하는 것에서 시작되었다. 손 흔들기, 허리 비틀기, 빙글빙글 돌기, 이동하기 등 두 사람이 손을 잡고 움직이는 것이다. 그러면서 점차 구르기, 상대방 발 밟기, 다리 사이로 빠져나가기 등 일정한 리듬을 파괴하며 움직였다. 나아가 떨어졌다가 모이기, 서로 엉키기, 등을 맞대고 앉았다 일어서기 등 인간관계를 파괴한 움직임으로 전개한 것이다.

좀 더 익숙해지면 한 사람의 움직임을 다른 한 사람이 흉내 냈다. 흉내 낼 사람을 교대하면서 자유롭게 즉흥적으로 움직이는 것이다. 교사를 모방하는 게 아닌 자신들 스스로 만드는 첫걸음이다. 부끄러워하지 않고 과장되게 움직이던 텟페이는 "정말 재미있었어요. 근데 어떤 동작을 해야 할지 생각나지 않아요. 제 머리가 꽤 굳어 있나 봐요. 다음엔 잘해야지!"라며 의욕적인 태도를 보였다. 반면 댄스가 서투르다고 생각하던 유코는 "움직임이 잘 생각나지 않아 활발하게 움직이지 못했어요. 창작댄스는 아직 창피해요."라고 말했다.

2 즉흥표현으로 '정글탐험'

애니메이션《타잔》을 보고
이미지를 만들어 바로 움직임이
될 만한 말을 생각하기로 했다.
도화지에 말과 삽화를 그리고 한
사람이 1장씩 '정글달력'을 만들
었다. 2인 1조로 정글달력을 차
례로 넘겨가며 즉흥적으로 움직

정글달력

이는 '정글탐험'. 다음은 어떤 것이 기다리고 있을까?

체육관은 소란스러웠다. 아이들은 4명씩 모둠을 이루어 좋아하는 3
장의 카드를 골라 스토리를 만들었다. '4가지 파괴'를 의식하면서 시작과
끝의 포즈를 붙였다. 그리고 모둠 구성원끼리 서로 보여주면서 '4가지 파
괴'가 잘 반영되어 있는지에 초점을 맞춰 조언을 했다.

텟페이는 "내가 뭘 했는지 모를 정도로 격하게 춤췄다. 이런 체험을
할 수 있어서 감동… 저희들은 '뱀'을 테마로 했는데 상대방이 금방 알아
맞춰서 기뻤다. 내가 한 것을 상대방이 알아줄 때의 기쁨을 느낄 수 있었
다."라고 감상을 썼다.

'리듬에 따른 자유 즉흥'에서는 움직임의 이미지가 없었던 탓인지 다
음 동작이 잘 떠오르지 않았지만, '정글탐험'에서는 사전에 3시간에 걸쳐
비디오를 보기도 하고, 이미지를 서로 만드는 등 실제로 카드를 만듦으로
써 움직임이 순조롭게 떠올랐다.

유코는 아직은 완전히 어떤 동물로 변신해서 움직이는 게 부끄럽다
고 느끼면서도 "코끼리가 된 기분으로 했어요. 그래도 지금까지 한 것 중

에서는 가장 과장되게 움직였어요."라며 이전보다는 잘 움직일 수 있게 되었다고 했다.

단원 종료 후 텟페이는 자신들의 모습을 녹화한 영상을 보면서 "몸을 크게 움직이면서 아주 즐거워 보였어요. 땅바닥을 기거나 점프하는 등 액션이 컸어요. 근데 리듬이 거의 같아서 박력이 없었어요."라고 감상을 말했다.

높이를 표현하기 위해 다이내믹한 점프를 넣기도 하고 목말을 태워 큰 뱀을 표현하는 등 '공간의 파괴'에 있어서는 꽤 궁리를 했지만 '리듬의 파괴'에 있어서는 객관적으로 아직 부족하다고 느꼈던 것이다. 유코도 "저희들은 다른 모둠에 비해 움직임이 적었어요. 재빠르게 움직이고 있다고 생각했는데 영상으로 보니 보통 빠르기로 보여요."라며 생각보다 빠르게 느껴지지 않는다고 했다.

2/ YOSAKOI 잇쵸라이 참가 선언(2학년)

"올해 YOSAKOI[7] 잇쵸라이에 참가합니다."라고 교사가 말하자 "에~ 진짜요?", "앗싸!"하며 아이들은 다양한 반응을 보였다. 1학년 때의 즉흥 표현 이후 9개월 만의 댄스수업이었다. 우선 최종 목표인 발표의 장을 의식하게 하고 싶었다.

2학년 때는 '후쿠이'를 테마로 한 소작품 만들기에 도전하게 되었다. 이에 YOSAKOI 잇쵸라이의 곡을 사용하기도 하고 리듬댄스부터 시작해 몸이 풀리자 창작댄스로 이행했다.

---

[7] 원래 후쿠이의 민요를 가리키며, 여기서는 일본의 축제 중 하나로 춤을 주제로 한 축제를 뜻하는 말

1 유코의 첫 제안

먼저 '후쿠이'에 대한 비디오나 확대 사진 등을 보면서 학급 전원이 생각나는 대로 말을 많이 만들어 냈다. 그러고 나서 5명씩 모둠을 이루어 표현하고 싶은 테마를 정하고 나아가 각각의 테마에서 연상되는 말('철~썩(파도소리)' 등 의태어도 OK)들을 2~4장면으로 나눠서 써내려갔다.

다음으로 이야기의 흐름(처음, 중간, 끝)을 생각했다. 그리고 이미지에 맞는 움직임 몇 가지를 연결해서 '하나의 문장'을 만들었다. 단순한 움직임이라도 '3번 반복하면 문장이 된다' '문장을 반복하면 인상이 남는다'는 것을 짚어주었다. 그리고 아이들은 문장 속에서 '4가지 파괴'를 궁리하기 시작했다(사용곡: Yosakoi 잇쵸라이/YOSAKOI 타로 3'43″)

> 유 코: 산은 녹색 천을 양손으로 펼쳐서 모두가 웅크리면 되지 않을까?
>
> 아오이: 아! 그거 좋은 생각인데.
>
> 유 코: 응, 그리고 이렇게 천천히 일어서는 움직임은 어떨까?

사실 유코는 지금까지 뭔가 솔선하기보다는 다른 친구들이 정하면 거기에 조용히 따르는 편이었다. 그러나 이번에는 달랐다. 처음으로 자신의 의견을 내고, 그것이 친구들의 인정을 받은 것이다. 그러한 경험을 통해 '창작댄스는 다 같이 의논하고 협력해서 만들어가는 것'이라는 것을 실감하게 되었다.

2 대화로 이해의 깊이를 더하다

유   코: 우리(산)는 빨리 움직이기도 하고 천천히 움직이기도
       하며 리듬을 파괴하고 있어.
텟페이(관객): 일어날 때 느린 움직임이랑 격렬한 움직임이 애매해
       서 분명치가 않았어.
아 오 이: 100%라 생각하고 했어도 50%밖에 전달되지 않으니
       까 좀 더 과장되게 해야만 하겠어.

　　서로 보여주기에서는 우선 무엇을 표현한 것인지 서로 알아맞혔다.
관객은 종이에 좋았던 점, '4가지 파괴'가 반영되어 있는지, 그 밖의 조언
을 써서 건네주었다. 그렇게 받은 조언을 보고 만드는 방법(공간의 파괴, 리
듬의 파괴, 신체의 파괴, 인간관계의 파괴에 대한 궁리, 움직임이 끊어지지 않고
자연스러웠는지, 이미지에 맞는 움직임이었는지, 소도구는 잘 활용했는지)에 대
해 모둠별로 4단계 평가를 가졌다. 유코의 모둠은 '리듬의 파괴'가 잘 되었
다고 생각했는데 관객들로부터 '분명치 않다'는 평가를 받았다. 이를 계기
로 서로 보여주기를 한 모둠끼리 대화가 이루어졌고, '4가지 파괴'에 대한
이해의 깊이를 더했다.

3 조언의 깊이가 달라지다

　　바다와 폭포, 눈과 산 등 테마가 비슷한 5인 모둠을 묶어서 10인 모둠
으로 만들었다. 서로의 움직임을 보여주고 이야기의 흐름을 다시 생각하

며 두 모둠의 장점을 합치는 것이다. 1학년 때는 2명의 모둠을 두 개 합해서 4명의 모둠으로 창작활동을 해왔다. 2학년 때는 5명의 모둠에서 10명으로 구성된 모둠이 되었기 때문에 1학년 때보다 인원수가 늘어났다. 많은 인원으로 인해 생기는 갈등을 이겨 내고 적은 인원으로는 표현할 수 없었던 역동을 모두가 맛보았으면 하는 바람이었다. 또 2학년에서는 구성인원에 실마리를 얻어 작품을 만들게 하고 싶었기 때문에 10인 모둠에 도전한 것이다.

모둠끼리 서로 보여주기를 통해 4가지 파괴가 반영되었는지의 관점에서 서로 조언을 하게 한 결과, 처음 5인으로 구성되었을 당시 첫 번째 보여주기에서는 '리듬 파괴가 되지 않았다', '공간 파괴를 더 고민했으면 좋겠다' 등 말이 짧고 구체적이지 않았다. 그러나 횟수를 거듭한 10인 버전에서는 다음과 같이 구체적으로 상대방의 작품에 대해 깊이 관여하는 조언으로 달라졌다.

"달리는 속도가 모두 같은데 속도를 달리하면 좋겠다." (리듬의 파괴)
"문장과 문장을 빠르게 연결해 움직이면 더욱 좋을 것 같다." (리듬의 파괴)
"상하좌우 움직임을 넣으면 좋겠다." (공간의 파괴)
"아주 작게, 아주 크게 같은 움직임이 없는데 좀 더 뛰거나 하면 어떨까?" (공간의 파괴)

4 하나의 주제에서 탄생한 12가지 개성

7월 발표에서는 곡의 일부분에 창작댄스를 넣기로 했다. 창작댄스로

폭포~바다

시작해서 리듬댄스로 끝나는 모둠도 있고, 전부 창작댄스로 구성한 모둠도 있었다.

텟페이의 모둠은 매우 역동적이어서 관객을 사로잡았지만, 그들 스스로는 '리듬의 파괴'에 대해 만족하지 못했다. 힘 있고 재빠른 움직임뿐만 아니라 매우 느림이나 멈춤과 같은 부분이 부족했다고 반성했던 것이다.

텟페이: 저희 모둠의 폭포~바다가 1위로 뽑힌 것은 좀 의외였어요. 연습 부족으로 도중에 움직임이 끊어지고, 빠름과 느림의 차이가 적었거든요. 공간 파괴는 완벽했지만요.

한편 유코는 리듬댄스와 창작댄스를 결합한 YOSAKOI 잇쵸라이를 통해 '개성'이라든지 '메시지성'과 같은 창작댄스의 장점을 이해한 것 같았다.

유　코: 12개 모둠 모두가 그 모둠만의 개성을 표현해서 좋았어요. 모두 많이 움직이고 있었고 벽을 이용한 모둠이나 목말을 태운 모둠, 인간 피라미드를 만든 모둠, 그 위를 나는 모둠 등등 감동이었어요. '후쿠이'라는 같은 주제에 대해 이렇게 많은 아이디어가 가능하다는 게 놀라워요. 잇쵸라이와 창작댄스는 관계없다고 생각했는데, 창작댄스를 하면서 이런 활동도 중요하다는 걸 느꼈어요.

5 발표의 장을 마련하는 것의 중요성

유　코: 대회 당일, 지금까지는 표현하지 않았을지도 모를 저의 진
　　　심을 모두 다 표출한 것 같아요. 목청을 높이고 크게 움직
　　　이면서 만면에 웃음을 띠고 춤춘 것 같아요. 제가 원하던
　　　대로 된 것 같아요. 이 경험은 절대 잊지 못할 거예요.

　　댄스의 주제는 '풍요로운
바닷가에서 생활하는 사람들을
갑자기 덮치는 공습. 우리들은
일어선다. 이 아름다운 후쿠이를
지키기 위해'로 정해지고 리듬댄
스와 창작댄스를 결합한 작품이
되었다. 여름방학, 연일 이어진
맹연습 끝에 8월 3일 후쿠이 페

본교 공연팀의 모습

닉스축제인 YOSAKOI 잇쵸라이대회에 참가했다. 모두 같은 의상(가정과
에서 제작)을 몸에 두르고, 힘들게 만든 나루코(논밭 따위에서 새를 쫓기 위한
장치, 기술과에서 제작)를 손에 들고, 화장을 해서 확 변신한 아이들과 교사
총 115명·65개 참가팀 중 본교의 팀은 대회 첫 참가에서 '오리지널상'을
수상했다.

　　뎃페이: 잇쵸라이처럼 학년이 일치단결할 수 있는 걸 또 하고 싶어
　　　　　요. 힘든 만큼 끝난 뒤 얻을 게 많다는 것을 느꼈어요.

탐구와
대화의 전개

YOSAKOI 잇쵸라이에 참가한 아이들은 많은 관객들 앞에서 스포트라이트를 받고 진지하게 춤을 추며 말할 수 없는 긴장감과 쾌감을 맛보았다. 큰 프로젝트를 완수했다는 성취감에 학년의 끈도 단단해졌다. 그리고 무엇보다도 춤추는 것이 즐겁고 재미있다는 아이들이 많아졌다. 최종 목표로서 '발표의 장'을 마련하는 게 얼마나 중요한지 새삼 실감했다.

3 / 독창적인 춤의 창조 (3학년)

3학년 때는 최종 목표를 '스스로 생각한 주제로 작품 만들기'로 발전시키고 나아가 음악, 의상, 조명까지 고려한 독창적인 춤 제작을 시작했다.

1 3학년이 되어 나타난 변화

2학년 때 했던 YOSAKOI 잇쵸라이 이후 약 9개월간 댄스 수업이 없었기 때문에 모둠 창작에 들어가기 전에 1학년 때 했던 즉흥표현으로 몸을 풀었다. 그러나 유코는 "즉흥적으로 뭔가 하는 건 잘 못하겠어요."라며 원래의 부끄럼쟁이로 돌아가 있었다. 활발한 남학생 중에서도 왠지 따라오지 못하고 뚱하니 앉아 있는 아이들이 눈에 띄었고, 댄스를 잘하는 텟페이조차 "2학년 때와는 달리 좀 부끄러워요. 왜지?"라며 평소와 다른 모습을 보였다. 2학년 때는 격렬한 동작도 거침없었는데, 3학년이 되자 달라진 모습이었다. 즉 이미지에 따라 즉흥적으로 움직이는 것을 '부끄럽다', '유치하다'고 느끼고 있었다.

그래서 이미지는 일단 접어두고 운동 과제부터 시작하기로 했다 '움직임 지령카드'는 2~3인이 하나의 모둠을 이루어 체육관에 펼쳐진 카드를 뒤집어 즉흥적으로 움직이는 것이다. '전신의 힘을 빼고 축 늘어져 걷기 → 마침내 쓰러지기', '손을 잡고 고속회전! → 로켓발사!' 등이었다. 그리고 마음에 드는 3장의 카드를 골라 4가지 파괴를 궁리하면서 움직임을 조금씩 변화시켜 반복해서 하나의 구절(phrase)을 만들었다.

지금까지 부끄러워서 잘 움직이지 못했던 남학생들은 운동 과제를 차례차례 해나가는 사이에 점점 더 크게 움직이게 되었고, 표정도 부드러워졌다. 텟페이도 "이제 겨우 익숙해지기 시작했어. 슬슬 좀 움직여볼까!"라며 페이스를 찾아갔다. 즉흥댄스를 부끄러워하게 된 아이들에게는 운동 과제부터 시작하게 하면 창작댄스로 나아가기가 좀 더 쉬워지는 것 같았다. 그러나 유코는 "카드와 카드의 연결을 어떻게 하면 좋을지 모르겠어요. 아니 그보다는 역시 부끄러워요."라며 아직까지도 부끄러움을 완전히 떨쳐 내지 못했다.

2 주제와 음악 정하기

하고 싶은 테마가 비슷한 아이들끼리 모둠을 만들었다. 테마가 떠오르지 않는 경우에는 '희노애락' 중에서 한 가지를 고르게 했다. 그리고 생각나는 말을 가능한 많이 나누게 했다. 나아가 '처음 · 중간 · 끝'의 흐름으로 이미지 바구니 카드에 단어를 써넣었다. 교사가 테마별로 나누어보니 남자 세 모둠, 여자 두 모둠 그리고 남녀혼합 네 모둠이 만들어졌다. 3학년이 되어 처음 시도하는 남녀혼합모둠이었다. 다음으로 이미지가 테마에 어울리는 곡을 선곡했다. 팝이나 락도 좋지만, 카운트를 세며 추는 게 아니라는 것을 일러두었다. 텟페이는 남자 여섯 명인 '청춘' 모둠에 속해 있었다. 만남, 사랑, 이별이라는 이미지다. 유코는 남녀혼합 8명인 '분노' 모둠에 속해 있었는데, 이미지는 폭력, 싸움, 차별로 정해졌다.

3 움직임의 재료 찾기

'움직임 지령카드'로 학습한 것처럼 이미지에 맞는 몇 가지 움직임을 조금 변화시키고 반복하면서 몇 가지 구절을 만들었다. 움직임을 변화시키는 방법은 4가지 파괴를 생각하게 하는 것이었다. 작품의 '처음·중간·끝' 중에서 가장 표현하고 싶은 '중간'부터 만들기 시작했다. 그리고 '처음·끝'을 붙여 전체가 어느 정도 만들어지면 작품의 클라이맥스, 공간의 사용법, 무리 구성을 의식하면서 수정을 반복하게 했다.

모둠별 창작과정에서 '어떻게 움직이면 좋을지 모르는' 난관에 부딪힐 때는 움직임이 멈춰 버리지 않도록 창작의 초기 단계에서 모둠별로 발표 후 모두로부터 조언을 얻었다. 다른 모둠에서 얻은 '움직임의 재료'를 살려서 표현하고 싶은 주제가 관객들에게 전달되도록 작품 만들기를 시작한 것이다. 이때 모둠을 초월해 '움직임의 재료'를 찾게 함으로써 창작 의욕을 갖게 하고, 모둠별 창작활동과 대화활동의 활성화를 꾀할 수 있다.

'청춘' 모둠은 '연극 같으니까 좀 더 움직임을 표현했으면 좋겠어', '슬픔을 나타내는 움직임이 필요해', '넓은 범위로 뿔뿔이 들어가 흩어지면 좋을 것 같아'와 같은 조언을 얻었다. 또 '분노' 모둠에게는 '서로 손을 끌어당길 때 떨어졌다가 다시 다가가기도 하는 게 좋겠어', '빙글빙글 돌면서 뛰어다니면 어떨까', '웨이브를 살리면 좋을 거야'와 같은 구체적인 움직임의 재료가 주어졌다.

4 두 번의 서로 보여주기로 동작 가다듬기

발표는 '3배 과장해서 춤추기'로 했다. 손끝으로만 움직이지 말고 전신을 사용해서 온몸을 크게 움직일 것을 당부했다. 어중간한 움직임으로는 관중에게 전달하고 싶은 내용이 잘 전달되지 않기 때문이다. 2번에 걸쳐 서로 보여주기를 실시했

'청춘' 모둠의 아이들

는데 각각 다른 모둠끼리 실시했다. 조언방법은 2학년 때와 마찬가지로 종이를 사용했다. 영상을 보며 체크하기도 했다.

첫 번째 서로 보여주기를 통해서 '청춘' 모둠은 다음과 같은 조언을 들었다.

미도리(관객): 움직임이 많아 무엇을 전달하고 싶은지 알 수 있었어. 아이디어 최고야!

리 이(관객): 이전보다 '파괴' 동작이 많아지긴 했는데 리듬의 파괴가 좀 더 있으면 좋을 것 같아.

뎃 페 이: 리듬은 꽤 파괴했다고 생각하는데… 그보다 공간의 파괴가 좀 부족한 것 같아.

교사의 입장에서 보면 '청춘' 모둠은 충분히 리듬을 파괴했다고 생각했지만, 아이들의 조언에서는 '좀 더 시도해야 한다'는 엄한 평가가 내려졌다. 창작댄스 3년째가 되니 4가지 파괴에 관한 아이들의 안목이 높아졌던 것이다. 그 후 '청춘' 모둠은 어떻게 청춘다움을 표현할지에 대해 시행착오를 시작했다.

후 미 야: 전투 장면을 넣자. 싸움을 통해 청춘을 표현하자.

텟 페 이: 공간은 파괴됐지만 역시 연극 같지 않아? 창작댄스가 아닌 느낌.

코 지 로: 전투는 청춘이란 느낌이 안 들어. 별로지 않아?

그리고 두 번째 서로 보여주기에서는

미도리(관객): 움직임이 크고 격해서 좋아. 한 줄로 섰다가 막 뒤섞이기도 하고 모였다가 흩어지기도 하는 인간관계의 파괴가 대단해. 근데 청춘인지 전투인지 잘 모르겠어.

텟 페 이: 갈수록 청춘이라는 테마가 어렵게 느껴져. 그걸 움직임으로 표현하는 게 어려워.

게이스케: 격투에서 방향을 전환할까? 청춘의 새로운 출발이군.

5 유코의 첫 감동!

유　　　코: 지금까지 한 것 중에 제일 좋았어. 새로운 움직임도 넣었고! 즐거웠어!

첫 번째 보여주기에서 '분노' 모둠에 속한 유코의 감상이다. 남 앞에서 발표하고 '부끄러웠다'가 아 니라 '즐거웠다'고 처음으로 말해준 것이다. 단원 도입단계에서는 부끄 러움을 떨쳐 내지 못했던 유코였지  만, 모둠 친구들과 대화하면서 움직임을 만들어가는 동안에 창작댄스에 대한 저항이 옅어져 분노라는 격한 감정표현임에도 불구하고 점차 남 앞 에서 춤추는 것을 부끄러워하지 않게 되었다.

'분노' 모둠은 첫 번째 보여주기에서 다음과 같은 호평을 받았다.

게이코(관객): 웨이브나 4명이 서로 끌어당기는 움직임 등 이전보다 움직임이 많아졌어.

모에코(관객): 빙빙 돌 때 빠르기에 변화를 줘서 리듬의 파괴를 궁리 했네요.

마 리 에: 처음 영상을 보니 박력이 전혀 없었기 때문에 강약을 넣어서 열심히 했어요.

하지만 두 번째 보여주기에서는 엄중한 조언을 받기도 했다.

후미야(관객): 분노야?라는 생각이 드는 움직임이 있었어. 켄켄파(한 발로 두 발짝 뛰고 양발 착지하는 동작)로 움직이는 장면.

탐구와
대화의 전개

아·오·이: 이동을 어떻게 해야 할지 몰라서… 댄스는 생각하는
게 어려워.

유즈루(관객): 움직임이 적은 거 아냐? 끌어당기는 움직임밖에 없고
비슷한 움직임이 계속되니까 재미없어. 게다가 달리
는 것도 너무 많아.

유   코: 그리고 보니 이동은 달리는 동작뿐이네.

중간에 잠시 해이해지는 위기도 있었다. "훌라후프를 사용해봤는데 전혀 진행되지가 않았어요. 한 번도 맞추지 못했어요."(텟페이) "안 되겠어요, 연결 동작이 떠오르지 않아요. 분노를 담은 동작이 좋은데."(유코) 주제가 전달되도록 하려면 어떻게 하면 좋을지 벽에 부딪친 순간이었다. '청춘' 모둠은 다양한 움직임을 시도하고 있어 얼핏 보면 놀고 있는 것처럼 보였다. '분노' 모둠은 포즈 하나를 정하는 데 1시간이 걸릴 정도로 의논 시간이 길어져 움직임이 거의 없는 시간도 있었다.

6 문화제에서 얻은 성취감

7월 하순 중간 발표회를 거쳐 9월의 문화제에서 작품을 발표했다. 첫 시도였지만 아이들은 무대만으로는 좁다는 듯 관객 통로까지 뛰어다니며 관객들을 크게 흥분시켰다. 역시 실전! 무대에 모르면 아이들은 진지해졌다. 연기자의 얼굴로 바뀌는 것이다. 그리고 의상이나 조명(다른 모둠이 담당) 효과가 더해져 전달하고 싶은 테마를 한층 잘 표출할 수 있었다. 기나긴 창작의 고통을 넘어 많은 사람들 앞에서 발표하고 호평을 얻어 낸 아이

들의 성취감은 대단했다. 유코는 다음과 같이 소감을 밝혔다.

발표할 때 잘하는 다른 모둠이랑 자꾸 비교하게 되고 우리가 만든 댄스를
발표하기 싫다는 생각이 들었어요. 하지만 발표가 끝난 뒤에는 "아~발표
하길 잘했어."라는 생각이 들었어요. '우리 댄스의 좋은 점'을 발견할 수
있었어요.

2학년 때는 개인의 의견을 가능한 끌어내기 위해 남녀를 나눠 모둠을
구성했기 때문에 남학생 그룹의 움직임이 압도적으로 크고 격한 데 반해
여학생 그룹의 움직임은 작아서 눈에 잘 띄지 않았다. 그래서 3학년 때 처
음 시도한 남녀혼합 모둠에서는 여학생들의 움직임이 많이 변했다. "저희
모둠은 협력해서 하려는 사람들이 많아서 좋았어요. 어떤 의견을 내면 '좋
아!' 하고 의견을 받아주기도 하고 너무 좋아요."(유코) 이와 같이 '분노'
모둠은 남녀가 분열하지 않고 협력했다. 창작댄스가 서투른 유코는 친구
들과의 대화를 통해 점차 부끄러움을 떨치게 되었고, 남학생들의 다이내
믹한 움직임에 자극받아 문화제 무대에서도 전혀 뒤처지지 않았다. 그리
고 발표회를 끝내자 '자신을 표현하는' 즐거움을 배울 수 있었다. 남녀 학
생의 관계가 잘 형성되면 남녀혼합 모둠은 여학생들의 역동적인 움직임을
자극하는 효과가 있다는 것을 알게 되었다.

창작댄스를 잘하는 텟페이는 항상 즉흥적으로 움직임을 잘 만들었
다. 지금까지는 아무리 좋은 작품을 만들어도 '리듬의 파괴'에 대한 자기
평가에 대해서는 늘 엄했는데, 3학년 작품에서는 마침내 합격점을 만들어
냈다. 다음은 텟페이의 소감이다.

주제가 청춘이어서 힘들었어요. 4가지 파괴는 잘된 거 같은데 연극 같아서 창작댄스 맞나? 하고 생각하게 하는 부분도 있었고요. 전체적으로 통일감이 없는 작품이 되어 버린 것 같아 불안했어요. 본 무대에서 관객들의 박수가 터지고 '오~!' 하는 환성이 나와서 우리도 힘을 얻었어요. 진짜 즐거웠어요. 끝난 후에 맛보는 쾌감은 역시 짜릿했어요.

'4가지 파괴'에 집중하면서 즉흥표현부터 작품 만들기까지 쌓아온 3년의 시간. 마지막으로 아이들은 무대에서 큰 꽃을 피웠다.

우치야마 카오루(內山薫)

참고문헌

牛山眞貴子『ダンスの知』女子体育 vol.42 No7.8 2000 pp.61-64
村田芳子　編著『最新 楽しい　表現運動 ダンス』小学館 1996
村田芳子『いま表現運動 ダンスの授業が新しい』学校体育 vol.53 No.12 2000 pp.6-7
村田芳子『表現運動 ダンス 授業づくり Q&A』体育科教育 vol.48 No.10 2000 pp.14-17
村田芳子　川口啓　山本俊彦　五十嵐淳子 編『体ほぐしの運動　活動アイデア』教育出版　2001
内山薫 福井大学教育地域科学部附属中学校　研究紀要　第30·31号

3

다양한 배움을 육성하는 학년 프로젝트

1 / 적극적인 현장학습을 활용한 조사활동

1 본교의 학년 프로젝트에 대해

본교의 종합적인 학습인 학년 프로젝트의 특징은 같은 학년의 3개 학급이 3년 동안의 수업과정을 통해 만들어가는 것으로 8년 전부터 실천해오고 있다.

이러한 학년 프로젝트의 일환으로 1학년생은 후쿠이 현 전체를 다양한 분야에서 조사하고, 이를 전국에 자랑할 수 있도록 후쿠이의 매력을 찾아내서 자신들이 이해하는 것뿐만 아니라, 나아가 그 매력을 전국에 어필하기로 했다.

2 일정과 홍보방법에 대한 논의를 시작하다

아이들은 각자 관광 팸플릿(후쿠이 현에 관한 책), 지자체가 제공하는 자료 등 후쿠이 현에 관한 자료를 가져와서 그 중에서 후쿠이의 매력이 될 만한 것을 서로 찾기 시작했다.

그 후 각 학급 대표 15명으로 구성된 학년 프로젝트 실행위원회에서 그것들을 역사·자연 등으로 장르를 구분하고, 각자가 여름방학 동안 조사하기로 했다. 그 개인조사를 통해 후쿠이의 매력을 한 마디로 표현하는 문구를 넣은 전단지풍의 작품으로 완성하기로 한 것이다.

그리고 여름방학 전에 실행위원회는 2학기 이후 일정과 홍보방법에 대한 논의를 실시했다. 이에 다음과 같은 제안이 나왔다.

"여름방학 동안 개인조사에서 얻은 정보를 가져와 학급별로 홍보 문구를 생각하자."

"학급별로 조사내용에 따라 모둠을 나누고 9월 현장학습에서 구체적인 내용을 집약해서 조사를 했으면 좋겠다."

"홍보방법은 실제 설명하는 형식을 도입하는 게 좋겠어."

구체적인 예가 필요하다고 생각해서 전년도 1학년이 문화제에서 발표했던 무대발표의 모습에 대해 교사가 알려주었다. 여러 가지 논의 끝에 최종적으로는 모든 모둠이 교실전시와 포스터를 통해 후쿠이의 매력을 홍보하기로 했다.

3 모둠별로 후쿠이의 매력을 조사하자!

여름방학이 끝나고 아이들이 제
출한 전단지를 보니 견학이나 체험,
인터뷰 등 실제로 조사 대상과 장소
를 방문하여 직접 발로 뛰어 모은 자
료가 많이 게재되어 있기도 하고, 후
쿠이 현이 아닌 관광지에 가서 후쿠
이에 대해 물어본 설문지도 있었다.

개인별 발표 모습

9월 첫 학년 프로젝트에서는 각자 자신이 조사한 것을 발표하고, 자
신들이 발견한 후쿠이의 매력에 대해 이야기하기로 했다. 이 개인조사의
주제별로 모둠을 짜고, 문화제 발표에 맞춰 탐구활동을 진행하기로 했다.

4 사람들의 마음이 머무는 곳, 고향 후쿠이입니다

마키네 모둠은 '고향 후쿠이'의 매력을 조사하고 싶다고 생각해서 리
더인 마키를 중심으로 4명이 구성되었다.

마 키: 후쿠이 현은 전국적으로 유명한 것은 적지만, 다른 현에 뒤
　　　　지지 않는 역사를 느끼게 하는 것이 많다고 생각해.
쇼 타: 그런데 '향토 후쿠이'라고 해도 범위가 넓어서 무엇부터 조
　　　　사하면 좋을지 잘 모르겠어.
유 타: 인터넷으로 후쿠이에 대해 검색해도 이렇다 할 만한 게 없

고, 조사방법조차 찾을 수가 없어.

나오미: 후쿠이를 제대로 맛볼 수 있을 만한 관광지를 찾아보자. '미쿠니 마을 축제' 같은 건 안 될까?

마 키: 현장학습으로 미쿠니 마을에 가서 축제에 관한 자료랑 이야기를 듣고 오자.

이러한 논의 끝에 9월 10일 현장학습으로 후쿠이 현 미쿠니 마을의 향토역사자료관인 '류쇼관'을 방문하게 되었다. 이 현장학습 후 마키네 모둠은 다음과 같이 소감을 적었다.

후쿠이는 매우 유서가 깊다. 왜냐하면 고향을 생각하는 사람들의 마음이 상상 이상으로 강했기 때문이다. 예를 들면 류쇼관의 복원이다. 류쇼 초등학교였던 부지에 향토역사자료관을 세울 때 이 건물을 모티브로 하려는 사람들의 요구에 의해 이렇게 만들어졌다고 한다. 우리들은 이 이야기에 무엇보다 크게 감동받았고, 사람들의 생각과 마음이 있어야만 현재가 존재한다는 사실을 알게 되었다.

'류쇼관'은 메이지시대에 건설된 류쇼 초등학교를 그리워하는 마음에서 복원된 박물관이며, 이 모둠은 미쿠니 마을 축제 자료보다도 마을 재건에 관여한 사람들의 마음과 당시 힘들었던 이야기에 관심을 갖게 되었다.

미쿠니 마을 현장학습을 계기로 마키네 모둠은 '후쿠이는 고향을 생각하는 사람들의 마음이 매우 강한 지역이 아닐까?' 하는 생각을 하게 되었고, 이에 "사람들의 마음이 머무는 곳, 고향 후쿠이입니다"라는 문구를 설정했다.

5 포스터로 후쿠이의 매력을 알리자!

10월 문화제에서는 1시간이라
는 학년기획 발표시간을 이용해 모
든 모둠(12 모둠)이 포스터를 만들
었다. 6개 교실을 이용해 2·3학년
생과 학부모님을 대상으로 촌극이
나 방송 프로그램 형식, 모의수업
등 여러 가지 방법으로 학년 전원
이 표현활동에 참여할 수 있었다.

포스터 활동 모습

마키네 모둠도 '고향을 생각하는 사람들의 마음'을 홍보하려고 '미쿠니 마
을 축제'나 가츠야마 시의 '사기 마을 축제'를 준비하는 사람들의 노력이
나 지역 사람들의 축제에 대한 마음을 인터뷰 형식으로 발표했다.

또한 조사한 내용을 정리한 포스터나 발표활동에서 사용한 학습자료
를 학급에 전시하고 비디오로 촬영해온 포스터활동 모습도 각 전시회장에
서 상영했다.

2 / 조사활동에 이은 보고서의 작성

문화제 때까지 조사활동을 통해 새로이 발견한 후쿠이의 매력과 앞
으로 좀 더 조사하고 싶은 것, 새로운 의문점 등 이후 탐구활동의 실마리
가 될 만한 것을 모둠마다 보고서로 정리했다.

또 지금까지의 모둠별 연구 성과와 이후 활동의 방향성을 검토하기

위해 11월 12일에 연구보고회를 실시했다. 이 보고회에서 서로의 보고서를 읽고 알아낸 것과 다른 모둠에 대한 조언 등을 서로 보고함으로써 연구에 대한 반성과 이후의 활동방침을 검토할 때 기준이 될 만한 평가기준표를 정했다. 이를 바탕으로 이후의 활동방침을 생각하기로 한 것이다. 마키네 모둠은 향후 과제로 다음을 제시했다.

> 미쿠니 마을이나 가츠야마 시는 물론 후쿠이 시, 타케후 시, 레이난 등 조사범위를 넓히고 싶다. 더욱이 지금까지는 축제나 역사적 건축물만 조사했기 때문에 전통 · 예능 등 새로운 장르를 추가하고 싶다. 지금까지는 보고 듣는 조사였기 때문에 가능하면 전통예능이나 축제를 직접 체험하고 싶다.

이러한 반성을 통해 이듬해 3월 제2차 조사에서는 '에치젠만자이[7]', '바카바야시', '하나야마교우지' 같은 전통예능에 주목하고, 그 속에 담겨있는 '고향을 생각하는 사람들의 마음'을 찾아가자는 계획을 세웠다.

또한 다른 모둠의 반성을 봐도 아이들 스스로 전체적으로는 높은 평가를 하면서도 '좀 더 자세히 조사를 해야 한다', '독자적인 시점에서 후쿠이의 매력을 찾아가는 것이 필요하다'와 같은 내용의 반성을 하고 있었다. 아이들은 지금까지의 활동에서 스스로 문제점을 발견하고, 연구의 방향성 또한 스스로 결정하려고 하는 것을 알 수 있었다. 자신의 언어로 후쿠이의 매력을 표현할 수 있는 수준까지 탐구활동의 질을 좀 더 높여가는 것이 1학년 후반 학년 프로젝트의 구체적인 목표가 되었다.

---

[7] 지역 전통춤

1 현장학습을 한 번 더 하자

2학기말, 연구보고회에서 실시한 반성을 기초로 각 모둠별로 다음 학기 연구방침을 구체적으로 논의했다. 모둠별 주제의 수정이나 연구방법의 검토, 조사내용의 구체화 등 여러 과제를 스스로 찾아내고 해결을 위한 방법을 검토한 결과 한 번 더 현장학습을 나가기로 결정했다. 제1차 조사(9월 10일)부터 제2차 조사활동(3월 13일)까지 아이들의 배움의 변화에 대해서 앞서 언급한 마키네 모둠과 '후쿠이의 맛'에 대해 조사하고 있었던 에리코 모둠의 모습을 통해 알아보고자 한다.

2 에치젠만자이를 직접 춰보고 싶다

보고서를 통한 반성에서 '전통예능'을 중심으로 고향 후쿠이의 매력을 탐구해가자는 방향을 세웠던 마키네 모둠은 이 '에치젠만자이'를 조사해가는 과정에서 다음과 같이 말하고 있다.

"만자이(萬歲)라는 말에는 이 춤이 앞으로도 계속 이어졌으면 하는 바람이 담겨 있고, 이를 위해 타케후 시와 보존회가 총력을 기울이고 있는 게 아닐까?"
"우리가 이러한 전통무용을 배우는 것이야말로 후쿠이의 매력을 지키는 것이 아닐까?"

이런 점을 깨닫고 아이들 스스로가 '매력을 조사하는' 일에 보람을 느

현장학습의 모습

끼면서 활동을 진행하고 있었다. 그리고 3월말 최종 보고서에서는 다음과 같이 정리하고 있다.

우선 제1차 조사에서는 '고향을 생각하는 사람들의 마음'을 매력이라고 했는데, 이번에 이 점이 더욱 깊어졌다. 모두 '생각'뿐만 아니라 마음속에서 진심으로 '사랑하고' 있었다. '고향을 사랑하는 사람들'이 있어야 전통도 계속 이어지는 게 아닐까?

예를 들면 에치젠만자이를 잘 아시는 호리 류우키 선생께서 말씀하셨지만, "지금은 에치젠만자이를 출 줄 아는 사람은 불과 5명뿐입니다. 계승자가 줄고 있는 것도 문제입니다만, 관객도 줄어 피날레인 춤도 거의 볼 수 없게 되었지요." 이 말에 정말 큰 충격을 받았다. 아무리 '에치젠만자이'를 발족한다 해도 이대로라면 에치젠만자이가 종말을 고하는 건 시간문제일지 모른다.

마키네 모둠은 3월 현장학습에서 에치젠만자이 보존회를 방문해서 보존에 참여하고 있는 사람들의 이야기를 듣고 사용되는 도구 등을 확인하면서 실제로 에치젠만자이를 관람했다. 이를 통해 아이들은 에치젠만자이의 매력과 옛 전통을 지켜나가려는 사람들의 뜨거운 마음을 실감할 수 있었다. 그리고 에치젠만자이라는 전통무용뿐만 아니라 이것을 이어가려는 사람들의 마음 또한 후쿠이의 멋진 매력이라고 확신했던 것이다. 게다가 지금은 춤을 추는 사람도 줄어든 에치젠만자이를 자신들이 직접 추고 싶어져 2학년 문화제 발표를 목표로 배움에 도전하게 되었다.

3 직접 체험하며 깨달은 후쿠이의 맛

한편, 후쿠이의 맛에 대해 조사해온 에리코의 모둠도 마키의 모둠과 마찬가지로 '고향을 생각하는 사람들의 마음'을 후쿠이의 매력으로 꼽았다. 이 모둠은 9월 현장학습에서 다음과 같이 논의했다.

"후쿠이의 맛이라고 해도 생각나는 게 특산품밖에 없어."
"특산품 같은 유명한 것이 아니면 매력이라고 할 수 없을까?"
"후쿠이라면 게나 후쿠이 매실, 토란 같은 건 어떨까? 그리고 전국적으로 쌀도 맛있다고 들었어."
"그리고 보니 아빠가 술도 맛있는 게 많다고 하셨어."
"술은 역사도 꽤 오래됐을 거 같은데 여러 가지 조사할 수 있지 않을까?"

이와 같은 논의를 통해 마츠오카의 양조장을 방문해 10월 문화제 발표 후 평가회에서는 다음과 같은 소감을 썼다.

'후쿠이 지역의 술을 조사하면서 깨끗한 물과 같은 자연의 풍요로움이 없으면 맛있는 술을 만들 수 없다는 것을 알았어요. 후쿠이의 자연과 맛의 관계에 대해서 조사할 수 있었다고 생각해요.'

그래서 두 번째 현장학습(3월)에서는 '자연과 맛'이라는 주제로 '후쿠이의 향토요리'에 대해 좀 더 조사하고, 향토요리를 만들고 있는 집을 방문해 실제로 학교에서도 만들어보자는 계획을 세웠다. 그리고 최종 보고서에서는 '후쿠이의 맛의 매력'에 대해 이렇게 썼다.

붓카케[8]의 매력은 역시 맛있다는 것과 가다랑어와 우엉의 맛이 잘 배어 있고 간단하고 쉽게 만들 수 있으며 건강에 좋고 담백하다는 것이다. 그리고 역시 추울 때 뜨거운 붓카케를 먹는 것도 매력이다. 술을 마신 뒤 입가심으로 즐겨 먹고 있다. 선조들이 가난한 생활 속에서 고안해 낸 맛을 이어가고 있다. 그리고 월 1회는 각 가정에서 만들고 있다는 것도 매력이다. 치마키[9]의 매력은 맛이 소박하다는 것이다. 이 때문에 대나무 향기를 자아내는 콩가루 등에 찍어 먹어도 맛있지만, 그냥 먹어도 맛있다. 예전부터 체력회복을 위해 만들어 먹었다. 이것도 매력이다. 정진요리(불교요리)의 매력은 생명을 소중히 하고 재료를 쓸모없이 사용하지 않고 시간을 들여 만드는 것이 매력이다. 또 '喜心', '老心', '大心'의 3가지 마음을 담아 만드는 것도 매력이다.

아이들은 향토요리를 만들어 낸 후쿠이의 풍토나 요리를 계승해온 사람들의 마음 그리고 그 요리를 실제로 만들어 먹은 후 자신들의 느낌 등을 생생하게 기술했다. 이 모둠도 11월 연구보고회에서 자기 평가나 다른 모둠의 조언을 바탕으로 그때까지의 배움에 대한 반성을 통해 스스로 과제를 발견하고 친구들과의 협력을 통해 한 가지 과제를 탐구해온 성과가 드러난 것이다. 또 이 모둠의 리더인 에리코는 향토요리를 조사하며 다음과 같은 소감을 썼다.

소박한 맛이지만 붓카케에 담겨 있는, 손님을 대접하려는 정성 가득한 마음이 전해졌다. 직접 이야기를 들음으로써 이 요리가 앞으로도 이어지기

---

8 우동의 한 종류로 차게 해서 소스로 비벼 먹음
9 떡의 한 종류

를 바라는 만드는 이의 마음을 온몸으로 느낄 수 있었다.

에리코도 마키와 마찬가지로 '요리'와 '예능'이라는 차이는 있지만, '고향을 생각하는 사람들의 마음'에 이끌렸고, 이를 후쿠이의 매력으로 느끼고 있다는 것을 알 수 있었다. 이 '후쿠이의 맛' 모둠의 최종 보고서는 2학년 마키의 탐구활동에 큰 영향을 미치게 되었다.

3/ 또 다른 탐구의 잉태

1 나만의 탐구활동을 해보고 싶다!

2학년이 되자 학급 교체도 있고, 1학년에서 학급별로 주제를 정해 실시해오던 학년 프로젝트 활동도 새로운 국면을 맞이하게 되었다. 학년 주제에 대한 각자의 흥미와 관심이 높아졌고, 탐구형태도 더욱 다양해졌다. 예를 들면 실제 후쿠이의 매력을 알리고 싶다, 1학년 때보다 전문적인 것을 조사하고 싶다, 다른 모둠의 보고서를 읽고 개인 주제를 바꾸고 싶다 등등 이후 아이들의 탐구활동은 더욱 심화되었다.

그래서 9월 문화제를 목표로 5월에 각 학급 대표 18명에 의한 실행위원회가 구성되었고, 이후의 방향에 대해 논의했다. 우선 홍보방법에 관한 탐구활동을 하지 않았기 때문에 문화제에서는 전교생을 대상으로 후쿠이의 매력을 알리고 싶다는 의견이 많아 지금까지의 연구 성과를 알리는 '홍보 모둠'과 실제로 후쿠이 현의 지자체가 어떤 방법으로 홍보하고 있는지를 조사하는 '행정 모둠'으로 나누기로 했다.

탐구와
대화의 전개

또한 '좀 더 자세하게 매력을 조사한 뒤 알릴 방법을 생각해야 한다', '좀 더 조사활동을 하고 싶다'와 같은 의견도 많았기 때문에 '조사 모둠'도 설정하기로 했다.

2 향토요리에는 어떤 생각이 담겨 있는 걸까?

문화제를 위한 활동은 1학년 때 최종 보고서에서 흥미를 느꼈던 조사내용을 한 사람 한 사람이 선택하는 것부터 시작되었다. 예를 들면 1학년 때 '고향 후쿠이'를 조사했던 마키는 '고향을 생각하는 사람들의 마음'을 후쿠이의 매력으로 꼽았고, 2학년 때도 역시 비슷한 주제로 탐구활동을 하고 싶다고 했다. 그래서 최종 보고서 중에서 마키가 주목한 것은 '향토요리'를 조사했던 에리코 모둠의 활동이다.

마키는 에리코 모둠의 최종 보고서를 읽고, 다음과 같은 생각을 하게 되었다.

후쿠이의 향토요리에도 계승해온 사람들의 마음이 강하게 담겨 있다는 것을 알게 되었고, 지금까지 만들어오고 있는 분들의 말을 직접 들어보고 또 만들어보고 싶다.

이런 이유로 2학년 활동을 '후쿠이의 향토요리'로 정하고 조사내용을 요리체험이라는 형태로 다른 사람들에게 알리겠다고 생각하게 되었다.

그래서 여름방학을 이용해 개인조사를 하고, 이를 1학년 때와 마찬가지로 9월 이후의 모둠활동에서 자료로 활용하려고 했다. 마키도 후쿠이의 향토요리인 '봇카케'에 대해 독자적으로 조사활동을 했다. 1년 중 언제 먹는지, 지역에 따라 재료가 다른지 등 자신의 관점에서 조사를 실시했다. 이 개인조사 결과 향토요리에 대해 다음과 같은 생각을 갖게 되었다.

> 향토요리를 지켜나가기에 어려운 점은 시대나 연령에 따라 맛의 취향이 달라지기 때문에 아무래도 시대에 맞게 맛을 개발해가야 한다는 것이다. 향토요리를 지켜가려면 예로부터 전해져온 맛을 이어가는 것도 중요하지만, 현 시대에 맞는 조리법을 고안하는 것도 놓치지 말아야 한다.

실제로 '봇카케'를 지금까지 만들고 있는 사람들도 아이들의 조사활동과정에서 "전통 그대로의 봇카케보다 조금씩 바뀌어가는 형태로 전해졌으면 한다."라고 대답했다. 마키는 여름방학 중 직접 봇카케를 만들었고, 전통 조리법대로 만든 것과 현대풍 재료를 사용한 봇카케 등 다양한 연구를 시도했다. 이러한 조사활동을 살려 마키는 문화제에서 전통 '봇카케' 뿐만 아니라 중학생의 입맛에 맞춘 재료로 조리체험을 함으로써 '봇카케'가 갖는 다양한 매력을 알리기 위한 계획을 세웠다.

3 홍보방법은 다양하다

9월 27일, 28일 이틀간, 홍보 · 조사 · 행정 3개 모둠의 발표가 있었다. 조사와 행정 모둠은 여름방학 개인조사와 9월 현장학습 내용을 포스터 · 모형 · 실물로 교실에 전시했다. 특히 홍보 모둠은 비디오와 홈페이지를 통해 내용을 알리고 에치젠와시(에치젠 지역의 전통 종이)의 제작체험,

봇카케·메밀국수 조리체험, 에치젠만
자이·미쿠니부시·이케다오이와케(전
통 예능)를 무대에서 실제로 공연하는
등 2학년 학년 프로젝트 발표의 중심
활동이 되었다.

조리체험에서 '봇카케' 조리법과
그 매력을 실감했던 마키는 예로부터
전해져온 전통적인 맛이 현재 중학생
들에게도 받아들여진 사실이 너무나
기뻤다. 또 조리체험 모둠이 제안한
현대풍 맛과 재료를 사용한 '봇카케'
도 큰 호평을 받으며 문화제 평가시간
에 다음과 같이 기술했다.

교실전시의 모습

메밀국수 만들기 체험

> 고향의 매력을 지켜나가려면 옛 전
> 통을 보존하는 것도 중요하지만 시
> 대나 환경에 맞춰 새로운 변화를 더
> 한 것까지 홍보하는 것이 중요하다.
> 또 마키는 에치젠만자이의 홍보에
> 참여했고, 긴 가사를 외웠으며, 실제
> 로 에치젠만자이 공연에도 참가했

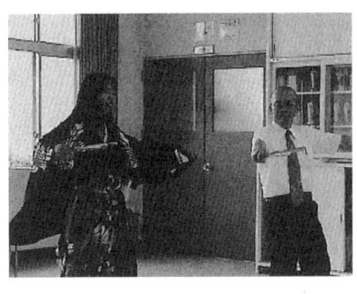

에치젠만자이를 공연하는 모습

다. 에치젠만자이 연습 중 보존회 선생님의 열정적인 지도 모습에 감동받
아 전통을 지키고 전수하고 싶은 마음이 강해졌다. 또 독특한 말과 움직임
을 터득하는 것이 아주 힘들다는 것, 따라서 전통예능을 지켜나가는 것이

얼마나 어려운지를 실감할 수 있었다.

4 수학여행으로 이어지다

9월의 문화제 활동은 1학년부터 2학년 1학기까지의 조사중심의 활동을 통해 '후쿠이의 매력을 어떻게 홍보하면 관객에게 효과적으로 전달할 수 있을까'라는 주제로 홍보방법을 주로 고려한 활동이었다. 앞으로는 3월 수학여행에 맞춰 무엇을 어떤 방법으로 홍보할지 학년 전체가 생각할 예정이었다. 우선 지금까지의 조사로 판명된 후쿠이의 여러 가지 매력을 몇 가지로 모아서 행정 모둠이나 홍보 모둠의 연구 성과를 살려 홍보방법을 검토해갈 것이다.

문화제 후에 지금까지의 활동을 평가하면서 에치젠만자이를 공연한 모둠은 수학여행에서도 실제로 공연하겠다는 강한 의욕을 보였다. 특히 리더격인 마키는 전통적으로 전해져 내려온 대사를 사용한 옛 형태 그대로 알릴 것을 고집했다. 그러나 '봇카케'를 비롯한 향토요리 연구를 거치면서 시대나 환경에 맞춰 변화를 시도하면서 알리는 것이 전통의 매력을 계속해서 이어나가기 위해 더 효과적인 방법이라는 걸 깨닫고 현대풍 대사를 도입한 만자이를 공연함으로써 후쿠이의 매력을 다른 현 사람들에게 재미있고 알기 쉽게 전달하고 싶다는 의지를 갖게 되었다.

나가타 카호(永田 賀保)

4

교과의 배움과 어우러진 연극활동

1 / 연극이라는 스토리

1 선배들의 모습을 지켜보며

본교의 학급연극은 문화제 첫날에 두 학급, 이튿날 한 학급의 공연으로 이루어진다. 공연을 마친 후에는 커튼콜이 있고 배우와 스텝, 마지막으로 각본, 연출, 조감독, 감독이 등장한다.

학급별 연극의 한 장면

무사히 연극을 마쳤다는 감동에 3학년 아이들은 눈물바다를 이루기 일쑤다. 배우, 스텝 전원의 "감사합니다!" 하는 인사와 함께 무대의 막이 내려가지만, 막 뒤에서는 아이들의 만세 소리가 끝없이 들려오곤 한다.

이 모습을 가만히 지켜보고 있는 것이 2학년이다. "선배들은 왜 저렇게 감동하는 걸까?", "분명 좋은 연극이고 감동도 받겠지만 너무 소란스러운 거 아냐?" 지켜보던 2학년 아이들의 얼굴에는 커다란 물음표가 그려진다.

또 다른 학급의 커튼 콜 그리고 이틀째 마지막 학급의 커튼콜에 이어 문화제 뒷정리도 끝나고 각자 학급으로 돌아간 2학년 교실에서는 이런 속삭임이 들려온다. "다음은 우리 차례야!"

2 어떤 원작으로 할까

그렇다 해도 바로 연극을 시작할 수 있는 건 아니다. 2학년은 수학여행 준비로 바쁘다. 또 다른 커다란 창작활동인 음악드라마 만들기도 있다. 그러나 아이들 중에는 이미 "연극에서 난 뭘 할까?", "어떤 연극을 할까?"라는 마음이 분명 자라나고 있다.

3학년이 되어 드디어 본격적으로 연극을 준비하기 시작한다. 우선 정하는 것은 연극의 제재다. 소설을 바탕으로 각본을 만드는 학급이 많다. "어떤 주제로 할까?", "등장인물은 몇 명 정도로 할까?", "무대는 외국이 좋을까?" 이런 것들에 관해 학급 전체가 의논한 후 선정위원이 실제로 후보작을 선정하는 식이다.

줄거리, 주제, 등장인물, 볼거리 등을 담은 프린트를 선정위원이 만들고, 학급 전체가 각본 선정회를 실시한다. 물론 한 번에 결정되는 일은 드물며 몇 번에 걸쳐 반복되곤 한다. 거의 결정될 뻔했던 작품이 마지막에 바뀌기도 하고, 선정위원 사이에서는 좋은 평가를 받은 작품이 다른 아이들에게는 평가받지 못하기도 하는 등 선정위원과 다른 아이들 사이에 팽팽한 긴장감이 흐르는 것도 바로 이때다. 그러나 연극 전 과정을 놓고 보면 이 단계에서의 대립은 대수로운 게 아니며, 작품은 얼마 후 곧 결정된다.

3 대본은 어려워

6월, 이즈음이면 연극의 주요 세 역할, 즉 연출, 조감독, 감독이 결정된다. 각본은 이 주요 3역에는 포함되지 않지만, 커튼콜에서 연출 앞에 등장하는 것으로도 알 수 있듯이 매우 중요한 역할이다.

주요 3역의 일은 학급에 따라 크게 다르다. 감독, 조감독은 운영을 철저히 하고 내용은 연출과 각본이 담당하는 학급도 있고, 감독이 내용에 깊게 관여하는 학급도 있다.

연극의 공연시간은 1시간이다. 선정한 소설의 스토리를 그대로 각본화하면 가볍게 공연시간을 초과한다. 또 시점이 고정된 영화와 달리 소설의 인물을 모두 무대에 등장시킬 경우 관객이 스토리를 제대로 파악할 수 없게 된다. 따라서 자신들의 연극 주제가 무엇인지 확실히 파악한 후에 대본을 써야만 한다. 여기에 대본을 담당하는 아이들의 고통이 따른다.

대본이 완성되지 않으면 배우도 스텝도 정해지지 않는다. 그런 아이들의 목소리를 뒤로 하고 간신히 1차 원고가 완성되는 게 7월 중순경이다. 학급 전원에게 처음으로 나눠진 대본을 모두가 진지하게 읽는다. 머릿속으로 무대 이미지를 만들어가면서 읽는 것이다.

고통 끝에 완성된 1차 대본이 칭찬받는 경우는 거의 드물다. '이걸로는 주제가 뭔지 알 수가 없다', '스토리를 이해하기가 어려워', '어떤 인물의 심정으로 읽어야 할지 모르겠다' 등등 직설적인 아이들의 소감이 이어진다. 그렇다 해도 분위기가 험악해지지 않는 이유는 아이들 모두의 마음속에 더 좋은 연극을 만들고 싶은 바람이 있기 때문이다.

4 중심 장면을 만들자

고칠 점이 많다곤 해도 1차 원고가 완성되면 본격적으로 연극이 시작된다. 연출이 인물들의 이미지를 발표하면 희망자가 차례로 입후보하고, 입후보가 많은 역은 오디션을 실시한다.

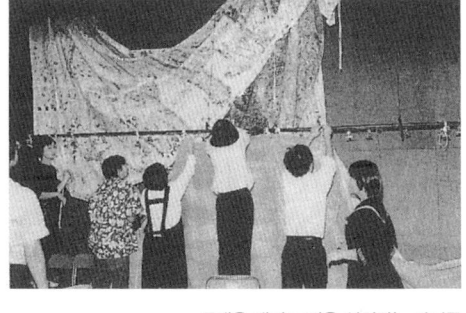

무대용 배경 그림을 설치하는 아이들

스텝 리더도 결정한다. 리더는 이번에는 '어떤 의상이 필요할까?', '어떤 분장을 할까?', '어떤 도구가 필요할까?', '조명은 어떻게 할까?', '어떤 음향이 필요할까?'라는 시점에서 대본을 읽어간다.

그들은 그저 대본을 충실히 재현하면 좋다거나 단순히 연출의 지시를 기다리자는 식으로 수동적으로 생각하지 않는다. 도구, 의상, 조명, 음향, 각자 자신들의 주요 장면을 생각하면서 그것도 단순히 화려한 볼거리가 아니라 연극 주제에 맞는 표현을 목표로 한다.

그렇게 되면 대본에 대한 의문이나 주문도 대충할 순 없다. '여긴 어떻게 할까?', '저긴 이상하니까 고쳐야지', '저런 건 절대 못하니까 어떻게 좀 해줘.'라며 리더뿐 아니라 각 분야에서 모두가 지혜를 짜내고 의견을 모이면서 여름방학 직전까지 대본을 계속 수정해간다.

여름방학, 실제로 작업이 진행이 되면서 대본에 주문만 하는 게 아니라 역으로 도움을 받기도 한다. 예를 들면, 한 학급이 공연한 〈여름 정원〉이라는 연극은 의상을 담당한 아이들이 극중 인물인 할아버지의 심경 변화를 표현하기 위해 잠방이[10] 차림에서 유카타[11] 차림으로 의상의 변화를 생각해 냈다. 다른 사람의 눈은 신경 쓰지 않는다는 심경을 잠방이 차림으로 표현하고, 아이들을 위해서라도 멋진 모습을 하자는 마음은 유카타를 입은 모습으로 표현하려고 한 것이다.

한편, 소품을 담당하는 아이들은 무대를 대량의 풀이나 쓰레기로 가득한 정원에서 코스모스가 흐드러지게 핀 정원으로 변화시킴으로써 마찬가지로 할아버지의 심경 변화를 시각적으로 표현하려고 했다. 이러한 연출상의 아이디어 덕분에 자잘한 설명적인 대사가 필요 없어졌고, 동시에 연극의 주제도 분명해졌다.

5 서로 협동하며 만들어가는 연극

9월 초 체육대회가 끝나면 연극을 위한 무대가 설치된다. 공연 당일과 같은 무대에서 연습이 시작된다. 처음에는 배우 중심이지만, 소품을 실제로 올려보기도 하고 조명을 실제로 비춰보기도 하면서 스텝도 연습한

---

[10] 가랑이가 무릎까지 내려오도록 짧게 만든 홑바지.
[11] 목욕을 한 뒤 또는 여름철에 입는 무명 홑옷.

다. 의상이나 소품을 담당한 아이들도 의상 교체나 소품 이동 등으로 무대 연습 중 상당히 바쁘게 움직인다. 게다가 끝나면 소품이나 막, 의상 등의 수정을 해야 하므로 결국 쉬지도 못하고 작업이 계속된다.

무대 연습 장면을 찍은 비디오를 보면서 의견을 교환하는 배우나 주요 3역의 수정이나 추가 요구가 있을 때마다 소품, 의상 담당 팀장의 표정이 굳어지는 것이 이때다. "우리는 할 일이 많아. 다른 사람에게 부탁해."라는 말을 듣고 배우들이 나서서 일을 도와주는 것도 해마다 볼 수 있는 광경이다.

그러나 이것은 생각지 못한 효과를 가져온다. 때마침 자신들의 연기가 잘 풀리지 않고 "아무리 해도 잘 안 돼. 우리가 제일 힘들어."라고 느낄 때인 것이다. 그런데 서로 작업을 도우면서 배우가 스텝과 함께 한 번 더 연극에 대해 의견을 나누게 되고, 이를 통해 다함께 연극을 만들어간다는 것을 확인할 수 있게 된다.

<u>6</u> 감동적인 장면을 만들고 싶다

이 무렵 주요 3역도 힘들어한다. 거의 공연 당일과 같은 리허설이 공연 5일 정도 전에 끝나고 나면 여러 가지 문제점이 지적된다. 그러나 고치면 그만인 이런 문제는 대수로운 게 아니다. 진짜 문제는 주요 3역이 자신들의 연극에 대해 자신감을 갖지 못하는 것이다. 구체적으로 당장 뭔가 할 일이 있는 스텝이나 배우와 달리 정신적인 중압감에 시달리는 것이다. "각본이 원래 나빴던 건 아닐까?", "모든 걸 처음부터 다시 만들면?" 하는 극단적인 생각마저 하게 되는 주요 3역을 지지해주는 일이야말로 학급 담임의 중요한 역할이다.

'다시 만들고 싶은 한 가지'가 있다면 그 한 가지에 집중하지 않으면 안 된다. 이상한 일이지만 그것은 언제나, 클라이맥스 또는 마지막 장면이다. 다음은 좀 전에도 소개한 〈여름 정원〉의 클라이맥스 장면 검토에 대한 아이들의 평가다.

> 노인이 죽는 장면은 여러 번 대본 담당과 이야기했어요. 아무래도 납득이 가지 않는 것은 우리 배우뿐만 아니라 대본 담당도 같았어요. 소설은 여러 번 읽어도 눈물이 나는데 연극에서는 어쩐지 차가운 공기가 느껴져요. 제가 생각하기로는 우리가 '죽음'에 직면한 적이 없는데다 연기하는 배우들의 머릿속에는 '노인은 이미 죽었다'는 생각 때문에 연기가 자연스럽지 못했다고 생각해요.
> 공연 전날 대본을 바꾸는 일은 가능하면 피하고 싶은 게 대본 또는 배우의 의견이었지만, 장면을 납득할 수 없다는 사실에는 변함이 없어 대본 담당에 무리하게 부탁해서 대사를 바꾸게 되었어요.
> 감독과도 여러 번 이야기했어요. 그 때마다 '자신의 소중한 사람이 죽는다'고 가정하고 '죽음'에 대해 이야기했어요. 지금도 그 전날 여자애 몇 명이 모여 '죽음'에 대해 이야기했던 걸 기억하고 있어요.

연극을 조금이라도 더 설득력 있게 만들고 싶다는 열정이 느껴졌다. 이 감상은 졸업을 며칠 앞두고 쓴 것이지만, 마지막까지도 연극에 대해 철저하게 고민하고 어려움을 서로 나누려고 했던 경험은 아이들의 가슴에 언제까지나 남아 있을 것이다.

7 감동의 커튼콜

드디어 공연 당일, 배우도 스텝도 힘이 들어간다. 준비시간은 1시간, 막을 내리고 소품을 옮기고, 의상을 입고 분장을 하고, 음향과 조명을 최종 점검한다. 감독이 마지막 지시를 하고, 연출도 최종 점검. 막이 오르면 더 이상 지시는 할 수 없다. 따라서 마지막까지 꼼꼼히 해두지 않으면 안 되는 것이다.

10분 전에 체육관 문이 열리고 후배들, 학부모와 형제자매, 졸업한 선배들도 한꺼번에 입장한다. "우리들의 연극은 어떻게 보일까?", "아니 이젠 어쩔 수 없어…"와 같은 생각이 점점 커진다. 그리고 마침내 공연 시작 벨이 울린다.

공연이 시작되면 주요 3역은 더 이상 아무것도 할 수 없다. 소품팀을 돕고, 연기를 끝낸 친구들에게 작게 박수를 보내는 게 전부다.

괜찮아, 관객도 배우들의 연기에 빨려들어갔다.

전날까지 그렇게도 싸워야 했던 고비마저 무사히 넘어가고 드디어 엔딩. 그리고 이어지는 커튼콜. 막이 내린다. "만세, 만세!!" 꽃다발을 든 채 모두들 울고 있다. 1년 전에는 직접 볼 수 없었던 막 건너편의 풍경. "선배들도 작년에 분명 이런 심정으로 울고 있었던 거야." 아이들은 그렇게 느끼면서 이 막이 영원히 올라가지 않길 바라는 짜릿하고 벅찬 감동의 순간을 경험한다.

2/ 여러 가지 스토리가 서로 얽히도록

지금까지 본교의 전통적인 연극활동에 대해 이야기했다. 여기서 다시 생각해봤으면 하는 것은 1부에서 다루었던 국어과의 실천이다(60쪽).

> 조지: 선생님, 연극 대본은 어떻게 쓰면 돼요?
> 교사: 벌써 쓰기 시작했니?
> 조지: 대사를 고르고 있는 중인데요. 원작대로 담담하게 이야기를 하는 것만으로는 재미가 없을 것 같아서요…
> 교사: 그렇지. 원작을 단지 베껴 쓰는 게 아니라 각각의 장면이 왜 필요한지를 잘 생각해두면 좋겠지. 다만 그걸 학급 전원이 납득한 다음부터 작업하면 대본을 쓸 수 없을 테고…
> 조지: 그니까요.

이 대화를 나눴을 때 조지의 고민을 이해할 수 있었던 것은 교사 자신이 과거 아이들과 함께 연극을 만들었던 경험이 있기 때문이었다. 게다가 국어과 교사로서 조지의 연극을 어떤 형태로든 지원하고 싶고, 함께 참여하고 싶다고 생각했다. 이것이 1부의 실천이다.

연극활동이 성립하려면 이러한 교과의 배움과 앞장에서 말한 종합적인 배움이 자리하고 있어야 한다.

그리고 연극에 초점을 두면 '배경'이 되는 교과학습도 교과에서 보면 연극활동이라는 배경을 갖게 된다. 우리 학교는 아이들이 이런 식으로 얽히고설킨 여러 가지 스토리 속을 동시에 살아갈 것을 목표로 하고 있다.

우리는 1시간 수업을 생각할 때도 배후에 존재하는 그러한 여러 가지 스토리들을 간파하면서 수업을 디자인해간다. '핵이 되는 배움'을 중심으로 한, 3년간의 교과 교육과정도 이러한 운영 속에서 여러 가지 스토리들이 서로서로 영향을 주고받도록 디자인해가는 것이다.

한 아이의 스토리가, 또는 아이들끼리 각각의 스토리가 서로 영향을 주고받을 수 있으려면 스토리가 교사의 머릿속에만 존재해서는 안 된다. 따라서 아이들 스스로가 주체적으로 스토리를 '이어가는' 장을 디자인해야 한다. 아이들 스스로가 '연결한' 스토리가 복잡하게 서로 얽히면서 교육과정으로 쌓여간다. 바로 이것이 우리가 생각하는 교육과정의 디자인이다. 1부, 2부의 실천을 통해 우리의 이러한 생각이 조금이라도 드러났으면 하는 바람이다.

타카마 하루히코(高間 春彦)

참고문헌

福井大学教育地域科学部附属中学校　『探究するネットワーク研究』紀要31号 2003

福井大学教育地域科学部附属中学校 『学びをネットワークする研究』紀要29, 28号 2001, 2000

湯本香樹実『夏の庭-the friends-』ベネッセ　新潮文庫 1992

탐구와 대화는 아이들 개인의 생각과 흥미, 관심에서 시작해 이를 기초로 해서 모둠이나 학급 전체의 주제로 확장되어 구상된다. 그 구상을 토대로 구체적으로 수행되며, 그 과정에서 자기평가와 상호평가에 따른 성찰을 거쳐 다음의 발상으로 연결되어가는 것이다. 여기에서는 이런 식으로 한 사람한 사람의 배움의 전개가 협력하는 프로젝트로서 장기간에 걸쳐 크고 역동적으로 전개되어 탐구하는 공동체가 만들어지는 실천을 다루어왔다.

모둠과 모둠 전체에 공통주제를 설정했던 프로젝트 활동은 개인의 탐구 스토리가 상호 대화에 따라복수의 스토리로 협력해 이어진다. 아이들이 생활에 필요한 물건을 구상해서 자신들이 생활하는 학교 곳곳에 만들어 내는 프로젝트 활동은 점점 새로운 제작 아이디어를 더해갔다.

신체표현의 경직성과 벽을 깨는 '네 가지 무너뜨리기'에 기초한 즉흥표현을 시작으로 3년에 걸쳐 모둠에서 서로 조언해주면서 신체표현은 점점 부드러워지고 상대방에게 풍부한 내용을 전해줄 수 있게 되었다. 그리고 마침내 자기표현의 절정이라고 할 수 있는 창작댄스를 만들어갔다.

학년 프로젝트로 수행되는 종합학습은 학년 공통의 주제를 설정하고 이를 조사 · 탐구하며 성찰해간다. 그리고 이것 역시 다음에 이어질 과제를 계속해서 만들어가는 활동으로 이어지는 것이다. 후쿠이 지역을 알리는 이번 주제는 아이들이 지금껏 알고 있던 내용들을 새롭게 바라볼 수 있게 해준 주제가 되었다.

3학년 학생들의 연극공연은 학급별로 기획하는 프로젝트인데 가을에 발표회를 통해 선후배 간 학년을 넘어 모두에게 큰 감동을 주었다. 이 프로젝트는 국어 수업과도 연계하고 연출, 조감독, 감독 세사람의 역할을 중심으로 학급 전체가 의견을 모아서 만들어간 것이다. 한 사람 한 사람의 이야기가서로 얽히고설킴으로써 만들어지는 수업 디자인, 아이들은 깊이 있는 논의를 거쳐 마침내 개연성 있는 이야기 구조를 완성해 냈다.

협동하면서 전개해가는 프로젝트에는 당연히 탐구의 사이클이 생겨나고 발전적 단계의 과정이 보인다. 동시에 여러 교과에서 배운 것도 연결지어가면서 아이들의 탐구 스토리는 새롭게 전개된다. 협동 프로젝트에서는 개인적인 탐구 수준을 뛰어넘어 여러 가지 새로운 탐구 대상과 스토리가 생겨난다. 한 시간의 짧은 탐구가 아닌 적어도 단원을 단위로 한 좀 더 긴 호흡의 탐구에서 출발할 때 3년이라는 장기적인 탐구와 대화를 통해 중학교 3년의 교육과정이 창조되는 것이다.

모리 토루(森 透)

5장

탐구하는 공동체의 디자인

이제부터 탐구의 전개를 지원하는 대화의 편성과 프로젝트의 중층적인 구성 그리고 탐구하는 공동체와 학교문화가 다져지는 과정에 대해 살펴볼 것이다. 본교는 오랜 시간 커뮤니케이션, 즉 대화에 의해 뜻이 통하는 목적을 가진 공동체인 '탐구하는 공동체'를 구축하기 위해 노력해왔다. 여기에서는 탐구하는 공동체의 디자인에 관해 밝히고, 나아가 학교문화를 이루고 발전시켜가는 시도를 통해 탐구하는 공동체의 실체를 좀 더 명확히 밝히려 한다.

1

대화와 탐구의 디자인

1 / 탐구하는 공동체를 위한 모둠 편성

모둠을 편성함에 있어 기본적으로 고려해야 할 과제는 어느 정도의 규모와 질을 선택할 것인지다. 탐구가 전개됨에 따라 한 사람 한 사람의 의견과 생각이 충분히 반영될 수 있도록, 둘 또는 4~5명 규모의 모둠 편성을 적극적으로 활용하고 있다.

모둠활동 중인 아이들

둘 사이의 대화를 일상적으로 활용하고 있는 것은 2부 3장에서 소개했던 영어 수업이다. 상대를 바꿔가면서 가능한 회화의 기회를 많이 갖게 하고 있다. 그 외에도 국어나 수학 등에서 자신의 아이디어를 부담 없이 공유하는 장면 등에서 주변 사람들과의 대화를 장려하고 있다.

목적을 가진 활동에서는 모둠활동이 주로 채택되고 있다. 본교에서는 모둠의 질은 균등하게 하는 경우가 많다. 자주 활용되는 것은 소위 생활반이다. 생활반이란 학급 내의 역할을 함께 수행하기 위해 만들어진 집단으로, 자질이나 능력은 무관하게 편성된다. 경험이 고르지 않은 편이 대화를 이끌어 내기에 쉽다. 또한 다음에 누구와 모둠활동을 하게 되더라도 동일하게 활동할 수 있기를 바라는 것이다. 1부의 수학이나 과학과의 실천, 2부의 사회·기술 등에서 모둠을 만들어서 그 안에서 과제를 설정하고 탐구해가는 실천은 대개 생활반 단위로 이루어진 것이다.

과제가 미리 명확하게 몇 가지로 설정되어 있는 경우에는 아이들 각자가 흥미나 관심에 따라 모둠을 짜기도 한다. 2부 1장에 소개된 높이뛰기에 관한 체육과의 실천에서는 이처럼 스스로 모둠을 선택하도록 했다. 2부 2장의 '식생활'을 탐구하는 가정과에서도 서로의 대화에 의해 좁혀진 10개의 '식(食)' 중 각각의 내용에 흥미를 가진 아이들끼리 모여서 모둠을 편성했다. 2부 3장의 미술과에서는 미술관 감상 후에 아이들이 탐구해보기로 결정한 작가별로 모둠을 편성했다.

이와 같이 과제를 먼저 선택하고 모둠을 편성할 경우 같은 흥미를 공유한다는 전제하에 처음부터 비슷한 탐구 동기가 있고, 관심을 보이는 사람들이 모이게 된다. 인원수의 조정이 필요하거나 만약 한 명만 남게 되었을 경우에도 모둠을 만들 수 있도록 배려가 필요하다. 어떤 과제를 선택하든 탐구가 가능한지 여부가 가장 중요한 조건이 된다.

생활반이든 선택이든 어떻게 모둠을 편성하든 탐구의 내용과 상황을 끝까지 지켜보고 선택해나가는 유연성은 탐구하는 공동체를 디자인하는 데 있어서 빼놓을 수 없는 요소다.

2/ 모둠 편성을 위한 아이디어

　　모둠이 편성되어도 대화와 협동이 발생하지 않으면 진정한 탐구하는 공동체가 될 수 없다. 모둠 안에 역할을 마련하고, 조직해서 각자 탐구의 심화를 꾀한 사례가 2부 1장에서 코치제의 도입을 제안했던 체육과의 실천이다. 각각의 모둠 안에 교대로 코치 역할을 1명씩 담당하고, 그 시간은 코치의 자격으로서 모둠원의 실력향상을 꾀하게 하는 시도였다. 기록을 향상시키고 싶다는 공통의 목적을 향해 개인 기록이나 지도 매뉴얼 등을 활용함으로써 공동체의 기능이 완전히 발휘될 만한 조직을 디자인했다. 이 과정에서 아이들은 선수로서의 성장은 물론, 코치로서의 성장 가능성도 보여서 결과적으로 상생(相生)의 탐구가 이루어졌다.

　　협동적으로 탐구활동이 이루어지려면 개인의 사고가 표출되어 서로 연결될 필요가 있다. 1부에서 소개한 수학과의 플레이트(Plate) 작성은 그 한 가지 방법이다. 미술이나 음악 작품, 보건 팸플릿 등을 힌트로 하여 공동으로 작성하고 여러 가지 형식의 플레이트를 만들도록 했다. 아이들은 스스로 만든 작품에 애착을 갖기 마련이고, 무엇보다도 사고의 내용을 공유할 수 있게 된다. 1부의 실천에서는 개인이 조사한 내용을 표현하기 위해 1인당 1장씩 작성하게 했는데 모둠을 통해 표현에 대해 점검하면서 알기 쉬운 표현에 대해 모색해볼 기회를 갖게 되었다. 작성 자체도 개인의 사고를 정리하는 계기가 되었지만, 학급 전체가 서로 연결되는 접합점이 되었다는 측면에서도 의미가 있다. 아이들 자신이 만든 공식과 그 의미나 변형의 확장을 표현한 플레이트나 학교 건물의 높이를 측정하는 방법을 표현한 플레이트 등 장면은 다양하지만, 모두 탐구하는 공동체로 연결되는 매개역할을 하고 있다.

2부 1장과 3장에서 소
개한 사회과의 실천에서는
사고를 표현하는 수단으로
서 지역구분도와 사고회로
도가 활용되었다. 완성된 작
품의 차이를 근거로 해서 아
이들 간에 대화가 생겨났고,
거기서 탐구를 시작하게 되

플레이트를 사용해 다른 모둠에 설명하는 모습

었다. 탐구가 진행됨에 따라
서 사고회로도는 더욱 충실한 내용으로 변화되었다. 모둠의 생각을 칠판
에 표현하고 있는 과학과나 가정과에서도 같은 형태의 효과를 얻고 있다.

3 / 연결과 확장을 부르는 탐구

아이들은 충분히 탐구활동을 해왔기 때문에 다른 사람에게 그 내용
을 발표하고 싶어 하고, 다른 사람의 의견도 듣고 싶어한다. 2부 1장의 국
어과의 실천에서는 각 모둠 대표의 프레젠테이션을 계기로 서로 대화를
나누면서 각자가 스스로를 되돌아보게 되었다. 아이들은 각 모둠에서 의
견을 다듬어왔기 때문에 자신들과 다른 모둠과의 의견 차이에 주목했고,
나아가 학급 전체가 탐구하는 공동체로서 발전해갈 수 있었다.

2부 3장에서 소개된 영어과의 실천은 교과서 본문을 기반으로 하면
서도 자신을 표현하려는 시도를 가미함으로써 틀에 박히고 영양가 없는
회화연습에서 탈피해 진정한 대화와 소통을 영어수업에 끌어들였다. 아이

들은 자신을 표현함으로써 비로소 상대방에게도 귀를 기울이게 되었다.

2부 2장의 유원지 놀이기구의 역학적 해명이나, 2부 4장의 학교에 도움이 될 만한 물건 만들기에서는 모둠별로 탐구한 결과를 가지고 다시 새로운 모둠을 편성하고, 거기에서 서로 의논한 것을 원래의 모둠으로 돌려주는 상황을 조직했다. 이렇게 하면 다른 모둠의 의견에도 흥미를 갖게 되고 4~5명의 인원수면 서로 듣고 의견을 교환하는 데 적당하므로 한 사람 한 사람의 의견이 모두 살아나게 된다.

4/ 대상자를 의식한 표현양식의 변화

보건학습에서 제작하고 있는 심포지엄의 자료가 되는 팸플릿, 기술 시간에 만드는 학교생활에 도움이 되는 제작물 등등 이러한 것들에는 분명한 대상이 존재한다. 담배를 피우는 엄마를 향한 흡연 팸플릿이나, 사용 빈도가 여자에 비해 적은 남자 화장실의 휴지걸이 등 아이들은 읽는 대상이나 사용하는 대상을 의식해서 작품을 만들었다. 더욱이 이렇게 해서 만들어진 작품을 실생활에서 직접 사용하게 된다는 점에서 교실 안에서의 학습을 뛰어넘어 만든 사람도 공공성을 갖게 되는, 진정 살아 있는 작품이 된다.

대상의 범위가 넓어지면 표현의 양식도 변화한다. 그렇기 때문에 세대를 이어서 소중히 여겨지는 학교문화(School Culture)로도 계승될 수 있는 것이다. 작품을 만드는 과정에서 아이들은 교사나 친구들과 적극적으로 대화해가면서 이를 바탕으로 제대로 생명력을 불어넣으면서 살아 있는 작품을 만들어간다.

5 / 탐구의 과정 속에 녹아드는 교육과정

탐구 스토리가 전개됨에 따라서 아이들의 대화도 교과 고유의 언어로 표현된다. 교과학습은 일상적인 언어를 사용해서 진행되지만, 그 과정에서 교과 고유의 개념에 기초한 표현방법을 자연스럽게 습득해나감으로써 비로소 교과 고유의 표현이 가능해지고 탐구하는 공동체 속에서 교과의 지식이 쌓여가게 된다. 이는 영어뿐만 아니라 모든 교과에 해당된다.

일상적인 언어에서 서서히 수식이나 문자식, 그림이나 그래프를 함수개념이나 도형개념으로 이해할 수 있게 됨에 따라 구상의 세계에서 추상, 일반화의 세계로 나아가는 것이다. 열차의 움직임을 수학적 표현으로 바꿔놓고, 그것을 활용해서 주제를 해명해나가면서 동시에 일차 함수라는 중요한 수학개념을 파악할 수 있었고, 이를 통해 다음의 탐구 또한 진행할 수 있게 되었다. 이와 같은 구조를 반복하면서 아이들은 탐구의 깊이를 더욱 심화시켜가고, 그 결과 교과 본래의 독자성 또한 구축해가게 된다.

마키다 히데아키(牧田 秀昭)

2

3년에 걸친 탐구의 전개와 세대를 초월한 배움

본교에서 진행되는 다양한 교육활동 속에서 아이들의 배움은 3년이라는 시간의 흐름 속에서 역동적으로 전개된다. 배움은 단지 일시적으로 한곳에서만 머무는 게 아니라 교과나 학급, 학년을 뛰어넘어서 좀 더 가치 있는 것으로 전개되어 나아가 하나의 학교문화로서 창조되어나가는 게 중요하다고 생각한다.

학교문화란 '학교를 구성하는 구성원들이 함께 힘을 합쳐 만들어 내는 의미 있는 활동으로 모든 구성원들이 소중하게 지켜나가고자 하는 것'이며, '제3자도 명확히 알 수 있는, 그 학교 고유의 활동이나 활동 스타일'이라고 표현할 수 있다. 여기서는 교과와 종합학습(창의적 체험활동)에서 학교문화의 창조를 향해 탐구하는 공동체가 어떻게 형성되어가는지에 대해 고찰해보자.

1 / 공동표현 프로젝트

1 학교행사를 중심으로 전개하는 탐구활동

1학년 봄, 입학식 후의 첫 만남에서 신입생은 2, 3학년생이 부르는 환영곡 〈탄호이저 행진곡〉을 듣는다. 이 곡은 본교에서는 보통 '기쁨의 노래'라고 불리며, 개교 이래 계속 부르고 있다. 신입생들 대부분이 그 박력 있는 노랫소리와 중학생다운 하모니의 깊이에 대해서 깊은 인상을 받는다. 이 일을 계기로 아이들은 음악과 학습에 대한 기대를 갖게 되는 것이다. 그리고 6~7명의 모둠에서 신체표현을 더한 3분 정도의 뮤지컬 작품 제작과 주변과 자연의 소리를 소재로 한 즉흥적인 음악을 제작하면서 본격적인 학습이 시작된다. 이것은 이제부터 3년 동안 전개될 종합예술 창조라는 대전(對戰)의 예고편이라고 할 수 있다.

이 학습을 통해서 아이들은 6~7명의 모둠 안에서 적극적으로 자신의 의견을 내면서 표현을 생각하거나 음악을 만들어가는 과정을 통해 한 사람 한 사람이 주체적으로 활동에 참가하는 것의 의미와 친구들과 함께 어떻게 표현할지에 대하여 생각하는 즐거움과 기쁨을 알아가게 된다. 그리고 아이들은 6월의 전교음악대회에서 그동안 만들었던 작품을 발표하고 큰 호응과 박수를 받으며 자신감을 얻게 된다. 이때에 3학년들이 연합 음악회에서 공연하는 작품을 감상하면서 '고유한 작품을 만들어 내다니 훌륭해!'라며 한결같이 놀라게 된다.

음악을 배우는 즐거움과 함께 만들어가는 기쁨을 맛본 아이들은 여름이 되면 학급이나 학년에서 합창이라는 표현을 만들어간다. 9월 하순의 문화제에서 실시되는 합창제에서 발표하기 위해 아이들은 리더(음악 감독,

음악 위원, 지휘자, 반주자)를 정하고, 교사와 함께 학습과제를 설정하며, 아이들이 주체가 되어 표현을 만들어간다. 다양한 방향으로 향해 있던 각각의 배움을 리더를 중심으로 하나의 통합된 배움으로 유도해나가는 것이다. 그렇게 아이들은 첫 번째 문화제를 체험한다.

본교에서는 학교행사와 일상의 학교생활 속에서 학년을 초월해서 함께 배우는 장이 마련되어 있다. 그 중에서도 '문화제'는 학습 성과에 대한 발표의 장으로서 아이들과 교사 모두에게 각별한 주목을 받아왔다.

이 문화제에서 3학년은 개교 이래 계속되고 있는 학급별 연극을 공연한다. 합창제에서는 각 학급이 자유곡과 학년 합창을 한다. 입석이 필요할 정도로 꽉 찬 체육관에서 학부형과 졸업생이 지켜보는 긴장된 가운데 자신들의 노랫소리가 울려 퍼진다. 또한 동시에 선배들의 연주를 감상하고 아울러 전교생이 합창으로 교류한다. 특히 3학년생의 학년 합창인 〈Gloria- 모차르트의 대관 미사로부터〉의 쩌렁쩌렁한 노랫소리에 1학년생들은 압도되고 만다. 문화제 후의 평가회에서는 매년 "선배들의 합창을 다시 한 번 듣고 싶다."는 목소리가 들려오곤 한다. 이렇게 해서 아이들은 본교가 소중히 여기는 문화를 체득하고 자신들의 미래의 모습을 그려가게 되는 것이다.

이 합창제는 음악 위원회와 음악 감독을 맡은 아이들이 각자 준비와 발표의 인솔자 역할을 맡고 있다. 이 시기부터 아이들의 자주성이 싹트고 아이들 한 사람 한 사람이 행사에 대해 진지하게 생각을 나누면서 함께 탐구해간다는 것에 대한 진정한 가치를 의식하게 된다.

문화제가 끝난 가을, 음악학습은 다시 개별적인 학습을 중시한다. 아이들은 밖에서 수집해온 음의 소재를 조합해서 그 정경(情景)을 소리로 다채롭게 표현하는 활동을 한다. 여기서는 아이들 한 사람 한 사람이 진지하게 음악과 마주하고 대화하면서 자신들의 음악성을 높여간다.

그리고 겨울에는 그 음악성을 살려가면서 처음 맞는 학년에서 창작 음악 '학년의 노래'를 만드는 프로젝트를 전개한다. 학년을 어떠한 모습으로 만들고 싶은지 그 희망을 담아서 시를 짓고, 모둠별 음악을 만들고, 거기서 만들어진 음악을 구성해서 5분 정도의 작품을 완성한 후 음악회에서 발표하는 것이다. 〈Dream〉이라는 노래를 만든 학년은 이를 전원이 함께 표현함으로써 "음악을 통해 동료의식이 더욱 강해졌다."고 했다. 가사나 멜로디를 만들고 그것을 구성하고 노력하는 데 학년 전원이 참여해서 다듬어나간 것이다.

2 3년을 관통하는 탐구활동의 전개

2학년 학생들은 봄이 되면 새로운 반 친구들과 종합예술을 만들어가는 학습을 전개한다. 오페라 《아이다》 제3막의 피날레 대사에 선율을 만들고, 거기에 효과음과 반주, 조명, 연출 등을 고려해서 7~8명의 모둠 내에서 역할을 분담해 5분 정도의 오페라 작품을 공연하는 것이다. 이 학습으로 아이들은 본격적으로 종합예술의 한 단면을 경험하게 된다. 다양한 음악적 요소나 그에 수반된 요소들을 종합적으로 정리해가는 과정에서 아이들은 음악을 다양하게 받아들이고, 음악을 창조하는 데 따르는 즐거움을 맛본다. 그리고 2학년 3월에 수학여행지에서 공연하는 음악 드라마나 연합음악회에서 연주하는 종합예술의 모습을 미리 그려보게 된다.

그 다음은 문화제에 대비해서 합창을 준비하기도 하고, 아이들 한 사람 한 사람이 악기를 연주함으로써 표현하는 방법을 배운다. 이러한 내용

291

탐구와
대화의 전개

들은 1학년과 동일하게 전개하고 있기 때문에 이 시점에서 아이들도 본교의 음악과 학습의 흐름을 파악하게 된다.

그리고 겨울. 드디어 학년에서 음악 드라마를 만드는 프로젝트가 시작된다. 본교에서는 최근 수년간 수업과정에서 탐구한 학습 주제를 토대로, 각종 음향효과나 다양한 읽기방법을 섞어서 드라마 형식으로 표현한 음악 드라마를 만들어서 3월에 실시하는 수학여행지 - 예를 들면 나가사키시 평화 공원이나 교토 역 앞 등 -에서 2학년 전원이 연주하는 학년 프로젝트를 실시해오고 있다. 10월경에는 20~30분짜리 작품을 만들기 위해 실행위원회가 만들어지고, 여기서 기획이나 구성의 틀이 갖춰진다. 아이들이 주체가 된 협동적 프로젝트가 추진되어가는 것이다. 12월경부터 스스로 만든 가사에 곡의 분위기를 고려하면서 합창곡을 만들고 나아가 극의 BGM이나 오페라풍의 선율 등을 더해가면서 아이들은 종합적인 작품을 창조해간다.

그러나 이 프로젝트를 추진하다 보면 개인별 견해 차이가 생기기도 한다. 그러면 처음 생각대로 곡을 만들 수 없기도 하고, 좀처럼 표현의 질이 높아지지 않아 초조해지기도 한다. 아이들은 이러한 과정 하나하나에 고민하고, 또 때로는 괴로워하면서도 스스로 해답을 찾아간다. 마침내 수학여행지에서 성공적으로 연주를 마치면 아이들은 창작음악에 관심을 갖고 자발적으로 동아리를 만들어 배움을 더욱 확장해가기도 한다.

3 재구성해서 만들어가는 탐구 공동체

3학년이 되면 1부에서 소개한 바와 같이 아이들은 연합음악회에 대비해서 더욱 완성도 높은 새로운 종합예술작품을 만들기로 결심한다. 신학기가 되자마자 실행위원회가 만들어지고 구성이 정비된다. 연주 시간이 8분으로 제한되어 있기 때문에 아이들은 어떻게 하면 짧은 시간 안에 다른 학생들이나 시민(관객)들에게 자신들의 생각을 음악으로 전달할 수 있을까 고민한다. 게다가 제작시간은 2개월뿐이다. 아이들은 음악 드라마를 제작했던 경험과 반성을 활용하면서 자신들이 목표로 해왔던 음악은 무엇이었나를 생각하게 된다. 그리고 음악제《Song with heart》나 과학을 테마로 한 뮤지컬《Thinking over》등과 같은 작품이 3학년 전원의 결집된 힘으로 만들어져간다. 본 연주에서는 강당을 꽉 채운 청중들로부터 아낌없는 박수도 받는다. 그리고 그 모습이 TV나 신문에도 보도되기도 한다. 아이들은 하나의 프로젝트를 해냈다는 성취감을 맛보고 "드디어 Gloria다!"라며 다음에 다가올 학습에 대한 기대를 갖게 된다.

가을합창제에서 3학년은 전통적으로 〈Gloria〉를 학년 합창으로 연주하고 있다. 약동감 넘치는 선율, 의미 깊은 라틴어에서 풍기는 중후함, 거기에 4명의 독창자와 합창이 서로 조화를 이루는 음악이 연극을 공연했던 감동에 더해져 화려하게 표출된다. 지금까지 음악경험을 축적해온 아이들은 "우리가 1,2학년이었을 때 3학년 선배들이 이 Gloria에 어떤 마음으로 임했는지 이제야 알 수 있었다. 체육관 무대에서 연주하는 중압감을 처음으로 느꼈다."고 평하는 소리도 들려온다. 그리고 이른 봄의 졸업식에서는 〈할렐루야〉(헨델의 메시아로부터)를 불러, 하급생들에게 본교 음악문화의 우수성을 전달한다. 그리고 본교에 모인 친구들과 함께 부른다는 자부심과 지금껏 배워온 발자취를 실감하게 된다.

이러한 학교문화를 의식한 교육과정은 다른 교과에서도 마찬가지로 구성되어 있다. 예를 들어 국어과에서는 교육과정의 중심으로서 국어 연구록 활동을 마련해 각 학년별로 만드는 작품의 내용이 3년에 걸쳐 각각 그 질이 높아지도록 교육과정이 짜여 있다.

또한 체육과에서는 2학년 여름에 《Yosakoi 이쵸라이》에 학년 전원이 참가해서 여름축제에 모이는 사람들에게 그 표현을 전달하며 자신감을 얻고, 그 다음의 창작댄스 경연으로 연결해갔다. 이처럼 본교의 교육과정은 개별적인 배움을 학급에서 활용하기도 하고, 집단에서 키워온 배움을 개인에게 돌려주기도 하면서 정기적인 시간의 흐름 속에서 탐구활동이 디자인되어 전개되도록 구성되어 있다.

2 / 학년 프로젝트의 협동탐구

1 아이들의 생각에서 전개해가는 프로젝트

아이들이 입학해서 오리엔테이션을 실시하면 학년 담당교사가 "학년 프로젝트는 지금부터 3년 동안 진행될 여러 활동과 행사와 함께 일관되게 진행될 수 있도록 주제를 잘 결정하세요."라고 아이들에게 말하면서 학년 프로젝트의 첫걸음을 내딛게 된다. 그리고 2개월 정도에 걸쳐 학년과 학급에서 회의를 거듭한 후 전원이 동의하는 주제로 결정한다.

작년 입학생들은 '후쿠이의 매력을 전국에 알리자'는 주제로 결정했다. 주제가 결정된 6월경부터 하루빨리 주제를 해명하기 위해 아이들이 움직이기 시작했다. 여기서는 우선 조사의 기본방법을 배움과 동시에 조사한 내용을 어떤 식으로 표현할까를 모색해나갔다.

학급위원과 관심 있는 아이들이 모여 실행위원회가 만들어졌고, 아이들과 학년교사들의 협동적 탐구활동이 확대되었다. 구체적으로는 3~7명의 모둠에서 탐구과제를 설정하고 조사가 진행되었다.

문화제에는 1,2학년 프로젝트에서 학습성과 발표의 장도 마련되어 있다. 1학년 학생들은 6월경부터 진행해온 조사의 성과를 종합해서 무대와 학급전시를 통해 발표하고 있다. 2부의 실천을 보면 1학년 학생들이 문화제에서 발표로 조사한 것을 6개 교실에 나눠서 수업시간에 전달하고 있다.

그중에서 '고향을 생각하는 사람들의 마음'을 알리려고 했던 모둠은 두 개의 마을에 전해 내려오는 축제에 초점을 맞추고, 축제에 참가한 사람들의 노력이나 지역사람들의 축제에 대한 생각을 인터뷰 형식으로 발표했다. 이러한 활동에 대해 아이들은 전반적으로 스스로에게 높은 평가를 내리면서도 "조사범위를 넓혀서 폭넓은 시점에서 후쿠이의 매력을 찾아내야 한다."라든가 "좀 더 자신의 언어로 표현해야 한다."는 등 반성의 소리도 잊지 않았다. 결국 표면적으로 조사한 것을 재미있게 표현하는 것만으로는 상대방에게 잘 전달되지 않고, 학습에서 검증된 것을 자기 나름대로의 언어와 표현으로 전달해가는 것이 중요하다는 사실을 인식하게 된 것이다. 이처럼 한 가지 활동의 성과가 또 다른 활동으로 이어져 활용되는 것을 마음에 새기면서 3월 조사활동을 향해 새로운 활동이 전개되기 시작한다.

조사활동은 2학년 학생들이 수학여행에 가 있는 기간에 실시되는데, 1학년 학생들의 학년 프로젝트로서 탐구활동의 정리작업으로 자리매김해 있다. 모둠별로 주제를 해명하기에 적당한 후쿠이 안의 장소나 시설을 방문하고, 그 분야에서 활약하고 있는 분들을 직접 만나서 설명을 듣고 온다. 조사활동까지는 세심한 사전조사를 실시하고, 거기에 교사와 실행위원과의 의견교환을 통해서 각 주제를 해명하기 위해 어떠한 조사를 하면 좋을지 구체화한다. 그리고 아이들은 어떤 방향으로 조사를 진행해서 마무리할지, 아울러 어떤 탐구활동을 목표로 해야 할지를 이해하게 되는 것이다. 조사학습이 끝나면 10월부터 실행했던 일련의 학습에 대해 모둠별로 보고서를 작성하고 반성하는 시간을 갖는다.

"에치젠만자이"를 조사했던 모둠은 '전통춤을 계승해가려는 사람들의 마음도 훌륭한 후쿠이의 매력'임을 확신하고 실제로 자신들도 춤을 춰보고 싶다고 생각하게 되었다. 이러한 생각이 2학년의 새로운 탐구과제로도 연결되어갔다.

2 '탐구 – 창조 – 표현'이라는 일련의 활동 전개

2학년이 되면 지금까지 1학년에서는 학급중심으로 실시해왔던 학년 프로젝트의 활동도 학급을 넘은 모둠편성을 하는 등 학년 전체로 움직이게 된다. 2학년 때는 우선 5월의 소풍을 학년 프로젝트와 어떻게 연관지을지 생각한다. 더구나 이 소풍 조사활동은 수학여행의 사전조사의 의미도 갖고 있다. 그렇기 때문에 '거리 만들기'를 주제로 하고 있던 학년은 역사를 되살린 '거리 만들기'를 추진하고 있는 다이노 시로 나가기도 한다. 이때 학년에서는 현장 조사를 통해 학년주제를 해명해가기 위해 이후로 어떠한 시점에서 조사를 진행해야 좋을지, 탐구의 방향은 어떻게 해야 할지를 찾아나간다. 거기서 분명해진 과제를 근거로 하여 두 번째 문화제를 위한 준비에 착수하는 것이다.

작년의 반성을 되살리고 더불어 작년 2학년 학생들의 발표를 의식하면서 문화제에서는 여름방학을 이용해 실시했던 개인조사 성과를 산문형식으로 정리하기도 하고, 실제로 체험해온 것을 실연하기도 하며, 비디오나 홈페이지를 만들어서 표현하기도 하는 등 다양한 방법으로 발표가 확대되어간다. "에치젠만자이"를 조사한 아이들은 '지도자의 전통적인 스타일을 지켜나가고자 하는 마음'을 실감하면서도 특유의 돌려 말하기와 움직임의 어려움에서 '전통예능을 지켜나가는 어려움'을 실감할 수 있었다. 이처럼 좀 더 깊게 연구하려는 아이들의 노력 덕분에 전문적이라고 할 수 있을 정도로 그 분야의 내부 구석까지 알게 된 것이다.

2년간의 조사활동의 정리라고도 할 수 있는 3월의 수학여행에서는 하루 또는 하루 반나절을 조사기간에 할애한다. 여기서도 지금까지의 반성을 발판으로 삼아 과제를 설정하거나 사전조사의 내용을 음미해나간다. 아이들은 축구선수나 전통악기의 장인 등 그 분야의 전문가 또는 후쿠이에는 없는 조직을 갖추고 있는 행정기관이나 시설을 방문해서 지금까지의 조사에서 명확해진 사실을 전달하고 추가로 갖게 된 의문점이나 과제에 대해서 얘기를 듣는다. 때로는 '거리 만들기에 대한 제안서' 등을 가지고 이것이 실현가능할까, 실현하려면 어떠한 노력을 하면 좋을까를 찾기도 한다. 여행 후 지금까지의 학습 성과를 개인 리포트로서 정리하고 동료와 학부형 등을 상대로 발표회를 열면서 일련의 조사활동을 마친다.

이처럼 본교의 학년 프로젝트는 행사와 연관시켜가면서 탐구, 창조, 표현이라는 일련의 활동이 전개되고 있다. 그리고 그 활동마다 끊임없이 반복이 이루어지고 수정을 더해간다. 그때 아이들은 끊임없이 선배들의 모습을 의식하면서 좀 더 질 높은 탐구활동을 목표로 하게 된다. 이렇게 해서 아이들의 실천은 다소 흔들려도 성찰에 의해 재구성되어 누적 발전되고 있으며, 세대를 초월해 새로운 학교문화를 창조해나가고 있다.

3 / 세대계승의 양상

1 문화제에서의 상호학습

본교에는 학교행사나 보통의 학교생활 속에서 학년을 초월하여 서로 배울 수 있는 장이 마련되어 있다. 그 중에서도 문화제는 중요한 역할을 하고 있다. 1~2학년의 학년 프로젝트 발표는 3월에 실시되는 조사활동의 중간발표 성격을 띤다. 그렇기 때문에 문화제에서의 발표를 참고로 각 학년 모두 타 학년의 발표방식이나 조사의 방향성을 탐색해가는 것이다. 더욱이 무대미술, 의상, 조명, 연기 등 모든 것을 아이들이 스스로 생각하고 이뤄 낸 3학년 학생들의 연극은 지금까지 본교에서 키워온 배움이 무대에서 한꺼번에 폭발하는 표현의 장이다. 이것을 지켜보는 2학년 학생들은 "드디어 내년에는 우리 차례다!"라며 결의를 다지곤 한다. "우리는 선배들과는 다르게 하겠다."는 식의 경쟁심리도 어느 정도 작용하고 있다.

사실 합창제는 별도의 시상이 없는 페스티벌(Festival) 형태를 취하고 있기 때문에 순수하게 음악을 추구할 수 있다. 하지만 아이들은 학급별 합창에서 같은 학년의 다른 학급을, 학년별 합창에서는 상급생을 의식한다. 특히 3학년생 전원이 연주하는 〈Gloria〉는 본교 음악학습의 성과를 보여주는 대표적인 예다. 모든 것을 쏟아 넣은 듯한 3학년 학생들의 목소리는 활기에서 뿜어져 나오는 표현의 중량감과 풍부함, 충실감으로 엄청난 감동을 불러일으킨다. 이것은 아이들이 표현자로서 공동으로 조직한 프로젝트라고 할 수 있다. 이를 감상한 하급생들은 "저런 공연이 가능하려면 지금부터 어떻게 실행해가면 좋을까?", "내년에는 선배들의 공연을 능가하고 싶다…"는 바람을 갖게 된다. 여기서 선배들의 배움의 자세가 드러나고, 이에 후배들은 장래의 목표를 세워보는 것이다.

　문화제의 마지막 날에 본교 교사와 대학의 연구자들은 이런 활동들을 평가하고 각 활동의 의의와 함께 이후의 과제를 제시한다. 이처럼 본교는 프로젝트 활동의 전통을 지키면서도 새로운 표현방법을 모색함으로써 좀 더 질 높은 탐구활동을 추진해나갈 수 있도록 하고 있다.

2 일상생활에서의 상호학습

　본교의 도서실에 가보면 지난 국어과 연구록이 전시되어 누구든 자유롭게 열람해볼 수 있도록 비치되어 있다. 매년 주제를 설정할 때에는 거의 모든 아이들이 이 연구록을 참고하고 있다. 그리고 연구를 진행해가는 길목마다 사전 발표회, 중간 발표회, 본 발표회를 열어 학급 내 또는 다른 학년 아이들과의 교류의 장을 마련해놓았다. 이런 식으로 서로 자극을 주고받다 보면 더 나은 것을 창조하고 싶은 의욕이 높아져 마침내는 훌륭한 연구방법과 표현방법에 자연스럽게 이르게 된다.

　이처럼 탐구활동의 성과로서 작품을 남기는 것은 하급생의 학습에도 지대한 영향을 미치고 있다. 예를 들면 과학과의 자유연구나 보건학습의 팸플릿 그리고 조사학습의 보고서 등이다. 이러한 것들은 단순히 작성하는 데 그치지 않고, 그것을 사용해서 발표회나 심포지엄을 열어 때로는 교사의 강평을 첨가하여 전시하게 된다. 이처럼 아이들이 탐구한 것을 표현하고 전달해가는 과정에서 또 다른 새로운 탐구활동이 싹트는 것이다.

야나키 노부아키(柳 伸明)

3부

성찰적 실천자들의 탐구하는 공동체

탐구하는 공동체에서는 아이들은 물론 교사들의 배움도 강조하고 있다. 따라서 본교에는 이를 지원
하기 위한 협동연구 시스템이 존재한다. 교과의 벽을 허물고 교사들끼리 서로 대화를 나누는 가운데
점차 탐구의 중요성을 깨닫고, 교사로서 지향해야 하는 점이나 자신의 연구 진행방법을 발견해가는
모습을 살펴보자.

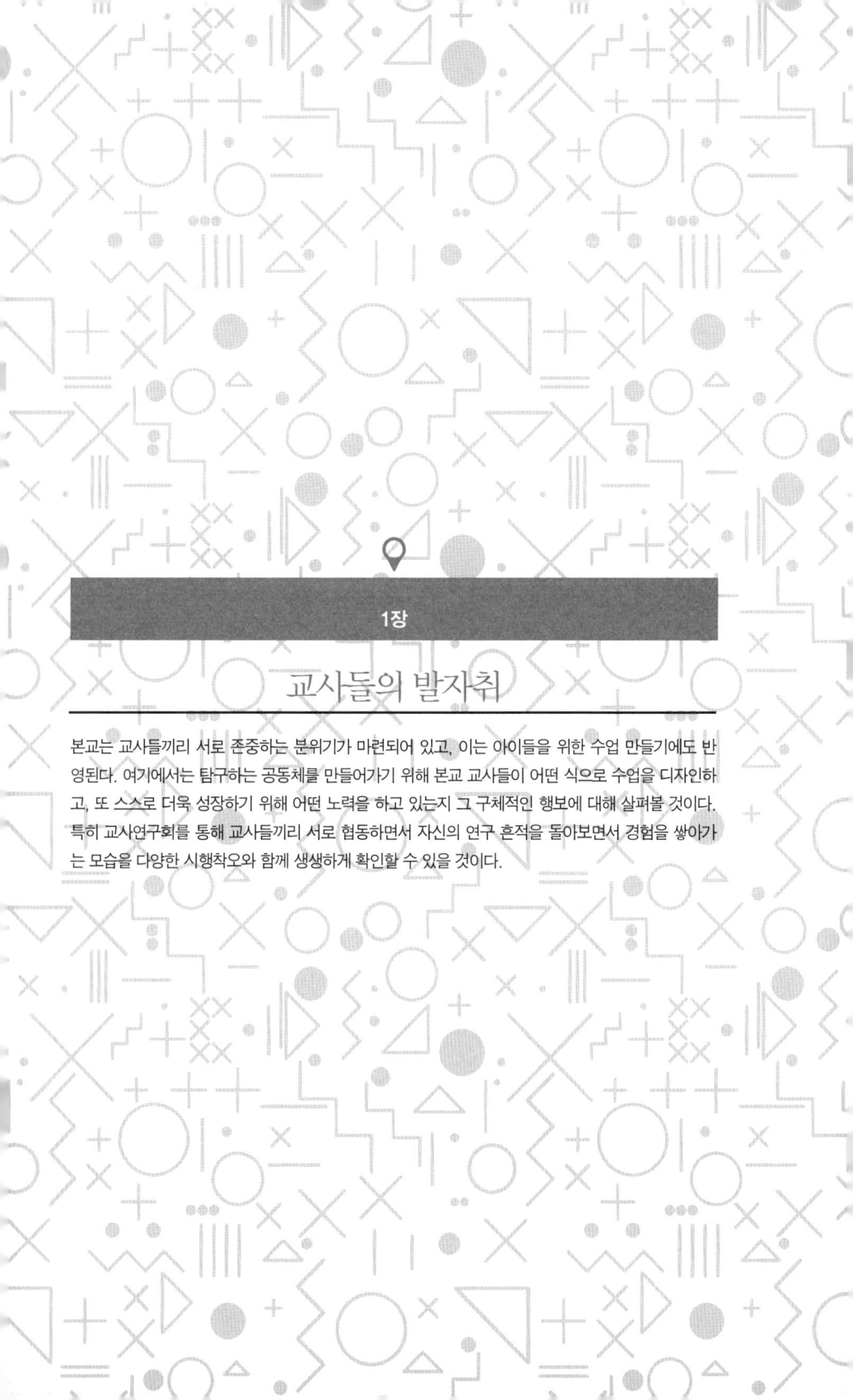

1장

교사들의 발자취

본교는 교사들끼리 서로 존중하는 분위기가 마련되어 있고, 이는 아이들을 위한 수업 만들기에도 반영된다. 여기에서는 탐구하는 공동체를 만들어가기 위해 본교 교사들이 어떤 식으로 수업을 디자인하고, 또 스스로 더욱 성장하기 위해 어떤 노력을 하고 있는지 그 구체적인 행보에 대해 살펴볼 것이다. 특히 교사연구회를 통해 교사들끼리 서로 협동하면서 자신의 연구 흔적을 돌아보면서 경험을 쌓아가는 모습을 다양한 시행착오와 함께 생생하게 확인할 수 있을 것이다.

1

탐구하는 공동체를 지향하는
교사들의 노력

1 / 아이들의 배움에 대한 다면적 촉진

1 눈동냥으로 설정한 단원

"왜 내가 부속중학교로 발령을 받았을까?" 나가타 선생은 이런 기분으로 후쿠이중학교에 부임했다. 새로운 학기가 시작되고 입학식이 거행되었다. 그 자리에서 학생회장이 신입생들에게 "우리 학교는 '자주 · 협동'이라는 교훈 아래 학생들이 주체적으로 학교를 만들어가고 있습니다."라며 환영인사를 전했다. 이에 나가타 선생은 "전에 있던 학교에서는 학생지도나 부서활동이 활발했기 때문에 항상 교사가 전면에 나서서 일했다는 생각이 들었습니다. 그래서 아이들이 중심인 학교라는 말을 듣자 '과연 그럴까?' 하고 생각했지요."라고 회고했다. 새로운 직장에서 열심히 해보자고 다짐도 했지만, 한편으론 불안감도 밀려왔다.

본교는 의무교육학교이자 연구학교, 교육실천학교로서의 사명이 있었다. 특히 연구에 관해서는 선구적인 학교로서 기대가 컸다. 그러나 반대로 일반 중학교 교사들이 생각하는 본교에 대한 이미지는 '연구가 너무 전문적이어서 이해하기 어렵다'는 반응도 적지 않은 것 같았다.

본격적으로 수업을 하게 되었다. 나가타 선생은 '처음 만나는 이 학교 아이들과 수업을 잘 해나갈 수 있을까?' 하는 생각에 긴장해서 어깨에 힘이 잔뜩 들어갔다. 교사가 한마디 하면 아이들이 여기저기서 이야기를 하면서 수업이 진행되어갔다. "그것은 놀라움이었고, 나 스스로도 따라가기 어려울 때도 있었습니다. 그러나 한편으로는 학교수업보다 학원에 더 의지하고 있는 게 아닐까 하고 여겨지는 태도로 수업을 받고 있는 아이들도 있어서 기분이 상했습니다."라고 회고했다. 일단 부속중이니까 어쩔 수 없다고 생각하면서 "우선은 교재연구를 확실히 해가자!"고 결심했다고 한다.

단원을 어떻게 설정해야 하는지도 처음에는 몰랐다. 그러나 '동료 교사들은 무엇을 어떻게 하라고 시키는 타입이 아니었기 때문에' 혼자 생각하지 않으면 안 되었고, 부속중학교의 연구개요를 읽고 나름대로 해석해서 그것과 비슷하게 해나가자고 생각했다. 고민 끝에 나가타 선생은 지리와 역사의 경계를 없애 버리고 '공생'이라는 시점에서 단원을 종합적으로 구성해보았다. 나름대로 열심히 교재연구를 해나간 것이다. 그러나 실제로 수업을 해보면 교사는 "그렇군, 그럼 또 다른 의견은 없니?"라는 식의 단순 대응밖에 할 수 없었고, 그런 의견을 이어나가 과제로 발전시킬 수도 없었다. 교재연구를 했다는 데 대한 만족감은 있었지만, 아이들과 함께 수업을 만들어간다는 성취감은 없었던 것이다. 그는 아이들에게 "필연성 없는 과제였다는 게 문제인 것 같습니다."라는 평가를 들었다고 회고했다.

2 과제를 살린 수업 디자인

이렇게 해서 나가타 선생은 과제를 어떻게 설정해갈 것인지, 수업 중에 아이들의 커뮤니케이션을 어떻게 일으켜나갈 것인지에 대해 고민하기 시작했다. 망설임과 괴로움의 연속이었던 1년 동안의 실천을 정리하는 춘계 교사연구회에서 다른 교사들로부터 배움의 공유화를 꾀하는 실천에 대해 다음과 같은 보고가 있었다.

> 아이들이 자신의 배움을 스스로 만들어 낸 평가기준으로 다시 돌아보게
> 한다. 그렇게 할 때 아이들 사이에서 공통의 화제가 나온다. 당연히 거기
> 에서 커뮤니케이션이 발생하고 나아가 그 지점에서 보고서 같은 과제물이
> 있으면 더욱 많은 화제가 나오게 된다.

처음에는 아무리 해도 그 이미지에 대해 알 길이 없던 나가타 선생도 자신의 고민을 해결할 수 있는 실마리가 있다고 생각했다. 이에 '독자적인 학습방식이나 조사방식의 습득'이 중요하게 여겨지는 사회과에서 '평가기준표를 하나의 연구로 함으로써 여기서 아이들 사이의 대화가 성립하고 탐구활동이 깊어지지 않을까?'라고 생각하게 되었다.

그래서 2년째 되던 해 봄, 그는 "긴 안목으로 연구활동을 할 수 있고, 아이들 간에 서로 배울 수 있는 수업을 생각해보자."고 마음먹고, 현대사회의 특징을 파악하기 위해 보고서를 만들어 그것을 서로 돌려보면서 새로운 특징을 발견해가는 수업을 디자인했다. 수업 속에서 아이들 자신이 만든 평가기준을 기본으로 좀 더 다양한 시점에서 탐구할 수 있도록 한 것이다. "아마도 아이들 자신이 평가척도를 알고 있기 때문에 도달점도 보

였을 거라고 생각합니다."라고 회고했다. 그러나 여러 가지로 고민하면서 수업을 진행해갔지만, 단원이 끝났을 때 그는 "1년 전보다는 수업이 매끄럽게 진행되기는 했지만, 반응은 1년 전과 별로 달라지지 않았습니다."라고 말했다. 아이들은 보고서 자체는 줄거리를 세워서 잘 써갔지만, 한 사람 한 사람이 만든 것이 너무 다양해서 비교하기는 쉬워도 논하는 시점이 너무 제각각이다 보니 다루기가 쉽지 않았다. 아이들의 탐구시각은 넓었으나 내용이 깊지 않아 수업이 표면적으로만 진행된 느낌이 들었다. 돌이켜보니 그것은 '종이 위에서 수업을 구축'했기 때문이었다.

3 다른 교과의 실천에서 자극을 받다

2년째 가을경부터 4~5명의 교사가 수업연구를 통해 교과를 초월해 서로 교류하는 부회연구가 진행되었다. 나가타 선생은 음악과, 미술과, 과학과 교사들과 같은 부회가 되었다. 각각의 수업을 살펴보니까 음악이나 미술은 작품이 있어서 하나의 과제로부터 다양한 표현이 생겨나고, 거기에서 아이들의 토론이 이루어지기 시작했다. 과학과에서는 실험을 하기 위해 자신의 생각을 화이트보드에 쓴다든지 함으로써 협동적으로 조직하는 장면이 많이 설정되어 있는 게 인상적이었다. 그러나 막상 자신의 수업에서는 토론을 구성하는 게 좀처럼 힘들었다. 그는 "사회과에서도 좀 더 구체적인 과제를 공통으로 설정하고 거기서 아이들의 다양한 생각을 이끌어 내고 싶다."는 바람을 갖게 되었다. 그는 보고서를 써서 아이들이 스스로 만족하는 것에 그치지 않고 그곳에서 나타난 다양한 생각을 서로 조합해서 학습으로 이어나가자고 생각했다. 그리고 단순히 사회적 실천을 촉

부회에서 교과를 초월해 대화를 나누는 교사들

구할 게 아니라, 그 이면에서 왜 그렇게 되었는지 그 후 어떻게 되어갈지, 그 사람은 어떻게 생각하고 있는지를 고민하게 만들어야겠다고 생각했다.

조금씩 본교의 연구 상황과 자신이 하려는 일을 깨닫게 된 3년째 봄, 지리를 도입해 일본의 지역구분도를 그리고 거기에서 지방의 특색을 알아보는 수업을 디자인했다. 이때 "후쿠이 현은 왜 그 지역으로 넣었나요?"라는 교사의 질문만으로 아이들은 다양하게 의견을 교환하고, 나아가 친구의 발표를 들으면서 자신의 새로운 의견을 만들어 내려고 했다. 의견이 서로 결합되면서 더 넓은 시점으로 생각이 촉발되었고, 의견이 전개되어갔다. 그렇게 되자 지금까지 없던 긍정적인 반응이 느껴졌다. "지역구분도는 보고서가 아닌 학습과제물이었기 때문에 아이들의 차이가 명확하게 드러나고, 대화도 쉽게 촉발할 수 있었던 것 같습니다."라고 그는 회고했다.

4 독자적인 단원 개발

4년째가 되자 나가타 선생은 역사나 시민 분야에서도 대화를 활성화시키는 학습과제물의 표현방법을 개발하는 데 힘을 쏟았다. 사고회로도를 사용한 수업도 그 중 하나다. 사고회로도를 통해서 역사를 어떻게 인식해갈 것인지, 어떻게 발견해갈 것인지로 이어가고 싶었다. '미국이 강대국이 된 원인은 무엇일까?' 하는 과제에 대해 아이들의 다양한 사고를 사고회로도로 표현해서 이어간 것이다. 나카다 선생은 자신이 처음 독자적으로 개발한 단원이었기 때문에 '미국이 강력하다는 가정을 하는 것이 바람직한가?', 즉 과제설정의 타당성에 대해 염려했다. 그러나 아이들은 "여러 가지로 문제를 제기하고 미국의 밝고 어두운 부분을 모두 보여주었다."고 말하며, 수업에 대한 만족감을 드러냈다. 현재의 과제에 대해 나카다 선생은 다음과 같이 기술했다.

> 교과의 독자성을 좀 더 이해하고 싶으면 다른 교과의 수업을 보는 것이 좋습니다. 지금은 모둠활동 속에서 의견일치나 차이가 이후 어떻게 발전되어가는지 관심을 갖고 있습니다. 그 장면에서 아이들의 움직임이나 생각에 주목해서 수업을 보고 있습니다.

2 / 아이들의 탐구활동에 대한 장기적인 지원

1 탐구과정을 중시하는 수업 구상

부임 2년째에 기모토 선생은 3학년 담임을 맡았다. 3학년은 문화제에서 학급별로 연극을 하게 된다. 따라서 3학년이 되면 5월의 각본 선정부터 시작해서 10월초 문화제까지 아이들과 담임 교사가 합심해서 작업을 해나가는 기나긴 탐구가 예정되어 있다. "연극을 볼 때 담임인 내가 제일 떨렸는데, 연극이 끝나고 커튼콜의 마지막에 아이들 모두가 '기모토 선생님!'이라고 불렀을 때 목이 메어서 차마 말이 나오지 않았다. 눈물을 닦으며 무대로 뛰어올라 아이들과 함께 감동을 나누었을 뿐이다. 이 학교에 오길 잘했다. 교사로서 열심히 일해야 겠다."고 기모토 선생은 처음으로 느끼게 되었다고 한다. 그리고 지금까지 아이들의 학습내용을 충분히 검증할 수 없어 고민하던 그는 서서히 '내 생각이 너무 강해서 아이들의 생각을 읽지 못했다'는 점을 알아차리고 "연극처럼 긴 주기로 연구할 수 있고, 아이들의 배움의 과정을 중심으로 지켜볼 수 있는 연구를 해보자."고 생각하게 되었다.

3년째를 맞으면서 기모토 선생은 탐구과정에서 과학적인 사고를 배양하려면 어떻게 해야 할지를 고민하고 있었다. 그리고 고대 사람들의 과학적인 지혜가 현대에서도 살아 숨쉬고 있다는, 모든 과학의 보편성을 아이들에게 전달해보자고 생각했다. 이를 위해 '피라미드는 어떻게 만들어졌을까'를 학습주제로 설정하고 처음의 두 단원인 '운동과 힘', '에너지'를 통합했다. 그리고 아이들 스스로 실험을 생각해 내는 새로운 단원을 구상했다.

아이들이 스스로 생각해 낸 실험을 진행함으로써 얻어지는 연구경험이야말로 아이들이 습득해야 할 과학의 힘이며, 아이들도 그런 경험을 원했던 것이다. 기모토 선생으로서는 처음으로 긴 주기로 연구활동을 할 수 있도록 개발한 단원이었다. 실제로 아이들도 "이렇게 세밀하게 연구하는 것이 힘들었지만 즐거웠다."는 소감을 적었다. 그래서 수업이 끝났을 때 훨씬 더 높은 효과와 만족감을 느낄 수 있었다.

2 하계 교사연구회에서의 지적

봄 학기의 실천을 보고서로 작성해서 그것을 바탕으로 실천을 거듭하며 과제를 찾아내는 하계 교사연구회가 열렸다. 우선 수학과의 발표가 있었다. '호쿠리쿠 본선에 열차를 달리게 하자'는 학습을 조직하고 일차함수의 주요 개념을 파악해가는 학습이었다. 그중에서 플레이트를 사용해 다이어그램을 표현하고 친구들에게 설명해가는 장면이 보고서에서 묘사되었다. 기모토 선생은 "내 실천에서도 마지막에는 실제로 피라미드를 만드는 실험을 하는 게 좋았을지도 모른다."는 생각이 들기 시작했다.

기모토 선생의 구두발표 시간이 되었다. 듣고 있던 교사들은 "피라미드라는 동기는 좋지만, 대번에 실험에 들어가기는 좀 어렵지 않나요?"라는 질문과 "실제로 피라미드를 만들려면 좀 더 탐구가 확장됐어야 하지 않나요?" 등등 다양한 의견을 냈다. 그리고 대학의 연구자들로부터는 "이런 실천으로는 연구가 불가능하다."는 지적을 받기도 했다.

3 다음의 실천을 향한 도전

기모토 선생은 이 '피라미드' 실험을 통해 과거의 실험을 재연하는 경험이 없었기 때문에 어떤 실험을 하면 좋을지 판단하지 못해 곤혹스러워하던 아이들이 많았다는 점을 기억하고 실제로 피라미드 모델을 협동해서 만들어 내는 프로젝트를 수행하고, 거기에서부터 과학적인 에너지 개념을 잡아나가는 연구 스타일을 갖춰야 했다는 두 가지 점을 과제로 삼았다. 그래서 이를 수용하여 가을의 실험에서는 2학년을 대상으로 지금까지 익혀온 배움을 살릴 수 있는 수업 전개를 생각했다. '일회용 회로를 만들어보자'는 단원을 설정하고 생활필수품이 된 화학회로 만들기를 목표로 정한 것이다.

성찰적
실천자들의
탐구하는 공동체

이 단원은 성분분석을 학습하고 회로 만들기라는 탐구활동으로 이어지도록 되어 있다. 성분분석에서는 지금까지의 배움이 효과적으로 기능함으로써 아이들이 연구를 진행할 수 있는 길을 터줄 수 있다. 그리고 회로 만들기에서는 성분분석 실험방식을 살려 아이들 스스로 과학적으로 조사하도록 유도한 것이다.

아이들도 "이번 실험은 교과서에 실려 있지 않아 우리 스스로 처음부터 조사해가야 했기 때문에 어렵기는 했지만, 실험에 대해 꽤 많은 생각을 하게 됐다."며 소감을 밝혔다. 이번 실험으로 기모토 선생은 학생들의 큰 호응과 함께 스스로도 교사로서 만족감을 맛보았다. 하지만 수업연구 협력자들이 수업을 참관했을 때, 그들은 "모둠 발표에서 충분한 논의가 이루어지지 않았기 때문에 대화가 조금 약했다."는 점과 "이과를 지망하는 아이들의 활약이 두드러지다 보니 아이들 모두가 골고루 탐구를 할 수 있었는지는 의문이다."라는 지적을 받았다.

<u>4</u> 수업의 재구성

'회로 만들기'에서 깊이 있는 연구를 하던 아이들이 3학년으로 진급했다. 그래서 기모토 선생은 '피라미드'와 마찬가지로 두 단원 '운동과 힘', '에너지'를 통합해서 '유원지는 역학의 보고다'라는 단원으로 변경했다. 유원지라는, 친근한 장소에 숨어 있는 물리적인 현상을 검증하면서 그 배움을 활용해 회로를 실제로 만들어보자는 것이었다. '운동과 힘' 단원을 1단계, '에너지' 단원을 2단계 그리고 지금까지의 배움을 종합한 제3단계로 설정해서 탐구활동이 나선형이 되도록 구성했다. 그 때 '회로 만들기'

에서 지적받은 모둠별 발표방법도 대화가 더욱 활발해지도록 개선해서 각 단계별로 배치했다. 이 탐구활동은 처음에는 4명씩 모둠을 이루어 소규모 협동활동에서 시작하지만 최종적으로는 반 전체가 분석을 하고, 각각의 탐구의 장에서 했던 실험을 바탕으로 활발한 의견의 교환이 이루어지도록 했다. 물론 이것은 화학회로 만들기의 경험을 충분히 살린 수업이었다.

이러한 과정을 통해 기모토 선생은 "교사인 나 스스로도 탐구활동의 방식에 대해 좀 더 깊이 생각하게 되었다."고 말했다. 또한 과학교사로서 수업에 대한 생각을 좀 더 조리 있게 말할 수 있는 교사가 되고 싶다는 바람을 갖게 되었다.

3 / 교사의 성장을 지원하는 연구활동

우리 학교에는 교사들이 서로를 존중하고 서로 칭찬하는 분위기가 형성되어 있다. 어떤 자리에 있건 어떤 연배이건 교사들이 서로 존중한다는 것은 결국은 아이들을 상대로 한 수업 만들기에도 반영되고 있다고 생각한다. 나아가 교사도 아이들도 하나의 일에 진지하게 임하는 협동장면을 많이 볼 수 있는데, 이때도 교사들의 단결력이 돋보인다. 이것을 뒤에서 지지해주는 것이 바로 매일 추진되고 있는 연구활동이다.

처음 부임해서 연구회에 출석했을 때는 전혀 모르는 단어만 들리고 도대체 무엇에 대해 이야기하는지 파악이 되지 않았던 게 사실이다. 그래서 현재는 적은 수의 부회 단위로 교과를 초월한 토론을 진행하거나 여름과 봄의 연구회에서 교사들의 실천을 정리해 이야기하는 것으로 과제를 도출하고 그 다음의 실천으로 연결시키는 연구를 추진할 수 있게 되었다. 거기에서는 대학 협력연구자들과의 의견교환이 갖는 의미도 크다.

한편 본교에서는 1년을 통틀어 연구 일정이 확립되어 있는 것도 중요하다고 생각한다. 6월의 연구발표회를 대비해 그간의 과정을 되돌아보는 여름의 교사연구회, 그것을 수용한 가을의 실천, 겨울의 연구개요 집필 그리고 1년 동안의 연구를 종합해 정리하는 춘계 교사연구회… 그러한 일정 속에서 우리 교사들은 자신의 연구 흔적을 돌아보면서 실천경험을 쌓아가고 있다. 그리고 1년 단위로 정리한 것을 연구개요로 집필하고 연구발표회에서 제안함으로써 과제를 분명히 알게 되고, 해마다 교사로서의 성장을 실감해가고 있다.

야나기 노부아키(柳 伸明)

2장

협동적 탐구의 디자인

이 장에서는 본교 교사들의 성장을 뒷받침하는 본교의 연구 사이클, 협동연구의 모습에 대해 살펴볼 것이다. 연간계획 속에서 어떤 식으로 협동연구가 조직되어 있는지, 협동연구를 조직함에 있어서의 핵심사항 등을 서술했다. 본교 교사연구의 특징은 전체 연구발표회를 중심으로 각각의 부회들이 적절한 시기에 수업연구를 할 수 있게 균형적으로 조직되어 있다. 나아가 대학과의 협동연구가 일상적으로 이루어지고 있는 점도 간과할 수 없는 특징이다.

1

연간계획과
협동연구 조직의 핵심사항

1 / 연간계획에 편성한 수업연구

수업연구의 연간주기는 매년 6월 첫 번째 주 금요일에 실시되는 교육
연구발표회를 중심으로 조직되어 있다. 따라서 6월에 시작해서 다시 돌아
오는 6월까지 1년의 흐름이 중심이다.

1 교육연구발표회를 통한 성찰과 결의(6~8월)

본교의 교사들은 6월 첫 번째 주 금요일의 교육연구발표회가 끝난
후, 그 다음 주에는 연구회의 운영과 내용에 대한 평가와 성찰을 시작한
다. 구체적으로는 각 부회에서 공개수업에 대한 보고와 앞으로의 방향성

이 검토되고, 전체 교사연구회에서는 각 분과회의 보고가 이루어진다. 여기에서 평가된 내용과 다음 해의 과제를 논의하고, 이를 중심으로 다음 해의 하위 주제가 설정되는 것이다.

본교는 단원 전체를 제안하는 방식으로 수업을 실천하고 있으며, 이는 연구발표회도 마찬가지다. 학습의 전개는 부회를 중심으로 계속 협의되어 부회마다 공개수업과 수업연구를 한다. 그 중 하나의 부회 수업이 전체 교사에게 공개되면 전체 교사연구회에서 수업연구회를 실시하고 있다. 그 수업연구 속에서 전체 연구의 방향성을 논의하고, 그 안에서 각자의 실천을 개선할 재료를 찾아낸다.

연구발표회에서 공개된 수업에 대한 평가와 정리는 7월 말에 하루 동안 실시되는 하계 전체 교사연구회에서 보고서 형태로 제출한다. 이후 분과회에서 각자 보고서를 발표하고 실천의 의의나 이후 과제에 대해 협의가 이루어지는데, 이때 협력자인 대학교수들도 각 분과회에 한 사람씩 들어가 조언을 해준다. 전체 회의 내용은, 예를 들어 2002년에는 오른쪽 표와 같은 형태로 이루어졌고, 2003년에는 2년차 하위주제에 대해서, 출판 프로젝트에 대해서도 해마다 내용은 여러 가지가 있으나 현직교사 교육과 겸해 연구방향성을 확인해가는 내용으로 기획하고 있다. 분과회에서는 정기적으로 멤버를 바꿔가며 서로 보고서를 발표하고 공유하고 있다.

이 보고서를 기초로 여름방학 중에 대학의 실천센터에서 연구논문

2002년도 하계 전체교사연구회
① 전체회 I
· 제 5회 연구회의 실천내용에 대해
· 향후 연구동향에 대해(마츠모토 교수의 강연)
② 분과회
· 보고서 발표, 협의
③ 분과회 II
· 아키타 교수의 강연 내용 보고
· 분과회 보고
· 제 5회 연구주제에 대한 협의
· 대학 교수들의 조언, 평가

을 작성하는 교사들도 다수 있다. 이 보고서는 다음 해 연구기록의 토대가 되고 있다.

2 문화제(종합적인 학습의 중간발표)의 구축(9월)

9월이 되면 마지막 주에 개최될 문화제 준비가 시작된다. 문화제란 학년 프로젝트를 발표하는 장이기도 하다. 3학년 학생들의 연극은 물론 1, 2학년 학생들의 조사활동에 있어서도 중간발표의 장이 된다. 이 기간에는 교과수업연구를 하기보다는 학년을 중심으로 한 프로젝트 발표에 지금까지의 구상을 구체화해서 구축한다. 2주 남짓한 기간에는 동아리활동도 축소해서 현장학습을 나가는 등 문화제를 준비하는 시간으로 할애한다. 이렇게 프로젝트에 집중적으로 시간을 투자하면서 학생과 교사 및 학교 전체가 내실 있는 문화제를 위해 차근차근 준비해간다.

3 각 교과의 주제 해명을 위한 수업실천(10~1월)

문화제와 교육실습이 끝나면 교과수업 충실기간에 들어간다. 전체 연구주제, 교과주제 해명을 위해 부회를 중심으로 다수의 수업연구회가 열린다. 그 중 두 번은 전체 교사연구회에서 다뤄진다. 전체 교사연구회에서는 그 밖의 전체 주제를 해명하기 위한 각 교과의 구조를 발표하고, 학년 프로젝트에 대한 보고와 협의, 연구학교 참관보고회 등이 열린다. 전체 연구주제가 바뀐 해에는 사회자, 협력자 모임을 열어서 다른 학교의 교사들로부터 연구의 방향성에 대한 의견을 들어보는 기회도 갖고 있다.

수업공개방법에 대해서도 의도적으로 이전과는 다른 형식을 취하고 있다. 즉 이전에는 공개수업 시 학습지도안을 교육연구발표회에 맞추어 세밀하게 작성했으나, 이제는 전개구상이나 간단한 흐름만 쓴 메모 정도로 준비해서 교사의 부담을 최소화하면서 공개할 수 있도록 하고 있다. 또한 공개 당일에 시간과 장소가 공지되어, 다른 도시에서 온 교사들이 참관하러 갈 때 시간별로 작성되어 있는 수업기록에 관찰한 내용을 써 넣고 있다. 수업의 구상과 전개도 부회모임에서 논의한 견고한 내용이 아니라 수업에서의 어려움이라든가 도전해보고 싶은 과제들을 가지고 임함으로써 수업기록을 토대로 협의해가는 과정을 중시하고 있다.

4 연구기록 집필과 학년활동 (2~3월)

2월이 되면 다음 해의 연구기록 집필을 시작한다. 실천편, 각 교과의 이론편을 병행하여 추진하고 있으므로 연구의 마무리에 들어가는 셈이다. 개선할 것들에서 연구의 심화를 볼 수 있다. 전체 교사연구회에서는 다음 해 연구발표회의 운영에 대해 협의한다. 공개수업에서 쓸 지도안의 형식도 이 기간에 결정된다.

연구기록의 원고에 대해서는 교사들의 이동도 있기 때문에 춘계 전체 교사연구회에서 제출하기로 한다. 이때에는 봄방학 중 반나절을 잡아 여름과 마찬가지로 대학교수들도 참가하고 있다. 우선 각 분과회에서 원고를 발표하고 여기서 받은 조언을 참고로 하여 여러 차례 수정을 반복한다.

학년 프로젝트로 실시되는 종합학습은 3월 중간에 있는 2학년 수학여행, 1학년들의 현장체험학습이 큰 의미가 있으므로 학년활동에 대해서는 학년협의회에서 계속해서 협의하면서 실천하고 있다.

5 연구발표회에서 공개할 수업 준비(4~5월)

4월이 되면 교육연구발표회에서 공개할 수업 준비에 들어간다. 수업할 학급, 단원의 결정부터 수업지도안의 작성까지 차례차례 진행된다. 수업구성에 대해서는 부회를 중심으로 논의하고 전체적인 총론에 대한 검토와 연구발표회 준비에 관해서는 전체 교사연구회에서 협의한다.

5월 중순에는 사전연구회를 개최한다. 이때 대학, 도교육위, 시교육위, 각 교과부회장들로 구성된 지도자들과 일반 공립학교와 후쿠이 부속초등학교의 연구협력자들을 초대해 연구회를 갖는다. 분과회에서는 각 교과의 1년간 연구내용을 발표하고, 공개수업의 구상에 대해 밝힌다. 발표회 당일에도 참가자들의 귀중한 의견을 받아들여 수정을 거듭하면서 완성해간다. 이렇게 해서 6월 첫째주 금요일에 교육연구발표회가 열린다.

2 / 협력연구 조직의 핵심내용

1 교과를 연구하는 부회와 학교 전체의 필수적인 연구주제

① 수업연구를 중심으로 하는 부회

본교 연구의 핵심은 '수업연구'인데, '부회'가 중심이 되고 있다. 중학교는 교과의 벽이 높아 점점 타 교과의 교사들은 수업연구회에서 의견을 말하기가 어려운 게 현실이다. 본교에서는 부회를 조직함으로써 이러한 문제를 해결하고 있다. 예전부터 수업연구회를 조직할 때는 교사 전원으로 편성된 전체 교사연구회에서 해왔다. 매월 공개 수업자를 정하고 연구수업을 한 후 연구회를 가졌지만, 전원이 서로의 의견을 주고받기가 어려웠다.

그래서 몇 년 전부터는 4개의 '부회'를 만들었다. 수업연구의 중심 키워드인 '주제', '탐구', '표현', '생활능력'을 그대로 부회의 이름으로 하고 각자 주제를 정해 연구를 해왔다. 소수 모둠인데다 서로의 수업을 쉽게 참관할 수 있고, 시간을 마련해 서로 의견을 주고받기도 쉬워졌다. 연구내용도 반드시 교과 고유의 것으로만 할 게 아니라, 교과를 초월한 공통의 주제를 가질 수 있게 되었다.

연구과정은 때때로 전체 교사연구회에서 발표해서 공유하고 경우에 따라서는 쉽게 부회이름을 바꿀 수도 있다. 예를 들어 '주제' 부회에서 '교육과정 디자인' 부회로, '표현' 부회는 '커뮤니케이션' 부회라고 정하기도 한다. 그러나 이름이 일치하지 않는 경우도 있다. 원래 수업은 이런 요소들이 서로 복합적으로 얽혀 있기 마련이다. 예를 들어 '탐구'가 빠진 '커뮤니케이션'은 있을 수 없다. 각 연구 영역을 존중해줄 필요는 있지만, 수업연구를 심화시키는 데는 이것이 방해가 되기도 한다. 이를 해소하기 위해 2002년에는 4개의 부회라는 형식은 남겨두면서도 부회명을 없애고, 대신 ABCD로 구분했다. 전체 수업연구회에서도 이전처럼 개인 순번을 정하지 않고, 4개 부회 각각이 연간 1회 전체에 공개함으로써 전체 수업연구회를 하게 되었다.

예를 들어 2부 보건수업의 마지막 장면인 '사랑은 성병을 막을 수 있는가?'라는 심포지엄에서도 수업에 대한 검토를 진행했다. '과제가 좋아', '이 문제를 해결하려면 지금까지 학습내용을 다 이해하고 있어야 하니까', '말하자면 이해를 충분히 하지 못한 학생들도 한 번 더 복습할 기회가 된 다', '그래도 아이들이 아이디어를 내서 제안한 내용이라 교사가 일방적으로 밀어붙이는 수업은 아니네' 등등 과제의 가치가 교과를 뛰어넘어 공유되어가는 것이다. 또는 "사토미는 이 과제에 매달리고 있네. 어떻게 해결해야 하는지까지 몰입할 수 있을까?", "그 애는…" 하는 식으로 아이 한 사람 한 사람에 대해서도 의견이 교환되고 있으며, 그 아이들의 배경까지도 파악해가고 있다. 연령과 경험의 차이에 관계없이 무엇이든 자유롭게 말하는 가운데 수업의 의미가 더욱 분명해지고 공유되어가는 것이 바로 본교의 부회다.

② 부회 편성의 핵심

부회를 편성할 때 고려해야 할 것이 몇 가지 있다. 인원은 한 부회당 4명 정도가 서로 대화를 나누기에 적절한 규모이므로 4명으로 하고 있고, 운영은 연구기획 담당자가 맡고 있다. 교과별 연구모임이 아니므로 같은 교과인 경우 의도적으로 다른 부회로 배치하나 내용적으로 치우치지 않도록 '국어, 사회, 수학, 과학, 영어'와 '음악, 미술, 보건, 기술, 가정'은 반드시 4개 부회에 고르게 편성하고 있다. 그 밖에 학년 소속이나 연령, 경력 등은 고려하지 않는다.

같은 교과별로 수업연구를 하면 어떻게 하더라도 과제의 좋고 나쁨이라든가 과제를 다루는 방법 등에 대한 논의에 집중되기 쉽다. 하지만 교과를 초월해 구성된 부회에서는 그런 것보다는 '아이들이 어떻게 배웠는가' 하는 시점에서 논의가 시작된다. 아이들의 실태에서 대화가 시작되는

데, 그 교과내용에 대해서는 자세히 모르는 상황이므로 부담 없이 무엇이든 질문을 할 수 있고, 결과적으로는 서로의 교과 교육과정의 구성까지도 다루게 된다.

또한 부회명을 없앰으로써 전체 주제를 해명하려는 의식이 점점 더 커지게 되었다. 중학교의 전체 연구주제는 일단 정해져 있지만, 실천적 연구는 교과에 맡겨져 있는 경우가 많을 것이다. 본교의 연구주제인 '탐구하는 공동체의 창조'는 수업에서 협동을 기반으로 서로 대화를 나눌 때 공유하는 말에 의해 만들어지는 것이다. 즉 '탐구'와 '대화'가 중요한 키워드이며, 이것을 토대로 수업연구가 이루어지고 있다. 수업연구회뿐만 아니라 전체 주제 그 자체에 관한 협의나 하위 주제 해명에 관한 협의, 보고서의 발표 등이 이루어져 협의내용이 연구기획에 전달되어오기도 한다. 이처럼 기능적인 4개의 부회와 전원 공통의 이해를 기반으로 한 연구주제는 협동연구의 두 중심축을 이룬다.

2 연간계획을 결정하는 교육연구발표회

① 매년 개최, 전원이 수업

연구 흐름의 중심에는 6월 첫 번째 주 금요일에 열리는 교육연구발표회가 있다. '매년개최, 전원수업'이 전통으로 공개수업, 분과회(수업연구회) 그리고 전체 연구회가 열린다. 매년 개최함으로써 연간 연구주기를 만들 수 있으며, 교사 전원이 수업에서의 어려움이나 고민을 공유하여 '아래로부터 형성되는(bottom-up)' 구조의 연구체제를 갖고 있다.

교육연구발표회를 2년마다 개최하는 게 어떨까 하는 논의도 있었으

나, 연간주기 구성의 중요
성과 2년마다 개최할 경우
1년차의 실천에 대한 성찰
이 소홀해져 1년차의 실질
연구가 정체될 우려가 있
다는 데 의견이 모아졌다.
그리고 각 교과에서 연구
주제를 구체화해서 발표하
지만 그 중에서도 공개수
업이 그 중심에 있다. 오른
쪽의 표가 2003년도 연구
발표회의 내용이다.

공개수업과 분과회의
외에는 해마다 다양한 기
획이 이루어지고 있으나,
2003년도에는 전체 교사

2003년도 교육연구발표회

「탐구하는 공동체의 창조(1차년도)
 ~교육과정을 성찰하여 재구성하다~」

주요 제안

· 제 4기 연구 주제 「탐구하는 공동체의 창조」설정의 취지
· 교과 교육과정을 성찰하여 재구성을 구체화하다.
· 주제를 해명하기 위해 「주제–탐구–표현」형의 수업을 제
안함
· 교과의 벽을 넘는 수업연구회의 구상
1 : 공개수업 I (08:50 ~ 09:40)
2 : 공개수업 II (10:00 ~ 10:50)
3 : 분과회 (교과별) (11:10 ~ 12:40)
4 : 전체 연구회 (13:40 ~ 14:15) – 연구경과보고
5 : 전체 연구회 (14:30 ~ 16:20)
「바람직한 수업연구회를 추구하다」(공개수업연구회)
   강사 : 도쿄대학 아키타 키요미(秋田 喜代美) 교수
   후쿠이대학 마츠모토 켄이치(松本 健一) 교수
– 수업연구회의 의미는 무엇인가.
– 교과 간 장벽이 강한 중학교에서 어떻게 하면 교과를 넘는
  내실 있는 수업연구회를 만들까.
– 대표적인(모델이 될 수 있는) 수업연구회를 공개하고
  대학의 연구자들을 초청하여 함께 모색해봅시다.

가 모두 모여서 '공개수업연구회'를 가졌다. 그러나 체육관 등에서 수업
을 공개하고 그 자리에서 바로 연구회를 하는 게 아니라 수업연구회를 공
개함으로써 연구회의 바람직한 방향에 대해 제안했다. 여기에 참가할 때
는 수업지도안과 수업관찰 기록물을 가지고 가야 하는데, 보통 때의 부회
처럼 교과를 초월해 적은 수의 인원으로 수업에 대해 서로 대화를 나눴다.
수업의 한 장면을 들어 아이들의 반응을 토대로 수업의 구성과 단원 전체
의 구성에 대한 대화가 오갔다. 지도자인 아키타 키요미 교수로부터 아이
들의 발언이나 대화를 어떻게 다루어야 할지에 대한 조언도 들었다. 또 교

과를 초월해 수업에 대해 대화할 수 있으려면 수업참관기록을 어떻게 해야 하는지 어느 학교에서든 해볼 수 있도록 꼭 다루었으면 좋겠다는 이야기도 들었다.

연구발표회에서는 후쿠이대학의 협력연구자 외에도 강연이나 지도조언을 위해 외부에서 오신 분들도 있는데, 이분들은 당일의 강연으로 그치지 않고 3년 정도 본교의 실천과정에 지속적으로 협력해왔다는 것이 특징이다. 아키타 키요미 교수는 2년째 연구발표회에 참석했는데 평소에도 교사들의 보고서를 읽고 코멘트를 해주셨고, 연구주임이 수차례 면담해서 연구의 방향성에 대해 조언을 받기도 했다.

공개할 수업은 4월 초부터 준비해서 각 부회에서도 수업구상에 대해 협의한다. 학습지도안은 수업단원에 대해 수업자의 단원설정 의도(교과의 본질과 관계, 전체 연구 주제, 수업자가 도전해보고 싶은 것, 문제점을 극복하는 방법 등), 목표, 단원 전체의 '학습 전개 계획과 실제'에 대해 기술한다.

② 학습지도안의 특징

그 중에서도 수업을 구상할 때는 단원명을 정하는 것과 단원 전체를 통해 구상하고 기술한다는 것이 본교 학습지도안의 주요한 특징이다. 단원명은 '역동적으로 이름붙이기'라고 할 수 있는데, 기존에 있던 단원명을 그대로 사용하지 않고, 아이들이 무슨 활동을 하는지 보이도록 이름을 정함으로써 학습하는 아이들도 그 활동을 의식하게 하고 있다. 또 학습지도안에는 공개수업 바로 전까지의 학습활동 이력을 넣게 함으로써 새롭게 재구성되어간다. 따라서 공개수업 당일, 본시의 전개 구상과 아이들의 주요한 학습활동, 이제까지 배움의 이력이 담겨 공개된다. 그런데 본시 1차시의 수업 전개와 과제의 형태, 교사의 발문, 아이들의 발언 등에 대해서

만 다루는 게 아니다. 즉 단원 전체를 고려해 수업이 어떻게 구상되고, 어떤 점을 수정해왔으며 또 어떤 탐구가 이루어지는지 이런 과정 전체가 다뤄진다는 것이 본교 공개수업의 특징이다. 이러한 것들은 모두 교육과정의 줄기이자 '핵이 되는 배움'을 기반으로 해서 이루어진다.

3 서술방식을 바꾼 연구기록

① 성찰을 거듭하다

매년 열리는 교육연구발표회 후에는 연구기록이 발간되는데, 발간하기까지 여러 차례 수정과정을 거친다. 우선 하계연구에서 1차 보고서를 제출하면 분과회에서 읽고 의견을 수렴한다. 이후 여름부터 겨울까지의 실천내용도 합해 이론편은 겨울방학이 시작되면서 봄 연구회 때까지 계획적으로 써간다. 새해가 시작되면 사전 연구회에서 3차 제출해 검토하고, 최종적으로 5월 셋째 주에 원고가 완성된다. 각각의 검토 장면은 주로 분과회에서 서로 읽고 맞춰보면서 협력적으로 완성시켜가는 시스템이다.

'다이어그램'의 실천에 대한 하계연구회에서 '교사가 준비를 많이 했다는 것은 알겠지만, 실제 아이들이 어떻게 받아들였는지에 대해서는 잘 모르겠다', '수업을 봤을 때는 학습내용의 스토리와 심화내용을 알 것 같았는데 이 보고서만으로는 잘 모르겠다'는 부정적인 의견이 나왔다. 모든 내용을 다 썼건만 전달되지 못한 게 유감스러웠지만, 다시 기운을 내서 수업이 어떻게 진행되었는지 모두의 질문에 답해가면서 차근차근 설명을 했다. 그러자 주제의 설정과 심화 구조가 서서히 공유되기 시작했다. '역시! 주제탐구형 수업이라는 게 이런 거구나. 과학과에서도 해보면 좋을텐데!'

라고 생각했다. 다른 교과의 교사들도 이를 받아들이기 시작했다. 그리고 다음번 모임까지 다시 수정해서 글을 썼다.

1부, 음수의 실천을 다루었을 때는 '학생들이 실생활에서 학습제재를 가져오는 게 효과적인가?' 하는 것이 화제가 되었다. 또 수학의 전문용어가 학생들의 대화를 바꿔, 탐구가 심화되어가는 모습을 볼 수 있었다는 이야기도 있었다.

"그런데 이 정도로 아이들의 대화를 생각하고 있었네요. 비디오로도 녹화해두었나요?" 하고 아이들의 대화 부분을 의도적으로 많이 넣어서 대화의 장면을 표현했으면 좋겠다는 이야기로 옮겨갔다. 비디오로 녹화해두었을 뿐만 아니라, 물론 다 기억할 수는 없지만 중요한 장면은 아직도 생생하게 기억난다고 설명하자 '놀랍다'는 반응들이었다. 조언자로 참여했던 대학 교수님은 중요한 것은 기록이 아니라 수업자가 그 당시에 있던 일을 파악하고 있느냐 하는 것이므로 비디오 녹화는 그리 중요하지 않다고 했다. 즉 수업자가 눈앞에서 일어나는 일을 어떻게 포착해가는지가 훨씬 더 중요하다는 조언이었다. "하지만 아직, 우선은 써야 하는 단계이니 한 걸음 더 나아가서 중요한 장면 변화의 부분이라든가 수학적으로 중요한 부분을 자세히 보고했으면 좋겠다."며 남은 과제를 밝혔다.

② 아이들의 활동을 중심에 놓고

연구기록의 내용에 대해서는 의도적으로 구성을 바꿀 수 있다. 교과 수업이든 체험활동이든 시간을 기준으로 아이들의 모습을 담아 내는 게 중요하며, 교사의 지원은 아이들의 활동 속에 녹아들도록 묘사하게 하고 있다. 소위 연구가설을 세워 검증하고 수정해가는 형식이 아니라, 읽는 사람이 아이들의 활동을 추적해가면서 역으로 체험할 수 있는 형식을 지향하고 있는 것이다.

하지만 학습활동 전체를 무작정 기록하면 기록의 양이 점점 커지므로 활동의 단순한 나열에 그치고 만다. 그러면 일반적인 비디오 녹화와 다를 게 없다. 이런 식으로는 다음 실천으로 이어질 수 없다. 기록문이 아니라 연구논문이기 때문에 교사가 아이들의 활동 의미를 어떻게 읽어 내, 어떻게 재구성하느냐는 교사의 역량에 달렸다.

이렇게 바꾼 이유는 수업에서 아무리 즉각적인 효과가 있더라도 효율적인 지도방법이나 기능이라는 것이 본질적으로는 교사의 역량을 변화시킬 수 없다는 생각에서다. 아이들의 모습을 보다 보면 그때그때 상황에 맞게 도와주는 방법도 달라지게 마련이다. 여러 번 말했지만, 우리들은 한 차시의 수업지도안을 제시하는 게 아니라, 긴 안목으로 각 장면을 탐구해서 지도안을 작성하고 있다. 긴 탐구의 흐름에는 과제를 다루는 방법이나 학생들의 대화를 이끌어 내는 방법, 학급의 분위기 등 아이들의 다양한 모습을 보여주고 이에 따라 교사도 탐구의 시간이나 공간을 보장하기 위한 다양한 방법을 사용하고 있다. 이것을 표현하기 위해서는 아이들의 모습이 최대한 드러나야 한다고 생각한다.

기록을 할 때는 이해하기 쉬워야 한다는 것이 대전제다. 쓰는 사람은 이미 연구가 끝난 상태이므로, 처음에 전문적이고 이론적인 결론을 서술한 후 점차 그것을 설명해나가는 방식도 상관없을 것이다. 하지만 그렇게 하면 이를 읽는 사람의 입장에서는 미리 짜놓은 대로 따라가게 되므로 수업의 양상이 잘 전해지지 않고 교사가 아이들을 어떻게 도와주고 있는지도 파악하기 어려워질 수밖에 없다. 일반적으로 교과서는 그 내용을 잘 알고 있는 교사측에서 쓰여진 것이 많은데, 그것을 탐구해가는 아이들로서는 자유롭게 접근하기가 어렵고 또 왜 그렇게 되었는지 제대로 이해하기 어려운 것과 마찬가지다.

　장면을 서술하는 방법에 대해서도 신경을 많이 쓰고 있는데, 어떤 면에서 보면 수업은 드라마와 같다. 교실에서 벌어지는 드라마틱한 일들을 기록하는 데 있어 기존의 딱딱한 교과내용을 보여주는 말만 나열한다면 그 장면은 충분히 살아날 수 없을 것이다. 따라서 전체 연구와 관련된 것을 나타내거나 수업자가 무엇을 중요하게 생각하고 있는지를 드러낼 수 있는 장면의 제시방법이 중요하다고 할 수 있다.

4 전체 연구의 5개년 계획

　현재의 '탐구 공동체를 만들다'는 제5기의 주제이며 5년간의 계획이다. 제4기 때의 주제 '배움을 연결하는 아이들 ~ 탐구·창조·표현을 통해'도 5년간 계속되었던 주제였다. 이렇게 긴 호흡의 연구주기가 만들어진 것은 5년 전 『탐구·창조·표현하는 주제탐구학습』의 출간 후, 한 해의 실천만을 고찰하지 말고, 몇 년에 걸친 실천을 조망하자는 제안을 수용해 현재와 같이 정착된 것이다. 몇 년을 주기로 연구를 지속할지에 대해서도 전체 교사연구회에서 의논해 결정된 것이다. 5년은 너무 길다는 의견도 있었으나, 주제를 정하고 주제 자체에 대한 공통의 이해와 개념을 규정하는 데만 해도 1년은 걸리니 연구를 지속해가는 데는 5년 주기가 적당하다는 결론이 났다. 이번 회기의 주제는 전회기의 주제와 다른 게 아니라 이어지는 연구이므로 10년 주기라고 말해도 좋으나 연구의 범위가 너무 넓으면 이해하기 어렵기 때문에 '탐구'와 '공동체'로 한정지어 아이들과 교사 모두 탐구하는 공동체 형성을 목표로 하고 있다. 또한 그 위에 하위주제를 덧붙여 협동연구의 초점을 분명히 하고 있다.

또한 본교 연구의 특징은 '핵이 되는 배움'을 중심으로 3년을 관통하는 교육과정을 구성하며, 실천과 성찰을 통해 재구성해가는 것이다. 이러한 교육과정을 구성하는 데 있어 아이들의 모습을 추적해가자면 3년은 짧을지 몰라도 5년의 연구 주기면 적절할 것이다.

5년 주기로 해서 단순히 결과를 모으는 데 초점을 두지 않고, 어느 정도 여유를 갖고 연구를 진행해가는 형태다. 처음에는 모든 교과가 같은 속도로 연구를 진행해가기가 어려웠지만, 수업이나 보고서 등을 통해 다른 교과의 연구내용을 읽으면서 점차 같은 방향성을 띠게 되었다.

5 방향성을 확인하고 기획해가는 연구기획

'연구기획'은 연구주임, 교과 담당, 종합 담당(창체담당) 등 6인으로 구성되어 있으며, 월 2회 있는 전체 교사연구회의 기획, 운영 및 부회연구의 운영과 연구추진에 관한 전반을 책임지고 있고, 활동 시간도 공식적으로 주어져 있다. 연구기획은 연구주제나 연구기록의 형식을 제안하는 역할을 하고 있으나, 결코 위에서 아래로 전달하는 식이 되지 않도록 주의하고 있다. 이를 위해 연구기획은 각각의 부회에서 냈던 의견을 수렴해 문제점을 철저히 밝혀내고 있다.

예를 들어 '주제-탐구-표현'의 형태로 수업을 하려고 하는데, 이것이 '목표-달성-평가' 형태의 수업과 구체적으로 뭐가 다를까? 교과에는 교과 목표가 있는 게 당연한데, 그 위계를 바꿔 버리면 초점이 잘 맞지 않을 거라며 어떤 부회에서 화제가 된 적이 있다. "교과의 목표를 없애라는 게 아니라 스토리를 잘 이어나가 주제를 탐구하는 가운데 자연스럽게 교과내용이 재구성되어 체득해가도록 조직해야 합니다", "학습에는 필연성이 요구되는데 교과목표 그 자체를 그대로 들고 들어가도 학습이 진전되지 않는 것 같아요", "중요한 것은 지금 필요한가 아닌가네요." 하며 다른 멤버들이 생각을 전한다. "말이 너무 추상적이니까 부회에서는 수업 수준에 대한 구체적인 말을 하는 게 낫지 않을까요?" 등 부회운영의 방향도 수정해갔다.

어느 때는 "평가는 어떻습니까? 매우 중요한 활동 같은데요…" 하는 문제제기도 이루어진다. "아이들의 배움이 어떤 상태에 있는지를 의식하면서 하는 평가는 중요하죠. 무시해서는 안 돼요…" 즉 평가는 점수와 구별해서 생각해야 한다. 그렇지 않으면 아이들에 관한 단편적인 연구밖에 안 된다. 아이들이 목표에 도달했는지 아닌지를 세밀하게 측정해가는 시스템에서는 탐구의 폭도 좁아져 우리들이 목표로 하고 있는 세 개의 S(Story, Spiral, School culture)에서 분리된다는 것도 재확인했다. 이렇게 연구기획에서 논의되었던 것들은 각각의 부회에서 재검토되고 있다.

지금까지 기술한 협동연구 편성의 핵심은 연구기획에서 화제가 되어 전체 교사연구회에서 제안해왔던 것들이다. 연구기록의 각 교과편성 구성에서도 매년 똑같은 형태가 아니라 연구에서 핵심에 관한 논의에 따라 달라진다. 학교 전체로서는 어떤 연구를 해야 할까? 그 연구를 하려면 어떻게 교사들의 모임을 편성해야 할까? 교사들은 실천에 대한 성찰을 어떻게 하고 싶어 할까? 대학교수들과 함께 연구의 방향성을 만들어가는 것이 바로 연구기획 담당의 역할이다. 또한 이들은 학사일정을 고려하여 연구에 힘을 쏟을 시기도 조정하고 있다. 연구부의 정보는 교무실에 있는 연구부 전용 게시판을 통해서도 전달된다. 각종 연구회 정보나 추천도서, 공개수업 계획, 다양한 원고의 집필계획 등이 항상 눈에 띄는 곳에 보이는 것도

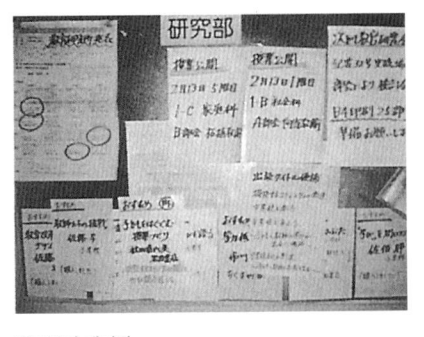

연구부의 게시판

연구의 일상화에 한몫을 하고 있다.

공개수업에서 관찰한 내용을 정리할 때는 교사 전원이 연결되어 있는 컴퓨터의 연구부 파일이 그 역할을 한다. 연구회가 협의 도중 다음 회로 넘어가게 되었다든지, 모든 사람의 의견을 듣고 싶을 때도, 각자가 자기 속도를 고려할 수 있기 때문에 효과적이다.

이전에는 연구기획 담당자들이 의사결정을 하고 이를 교사연구회에 제안하는 방식이었으나, 최근에는 연구기획의 제안이라고 말하지 않는 것이 대부분이다. 그렇게 하는 것이 연구기획 담당자들이 내용을 숙지해서 교사연구회에서 의견을 내거나 질문을 하기 쉽고, 내용이 깊어지고 이해하기도 더 쉽기 때문이다. 연구기획 대 일반 교사들이라는 도식이나 둘 사이의 벽 같은 건 적어도 본교에는 존재하지 않는다.

6 대학과의 협동연구

본교의 협동연구가 원활히 진행될 수 있는 가장 큰 요인은 무엇보다 협동연구를 통해 대학의 연구자들과 긴밀히 연대하고 있다는 점이다. 이들 중 4명의 교수들은 전체 연구의 조언자로서 일상적으로 연락을 취하고 있고, 연구발표회나 사전연구회뿐만 아니라 하계와 춘계 연구회에도 참가해서 지도해주고 있다. 또한 이들은 각 교과의 실천보고서에 대해서도 코멘트를 해주고, 강습회를 열어주기도 하는 등 다방면에 걸쳐 협력해주고 있다. 연구기획 담당자들은 대학에도 드나들면서, 특히 이제까지의 연구를 정리하면서 연구주제 설정을 일단락 짓고 이후의 과제를 명확히 하는 데 도움을 받았다. 5년 전에 『탐구·창조·표현하는 창의적

연구기획 담당과 대학 연구자 회의

체험학습』을 출판했는데, 그때에도 구성부터 각각의 실천기록까지 연구자들로부터 전체적으로 지도를 받아가며 집필하고 편집을 해나갔다. 그러한 과정이 없었다면 아마도 출판은 불가능했을지 모른다. 현재의 연구기록 형태도 이런 식으로 출판을 하면서 정착된 것이다.

게다가 올해부터는 정규 시간표에도 짜넣은 연구기획 시간에 대학 연구자들이 와서 직접 지도를 해주고 있다. 정기적으로 협의하면서 그때 그때의 문제들을 다룰 수 있게 되어 효율적이다. 연구내용뿐만 아니라 교육연구발표회나 교사연구회의 운영방식에 대해서도 협의하고 있다. 여기에서 협의한 내용은 교내연구의 추진 상황에 따라 연구주임이 준비하고, 거기에 참가하는 형식으로 학교의 상황에 따라 진행되고 있다.

연구발표회나 연구기록 집필을 중심으로 연간계획이 만들어진다는 것은 각자가 전망을 갖고 협동연구에 참가할 수 있는 중요한 요소다. 또한 그 해의 주기도 연구주제의 5개년 계획 속에서 나온다. 이것을 축으로 해서 적절한 규모의 부회를 조직한다든지 대학과의 강력한 연대를 통해 협동연구를 추진해갈 수 있다. 교사들의 이러한 협동연구방식은 우리가 아이들에게 길러주려는 탐구하는 공동체의 모습, 즉 짧은 시간에는 얻을 수

없는 장기적인 흐름으로 주제를 탐구해가려는 전망을 갖고 공동체를 만들
어가면서 탐구에 몰두하는 모습과 같다는 것을 새삼스럽게 느낀다.

마키다 히데아키(牧田 秀昭)

인용 및 참고문헌

福井大学教育地域科学部附属中学校　『探究するコミュニティーの創造』研究紀要
第31号 2003
福井大学教育地域科学部附属中学校　『探究·創造·表現する総合的な学習』東洋館出
版社 1999
佐藤学　『授業を変える　学校が変わる』小学館 2000
佐藤学　『教育改革を実践する』岩波書店 1999
秋田喜代美　『子どもをはぐくむ授業づくり』岩波書店 2000
秋田喜代美　「シリーズ授業を創る」『教育トゥデイ 月刊進研ニュース中学版　ベ
ネッセ教育研究所 2000

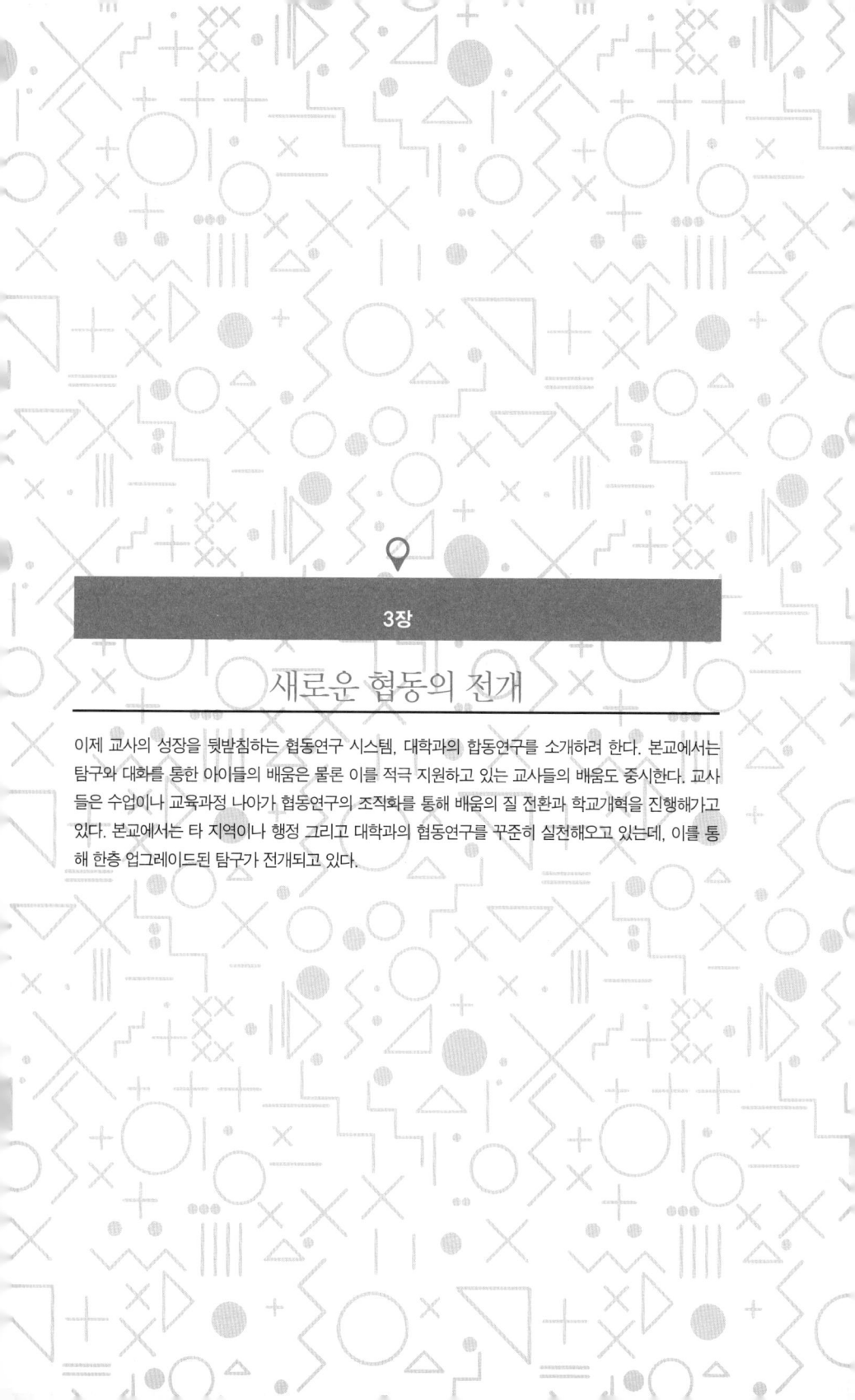

3장

새로운 협동의 전개

이제 교사의 성장을 뒷받침하는 협동연구 시스템, 대학과의 합동연구를 소개하려 한다. 본교에서는 탐구와 대화를 통한 아이들의 배움은 물론 이를 적극 지원하고 있는 교사들의 배움도 중시한다. 교사들은 수업이나 교육과정 나아가 협동연구의 조직화를 통해 배움의 질 전환과 학교개혁을 진행해가고 있다. 본교에서는 타 지역이나 행정 그리고 대학과의 협동연구를 꾸준히 실천해오고 있는데, 이를 통해 한층 업그레이드된 탐구가 전개되고 있다.

1

협동연구의 조직화를 통한
배움의 질 전환과 학교개혁

1 / 대학원 야간 학교개혁 실천연구과정 설치의
취지와 교육과정

우선 이 과정에 대해 간단히 소개해보려 한다. 책자 『서로 배우는 공동체로서의 학교를 만들기 위해 - 학교개혁 실천연구 입문』에서 이 과정의 취지를 이렇게 말하고 있다.

교육을 담당하는 전문가로서 교사는 조직을 유지하는 데만 머물지 않고 더욱 질 높은 교육을 위해 조직을 발전적으로 재구성하며 개혁해갈 책임이 있습니다. 그러나 이미 오랜 시간 동안 굳어져온 조직과 제도를 발전적으로 재구성해가기란 새로운 조직을 만드는 것보다 훨씬 더 힘들고 복잡한 일입니다. 실제로 조직의 실태에 입각한 섬세한 정밀조사와 연구를 진행하고 다양한 실험 결과를 비교 검토해가면서 개혁을 추진해가는 것이 필수입니다. 학교개혁은 그와 같은 정밀조사나 연구를 통해 반복적인 개혁의 실천이 끊임없이 전개될 때 실현된다고 생각합니다. 즉 학교에서 학습을 개혁하고 발전시켜나가기 위해서는 교사집단이 자발적으로 서로 협력하여 탐구하고 개혁하며 그 협동연구가 협동실천에 충실할 수 있는지에 달려 있다고 생각합니다. 학교개혁 실천연구과정은 이처럼 학교개혁을 위한 협동연구와 협동실천을 지원하기 위해 그리고 그 결과 교육개혁을 위한 새로운 실천연구를 발전시킬 것을 목적으로 신설되었습니다.

이 과정은 주로 본교와 대학과의 협동연구에서 나온 배움과 학교 만들기의 거듭된 실천과 성찰을 통해 구상되었다. 이 과정은 학교와의 계속적인 공동연구를 통해 학교를 거점으로 현직 교사를 교육함으로써 학교개혁의 실현을 꾀하는 대학원의 새로운 시스템이다.

이 과정에서 수년 동안 공동연구를 해온 본교에서는 매년 여러 명의 교사가 대학원에 입학하여 연구한다. 본교는 상시적으로 공동연구학교의 역할을 하고 있다. 교육과정은 '과제연구' 4단위, '자유선택과목' 6단위(~14단위), '학교개혁 실천연구' 16단위(~8단위), '학교교육연구' 2단위, '교육실천연구' 2단위의 합계 30단위를 2년 동안 이수하도록 되어 있다. 이 중 특징적인 것은 '학교개혁 실천연구'인데 학교와의 공동연구를 토대로 학교의 연구주제에 입각해서 해당 학교에서 개강한다. '교육실천연구' 2단위는 필수과목으로 토요일 등에 집중해서 강의한다. '학교교육연구' 2단위나 기타 6단위(3학점)를 하계·동계방학 등의 집중강의나 야간강의를 통해 습득하게 된다(괄호 안은 2년째 공동연구학교에서 다른 학교로 이동한 경우의 단위수).

2 / 연구과정을 통한 대학과의 새로운 협동연구 전개

본교에서는 해마다 몇 명의 교사가 대학원에 입학한다. 교육연구를 중점적으로 담당하는 연구기획 멤버가 주로 입학하는데, 이 과정에서 중학교와 대학과의 협동연구는 어디까지나 학교의 실천연구 리듬과 주기에 맞추어 진행되고 있다.

본교의 학생들은 하나의 단원, 단원 간의 연결, 나아가 연간 일정한 주기 속에서 배움을 심화시켜가고 있다. 그것은 교과를 초월하고 또한 학년 프로젝트 속에서 교과와 학년 프로젝트에서 나오는 서로 간의 배움 속에서 전개되고 있다. 이와 같은 연결과 반복 속에서 탐구와 대화와 협동을 쌓아가게 되는 것이다. 이러한 배움은 구상하고, 실행하며, 공유하고, 되돌아보고, 재구성해가는 일련의 움직임을 갖는다. 아이들의 배움을 지원하는 교사 쪽에서도 '스토리', '스파이럴(나선형 구조)'에 의한 단원구성과, '핵이 되는 배움'을 축으로 하는 3년간의 교육과정 디자인에 부응한 교사 간 협동연구의 다양한 편성이 이루어진다. 교사의 실천은 교과나 학급, 학년을 초월해 탐구적인 배움이나 교육과정 그리고 자신들의 협동적인 실천 조직을 재구성해가는 방향으로 전개된다.

이처럼 이 과정에서의 협동연구는 아이들과 교사의 실천연구 리듬이나 사이클에 맞는 형태로 진행되고 있다. 그 중심이 되는 과목은 '학교개혁 실천연구'다. 여기에서는 학기 전후반 모두 처음에는 '핵이 되는 배움'을 중심으로 스토리성을 의식한 단원의 배치, 재구성 등 수업실천의 구상과 전망이 검토된다. 학기 후반에는 그동안 이루어진 실천과정을 되돌아보고 그 기록을 중심으로 한 검토가 이루어진다. 그것은 여름이나 봄 교내 연구회의 장으로 이행해간다. 교사의 실천연구도 실천과 성찰과 재실천을 거듭하는 사이클이 기본이다. 또한 대학원생이 주요 멤버인 연구기획 항목별 협의에 대학교수도 참여하여 연구 구상이나 조직운영방법 등에 대해 검토해간다. 2003년부터는 매주 1회의 연구기획 회의에도 참가하게 되어 관계는 더욱 긴밀해졌고, 연구 또한 일상화되었다.

이 과정은 중학교 학습 주기에 맞추는 것을 기본으로 하면서도 이 학습주기의 리듬을 증폭시키는 기능도 수행하고 있다. 이 과정에 있는 모든 사람이 참가하는 이틀간의 하계 집중세미나나 3월의 실천연구, 사례연구는 새로운 협동연구의 기회가 된다. 지난 하계 집중세미나에서는 실천기록을 검토하고 교사들의 실천공동체에 대한 연구도 이루어졌다. 이때 이나(伊那)초등학교의 종합학습을 지원하는 교사집단의 조직과 배움, 호리가와(堀川)중학교의 개별연구를 지원하는 수업연구 그리고 본교의 탐구하는 공동체를 창조하는 교사들의 협동에 대해 분담해서 연구하고 이에 대한 보고와 토의가 이루어졌다.

오랜 기간에 걸쳐 뛰어난 실천의 자세를 구축해온 학교들의 협동연구 시스템을 배우고 부속중의 연구도 같이 검토해가는 가운데 학교의 조직화와 그 변혁의 실마리가 보이기 시작했다. 3월의 공개회의에서는 현직 대학원생이나 수료생, 위에서 언급한 선진적인 연구실천에 대한 경험이 쌓여 있는 학교의 교사들 그리고 다른 대학에서 교사교육과 수업연구를 하고 있는 연구자 등이 참가하여 이 과정에 재학 중인 현직 대학원생의 석사논문이나 실천기록을 소모둠으로 나누어 충분히 검토했다. 공개회의에서는 외부 인사를 교체해가며 소모둠으로 토의하는데, 6월 연구발표회의 공개수업에서 기술과의 새로운 연구수업 형태나 과학수업 도중 대학원생들끼리의 모둠 보고회라고 하는 대화방식은 아이디어가 되기도 했다.

여기서는 야간에 열리는 전문 선택과목의 이수도 병행해서 행해진다. 듀이 등의 고전이나 최근의 교육개혁과 학교개혁에 관련된 저작물과 자료 등을 교재로 한 세미나에서는 탐구나 배움의 질 전환 등등 본교의 연구 키워드가 되고 있는 사고방식이나 단어의 의미가 다시 검토된다. 이는 본교에서 비교적 오랫동안 근무해온 교사들에게는 자신들의 실천적 연구에 대한 의미나 관계를 재구성하는 기회가 되기도 하며, 신입 교원인 경우 본교의 연구 시스템에 대한 기초를 배우는 기회도 되고 있다.

3 / 과정 설치에 의한 대학에서의 교사교육 개혁과 조직의 재구성

이 연구과정에 있어 본교와 대학 간 협동연구의 전개는 아이들과 교사라는 두 가지 차원에서 전개되는 탐구하는 공동체의 추구에서 세 번째의 차원을 보탰다고 할 수 있다. 대학원생인 교사는 직장의 일원이자, 이 과정의 일원이기도 한 이중적인 구성원이다. 이들은 학교에서 전개된 실천내용과 사후의 검토를 이 연구과정으로 가져온다. 연구과정에서는 각각의 실천을 조직적으로 성찰하면서 재구성해간다. 그리고 학교에서는 다시 실천이 이루어진다. 두 가지 차원에서 이루어진 성찰적 실천이 고리를 이루고, 이 고리 역할을 대학원생이 담당하고 있는 것이다. 이 고리로 협동연구가 계속되고 반복되는 계기가 되었다. 본교와 관련되어 있는 4명의 대학교수도 이 과정을 장으로 한 교사교육과 학교개혁의 실천적 시도와 그것을 매개로 한 학부·대학원에서의 연구 조정과 조직의 재편을 행하는 고리를 담당하고 있다. 이 연구과정의 설치로 인해 본교와 대학 간의 협동연구는 더욱 다중적인 탐구하는 공동체 관계와 구조를 형성해가고 있다.

교사교육을 과제로 하는 대학으로서는 숀(Schön)이 제기한 '성찰적 실천가'로서 교사의 전문성 확보와 대학의 조직 재구성이라는 과제를 수용함으로써 개혁에 더욱 구체적으로 나서게 된 첫걸음이기도 하다.

4부

탐구하는 공동체의 전망

마지막으로 여기에서는 외부 협력 연구진들에게 들어보는 본교에서 이루어지고 있는 학교개혁의 의미를 살펴볼 것이다. 특히 오랜 기간 일상적인 협동연구를 진행해오고 있는 후쿠이대학의 연구진과 3년간 계속해서 지도 조언을 아끼지 않고 있는 도쿄대학교의 아키타 키요미 교수로부터 탐구하는 공동체를 지향하는 본교의 연구 의의와 함께 향후의 전망에 대해 들어볼 것이다.

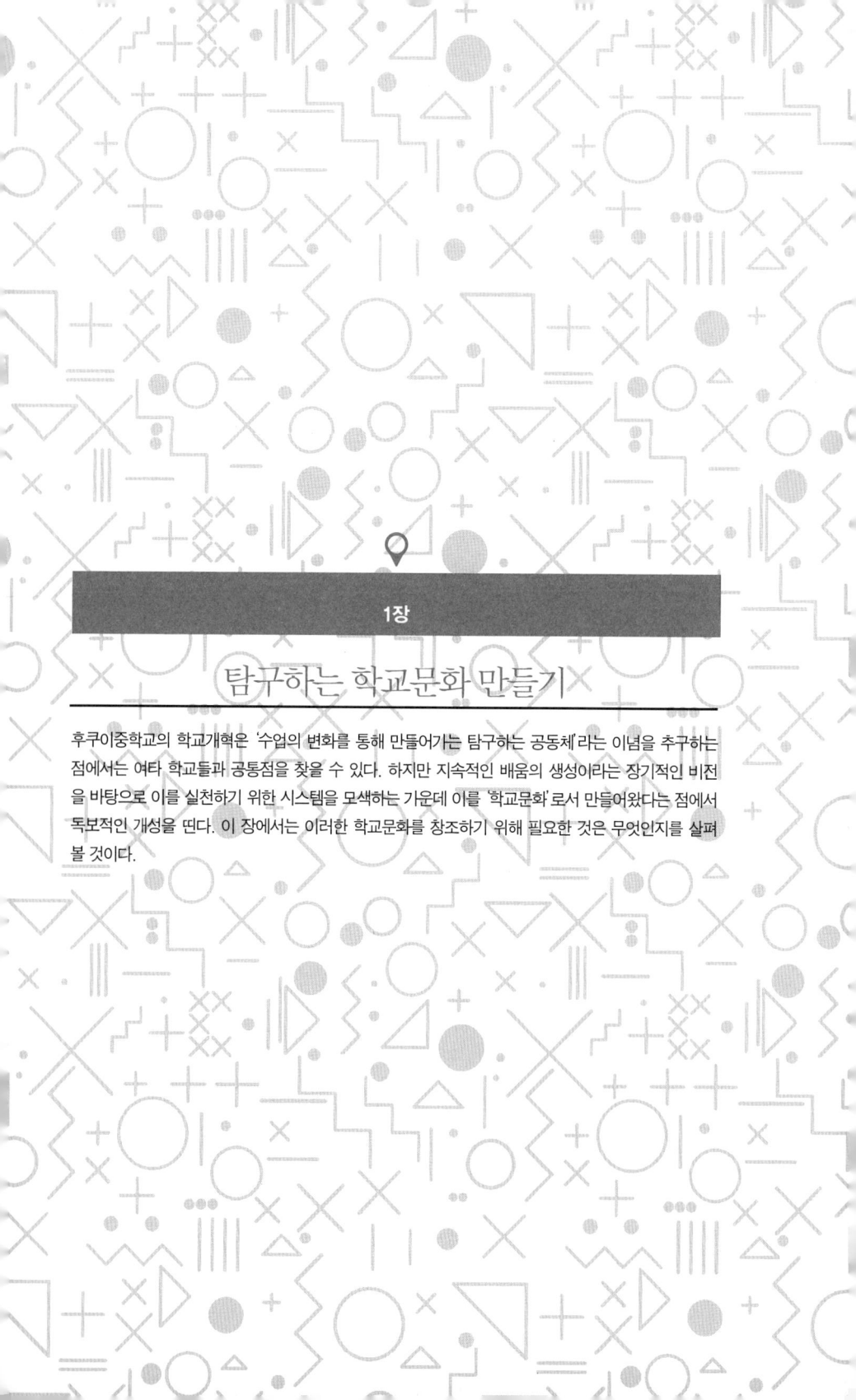

1장

탐구하는 학교문화 만들기

후쿠이중학교의 학교개혁은 '수업의 변화를 통해 만들어가는 탐구하는 공동체'라는 이념을 추구하는 점에서는 여타 학교들과 공통점을 찾을 수 있다. 하지만 지속적인 배움의 생성이라는 장기적인 비전을 바탕으로 이를 실천하기 위한 시스템을 모색하는 가운데 이를 '학교문화'로서 만들어왔다는 점에서 독보적인 개성을 띤다. 이 장에서는 이러한 학교문화를 창조하기 위해 필요한 것은 무엇인지를 살펴볼 것이다.

1

'학교문화'의 창조에
꼭 필요한 것

1 / 지속적인 배움이 생겨나는 '학교문화'

3년 전 후쿠이중학교의 연구에 참가할 기회가 생겼다. 당시에는 공개연구회의 강사로서 초빙된 것은 아니었다. 과거 연구주임인 마키다 히데아키(牧田秀昭) 선생을 비롯한 몇 분과 매년 몇 번씩 만나 함께 이야기를 나누면서 후쿠이대학의 교수 네 분들과도 의견을 나눠 각각의 교사들이 적은 실천기록을 연구책자로 완성해가는 과정에 참여할 수 있는 좋은 기회를 얻게 되었다. 게다가 공개연구회에도 참가할 수 있게 해주었다. 이것은 외부연구자인 필자가 바라던 일이었다. 이 일을 통해 결과뿐만 아니라 과정 속에서 하나씩 일어난 일들에 대해 항상 타인과 대화하면서 묻고 고쳐나가면서 새로운 것을 만들어가려는 학교문화를 엿볼 수 있었는데(그 과정에 필자도 있었다), 이 책의 발간에도 참여할 수 있었던 것은 그 과정의 일부라고 할 수 있겠다.

　외부연구자의 눈으로 볼 때, 후쿠이중학교의 특징을 한마디로 말하자면 '지속적인 배움의 가능성을 탐구하는 학교문화'와 '학생과 교사 모두 함께 탐구해가는 학교'라는 것이다. 모든 학생들이 배움에 참가하고 협동적으로 탐구해서 만들어가는 학습과 수업 교육과정은 학교를 살아 있게 만들고, 이러한 학교문화는 학교 구성원 모두의 손길 속에서 만들어지고 있다. 결국 공교육의 이념을 실현할 수 있는 학교문화를 추구하며, 이를 민주적인 과정으로 실현해가려는 학교인 것이다.

　후쿠이중학교의 학교개혁은 '수업의 변화를 통해 만들어가는 탐구하는 배움의 공동체' 이념을 추구하는 다른 초등학교, 중학교와도 공통점이 많다. 그러나 지속적인 배움의 생성이라는 장기적인 비전을 갖고 실천하기 위한 시스템을 꾸준히 모색하면서 학교문화로 만들어왔다는 점에서 독특하다. 이 학교를 방문할 때마다 느끼는 것은 조용하면서도 소박하게 변화를 꾸준히 지속해나가고 있다는 점이다. 수업에서도 수업연구회에서도 학생도 교사도 관리자도 학교에 관계된 연구자도 모두 진지하며 소란스럽지 않다. 혁신적인 것이 조용하게 생겨나 깊이 뿌리를 내려가는 학교인 것이다. 그 기반이 되는 관점은 스토리로서 전개되는 배움과 수업, 나선형의 배움 구조를 가진 3년간 학습경험을 누적한 교육과정, 학교문화로서 학생과 교사의 탐구라는 3S(Story, Spiral, School culture)다.

　제롬 브루너(Jerome Bruner)는 그의 저서 『교육의 문화』에서 "문화는 인간이 만들어 낸 것이지만 그것은 인간의 마음에 독자적인 움직임을 형성할 가능성을 만들어간다. 문화는 인간을 넘어 인간의 마음을 형성한다."고 서술하고 있다. 후쿠이중학교의 학교문화가 바로 이 학교의 학생과 교사의 배움의 방법을 만들어 내고, 거기서 또다시 새로운 배움의 문화를 생겨나게 하고 있다. 후쿠이중학교의 학생과 교사들과 만날 때 학교문화가 각자의 가능성을 이끌어 내고 있다는 점, 과거와 현재를 통찰하면서 새로운 가능성을 모색하고 있다는 점을 실감한다.

학교문화는 구체적인 일들 속에 사람과 사람의 관계, 대화의 양식과 도구, 암묵적인 규범과 규칙이 되어 학교의 중심에 놓이게 된다. 배움의 장에 참가하는 학생, 교사, 연구자 각자의 지식과 사고방식은 탐구하는 공동체의 일부를 형성하고 있다. 하루하루 배움의 장에 어떻게 참가하고, 거기에서 일어나는 사건을 어떻게 해석하면 좋을까. 일어난 사건에 의미를 부여하고 가치를 생성하는 중심인 공유된 인식과 이야기가 침투되어 있기 때문에 나는 학교문화라고 부르는 것이다.

일회성으로 개혁된 학교의 경우 일부분은 변화하지만, 마음깊이 공유하는 관계가 존재하지 않기 때문에 외부자로서는 보여주기 위한 자만심만을 보게 된다. 이런 의미에서 볼 때, 후쿠이중학교에는 그 어디에도 이런 과장 같은 게 없었다. 교과나 수업이나 종합학습이나 특별활동이나 교사들의 수업연구회와 실천기록 등 어느 곳에서든 학교가 공유하고 있는 문화를 명확하게 볼 수 있는 것이다. 단순히 역사와 전통이라는 과거를 계승해가는 게 아니라 새로운 가능성을 탐구해가는 움직임이 생겨나고 있다는 것이며, 그런 변화의 가능성은 교실 속의 배움과 학생들의 배움 속에 놓여 있다는 것이 특징이다.

어떤 학생이든 수업에 참가해서 배우는 기쁨을 맛보았으면 하는 것이 많은 교사들의 바람이다. 학생들이 점점 더 배움에서 멀어지고 있고, 학력저하가 문제되는 요즘의 중학교 현실을 보면 더욱 그런 생각이 들 것이다. 그런 문제를 해결하기 위해 후쿠이중학교에서 어떤 실천을 하고 있는지 각각의 구체적인 실천과 그 의의에 대해 앞에서 설명했다. 이제 이번

장에는 후쿠이중학교의 학교문화를 구체적으로 지지하고 있는 게 무엇인지에 대해 본서에서 나타난 특징을 이야기함으로써 생각해보고 싶다.

2/ 스토리의 언어 속에 나타나는 학습관

소위 학교개혁을 지향했다는 책들을 살펴보면 교육과정 편성이나 수업방법에 대해서 '새롭다', '창조', '구성', '바꾼다, 변한다'라는 말이 자주 등장한다. 또한 '확실한 학력, 살아가는 힘' 등과 같이 교육행정가가 그때그때 유행이나 필요에 따라 사용하는 표어 같은 교육개혁용어가 빼곡하게 채워져 있다. 또 '학생이 주체적으로~'라는 시작 부분과 '~하는 힘을 기른다'는 결과로서 개인의 능력에 대해 언급한 말도 자주 등장하곤 한다.

그런데 이와는 반대로 이 책에서 자주 사용되는 말은 3가지 점에서 현저하게 다르다. 첫째는 배움을 적확하게 포착해서 말할 수 있도록 하기 위해 학교 독자적인 언어를 갖게 된 점이다. '핵이 되는 배움, 스토리, 협동, 탐구, 대화' 등은 기존의 교육학 책에서는 찾아보기 어려운 말이다. 그러나 이러한 말은 교사가 학생들의 배움과 수업을 실제로 할 때에 구체적으로 참조할 수 있는 틀을 제공해주는 말, 교사들이 비전을 공유함으로써 전문적인 식견을 형성해가는 말이 되고 있다. 이것은 아래로부터(이론으로부터가 아닌 구체적 실천현장에서) 보았을 때 교사들 사이에서 사용되어왔던 말이다. 그러므로 수업과 교육과정을 보는 방법, 교과를 초월해 교사들이 서로 협동할 수 있는 시각을 만들어올 수 있었던 것이다.

후쿠이중학교에서는 어떤 수업도구를 사용할지와 단원의 구성은 개별 교사의 전문적인 판단과 책임하에 있다. 거기에 '발의, 구상, 구축, 표현, 반복'과 같은 일련의 탐구 연결이 만들어져 단원 내에서 또는 단원 간에 나선형적인 구조의 배움이 생겨나도록 하고 있는 것이다. 긴 안목으로 볼 때, 이는 배움의 질이 보장되는가의 문제로 이어진다.

후쿠이중학교는 교과를 뛰어넘어 모든 교사들이 지도의 언어가 아니라 배움의 시선을 보여주는 말을 갖고, 항상 배움을 축으로 생각함으로써 학생의 학습을 만들어가고 있다. 예를 들면 단원의 디자인에서 기존의 단원명을 사용하지 않고, 학생의 활동이 보일 수 있도록 이름 붙이기를 한 것인 '활동 이름 붙이기'도 이런 생각을 반영한 것이다. 또한 학습평가에 있어서도 시와 학교에서 교사들의 평가기준 만들기에만 급급하던 때에 후쿠이중학교의 교사들은 학생과 함께 만들어가는 평가기준표를 일찍부터 생각해 실천하고 있었다. 이 학교에서는 단원의 끝에 테스트와 평가표의 형식을 사용할 뿐 실제로는 그런 평가를 하지 않는다. '탐구, 창조, 표현'의 과정 속에서 학생이 생각하고 있는 것을 볼 수 있도록 교사가 다양한 콘셉트의 도구들을 통해 표현을 평가하면서 서로 향상될 수 있게 한다. 이는 이 책의 사진이나 그림에서 쉽게 읽어 낼 수 있을 것이다. 이것은 가르치는 시점부터 학생의 배움의 경험을 가시화하여 거기에서 수업을 디자인하는 시점으로의 전환이 새로운 가능성을 연쇄적으로 만들어가고 있는 것이다.

두 번째로는 학습과정을 보여주는 언어다. '배움을 새롭게 한다. 이해를 새롭게 한다. 새롭게 구성해간다. 다시 짜다, 재구성하다' 등등 이전에 반복해온 것을 해체하고 변형해서 새로운 형태로 구성해간다는 '수정'의 어감을 포함하고 있는 말을 많이 사용하고 있다. 이것은 전부 이미 갖고 있던 지식과 스스로의 방식, 협동의 활동을 통해 다시 되묻고 고쳐가는 것으로 수업조직을 다시 짜는 것에서 새로운 앎과 관점이 생겨나도록 탐구하는 것이다. 이것이야말로 진정한 배움이라고 할 수 있는 학습관을 보여주고 있다. 후쿠이중학교는 새로운 지식을 단편적으로 도입해 습득하는 학습을 지양한다. 그보다는 학생이 이미 가지고 있는 지식과 경험과 수업이 어떻게든 연결되도록 함으로써 기존의 구성을 해체하고 변형해가는 것, 묻고 반복하고 돌아오고 연결하는 배움의 실천을 하고 있는 것이다. 학생들은 친구와의 대화를 통해 자신의 생각을 확실하게 깨닫고, 때때로 수정하면서 서로 도전해가면서 새로운 차원의 배움을 만들어가고 있다. 음수의 실천, 빛의 시뮬레이션 실천, 지도구분의 실천, 유원지의 실천, 식생활의 실천 등 이 책에서 보여준 그 어떤 실천을 보더라도 학생들은 기존 지식을 수정해가면서 새로운 개념을 배우고 또 그 사물을 보는 방법을 새롭게 발전시켜가고 있음을 알 수 있다.

만남은 자신이 갖고 있던 틀로부터 나와야 가능한 것이다. 교사는 어떤 활동과 학습재제를 준비해야 학생들 속에서 만남이 일어날지 생각한다. 여기서 말하는 만남이란 소위 흥미와 관심을 수업의 장으로 끌어들일까 하는 순간적인 문제가 아니다. 학생들 속에서 탐구가 시작되려면 어떠한 만남이 있어야 좋을까 생각하는 어떤 흐름의 시작으로서의 만남인 것이다. 그러므로 교사는 처음의 디자인에서 '동기'를 갖는 것을 중요하게 여긴다. 이 학교의 교사들이 '목표'로 하고 있는 핵심, 즉 '핵이 되는 배움'은 각 단원의 어디에 있고, 그것을 하기 위해 교재를 통해 어떻게 학생들에게 질문을 던질까, 그것이 명확하게 수업에 반영되고 있는가를 동료교사들이 엄격하게 성찰해준다.

수업 중에는 교사의 예상을 뛰어넘는 학생들의 배움을 이해하기 쉽고 보기 쉽게 하기 위해서 여러 가지 형태의 학습도구를 준비하고, 학생들의 목소리에 귀를 기울이며, 학생과 교재와의 만남을 재구성해가고 있다.

또한 교실의 여러 장소에서 일어나고 있는 학생의 학습을 그 시간 내에 전부 파악할 순 없다. 수업연구회에서 실천기록을 쓰는 중에 교사는 학생의 학습을 다시 만나 고쳐나가게 된다. 학생들도 수업시간뿐만 아니라 집에서 복습과 과제를 하면서 배움을 재구성해간다. "복습은 수업을 다시 하는 것 같다."는 학생의 발언처럼 단순히 배운 지식을 가정에서 다시 살펴보는 형태의 복습이 아니라, 수업장면에서의 일을 다시 경험해본다거나 새로 구성해보는 경험을 하는 것이다. 이것 또한 수업 중에 따라해볼 수 있는 경험을 하고 있기에 가능한 것이다.

세 번째는 '공동체', '대화', '서로 울림이 있는', '협동' 등 사람과 사람 '사이'를 연결해가는 언어. '사이클'과 '스파이럴'이라는 시간과 시간, 활동과 활동, 내용과 내용 '사이'를 연결짓는 언어는 교사가 탐구를 디자인하는 데 있어 방법적인 열쇠가 되고 있다. 자발성, 흥미, 관심이라는 개인학습의 처음 시작과 능력이라는 결과를 말하는 언어가 아닌 사람, 대상, 일의 탐구과정 상태를 파악하는 언어를 갖고 수업을 바라볼 때 교사는 수업을 보는 안목이 깊어지고 학생들의 탐구도 심화될 수 있게 된다.

이상이 이 책에서 드러난 후쿠이중학교에서 사용되고 있는 언어에 대한 3가지 특징이다. 이는 학교에서 실제의 실천과 불가분의 관계에 있다. '처음부터 언어가 있었던 게 아니라 매일매일의 실천이 있었고, 그것을 적확하게 파악해서 말하면서 이름붙이기가 생겨난 것이다. 그런데 또 그런 이름이 붙은 말은 협동적 실천을 통해 반복된다. 이 사이클이 '마음의 습관'이 되는 것이다. 이것은 꽤 오랜 시간에 걸쳐 만들어진 것이다. 사람과의 연결이 생겨나는 중에 함께 나누는 말도 숙성되어간다. 이제 3/에서 이러한 사람과의 연결은 어떤 식으로 생겨났는지에 관해 살펴보기로 하자.

3/ 한 사람 한 사람의 교사가 공유하는 학교문화의 비전

2/에서는 이 책에서 사용된 구체적인 언어들을 통해 후쿠이중학교의 학습 특징에 관해 생각해보았다. 이 책이 가진 또 하나의 특징은 구성방식에 있다. 종합학습을 전면에 내세우고 교과단위로 해설하는 식으로 편성된 책이 아니다. 또한 교장이나 연구주임 등 연구의 중심이 되는 교사만이 책을 집필한 것이 아니다. 학교 전체에서 목표로 하고 있는 것을 교사 전원이 스스로 실천하면서 하나의 학교 만들기 비전을 이해하면서 쓰고 있다. 여기에서 이 학교 교사들의 존재방식이 드러난다.

후쿠이중학교는 수업기술이 우수하고 뛰어난 몇몇 교사가 자신의 개인기를 드러내는 모양새를 띤 그런 학교가 아니다. 물론 교사들이 하고 있는 수업은 참관하는 사람들의 관심을 끌고 있다. 하지만 특별한 누군가 활약하고 있다거나, 누군가를 끌어내 앞세우는 게 아니다. 항상 복수성과 다층성 가운데 묻혀 들어가는 서로의 배움에 울림이 있다는 것이 교사나 학생의 배움에서의 특징이다. 비유하자면 교향악단 같은 학교인 것이다. 그러한 철학이 학교 전체를 관통하고 있다. 이 학교는 어느 연구자가 가진 이념의 실현체로서의 학교도 아니고, 강력한 교장의 리더십에 의해 개혁을 하려는 학교도 아니며, 관청으로부터 인정을 받기 위한 개혁을 추구하는 학교도 아니다. 즉 끌고나가는 어느 누군가에 의해 좌우되는 학교가 아니라 학생도 교사도 또 관계된 연구자도 모두 함께 움직여나갈 수 있도록 상호 지지하면서 책임을 갖는, 좋은 비전을 끊임없이 추구하면서 생겨난 학교인 것이다. 따라서 신중하고 조용한 변화 속에서 견고한 배움이 생겨났고, 계속해서 변화해갈 수 있는 것이다.

미국의 교사교육을 이끌어온 슐먼(L. Shulman)은 교사에게 필요한 자질로 4가지 H를 들었는데 Honesty(성실함), Humanity(겸손함), Humor(유머), Hope(희망)다. 후쿠이중학교의 학교문화에는 이 네 가지 자질이 교사들의 중심에 조성되어 있음을 알 수 있다.

연구주임인 마키다 선생에게 교사들 사이의 이견 없이 각자가 연구하자고 하는 학교의 분위기가 가능했던 비결이 무엇인지를 물었다.

"연구기획 중에는 학교에서의 재직년수가 오래된 교사뿐만 아니라 신임교사도 있고, 연구에 지극히 열심인 사람도 있다면, 처음 부임해 와서 이 학교의 연구에 대해 잘 이해하지 못하고 비판하는 사람도 섞여 있습니다. 연령이나 경험, 학교의 연구에 대한 이해도에 있어 저마다 다양한 사람들이 연구기획에 참여하고 있는 상태라고 할 수 있지요. 열심인 사람뿐만 아니라 누구든 자신의 연구를 항상 주시하고 바로잡아준다거나 새로운 발상을 내준다거나 할 수 있습니다. 이것이 누구나 학교의 연구에 참가하기 쉬운 분위기를 만드는 게 아닐까요?"라고 책임 당시를 회상하면서 대답해주었다.

후쿠이중학교에서는 교장과 부교장, 교감이 전면에 나서서 진두지휘를 하고 있는 것 같지 않다는 인상을 받았다. 그렇지만 큰 국면에서 교사들을 적극적으로 지지해주고 있었다. 예를 들어 교사들이 적극적으로 외부의 연구자들과 관계를 맺거나 모임에 참가하도록 허락해준 것, 또 학교 전체의 교사들의 움직임을 생각해서 직장환경과 직무의 진행방법을 생각해준 것 등이다.

또한 이 학교의 실천을 말함에 있어 후쿠이대학의 교수 네 명과 이 학교의 선생님들 사이의 관계를 빼놓을 수 없다. 후쿠이대학의 교수들은 해마다 특별한 날에 초청받아 여러 차례 공식적인 지도와 조언을 해주고 있을 뿐만 아니라, 비공식적으로도 틈틈이 후쿠이중학교와 함께 협의하는 관계를 오랜 기간 유지해왔다. 그들 중 한 사람의 말에 따르면 "교무실에서 자연스럽게 서로 이야기하는 관계가 되기까지 5년이 걸렸습니다. 교무실에서 대학교원이 함께 연구에 대해 말하는데도 마치 우리의 연구실처럼 편하게 느껴져 솔직하게 대화를 나눌 수 있게 되었습니다."고 했다. 대학과 부속중의 교사들이 학교의 방향성을 함께 신중하게 탐구해가고 신뢰관계를 쌓아가고 있다는 점에서 볼 때 국립대학 부속학교 중에서는 극히 드문 관계가 형성되었다고 할 수 있다.

교사들과 대학 연구자들과의 관계가 이처럼 성공적으로 이루어진 것은 시스템의 확립 덕분이다. 한 가지의 연구주제를 5년이라는 긴 안목으로 관철해가고 있고 또 매년 반복하는 게 아니라 연구의 수준과 내용을 높여가는 연구 사이클의 협동연구를 하고 있다. 역설적이지만 5년이라는, 호흡이 긴 연구주제가 오히려 매년 교육연구발표회를 의미 있게 만들고 있었다. 연구주제를 단기간에 바꿔가면서 매번 강사를 바꾸어 많은 교사들의 참석률을 높이는 데만 의의를 두는 그런 공개연구회가 아닌 것이다. 그런 식으로 하면 일상의 수업과 연구회 사이에 균열이 생길 수밖에 없다.

이 학교에서는 일상의 수업을 반복하면서 한층 의미 있는 장으로 만들어가는 사이클 속에 교육연구모임이 존재한다. 그리고 또 하나의 시스템은 대학원 수업에 부속중 교사들이 참가하는 것이다. 대학과 부속중의 사람과 사람이 교류하는 실천연구가 서로의 관계를 풍요롭게 함으로써 탐구를 심화시켜가고 있다.

지난 1년 동안 이 학교에서는 교사가 실천기록을 쓰고 무엇을 쓸지 구상하는 시스템과 교사 자신의 탐구가 서로 밀접하게 연결되어 있다는 점이 특징이었다. 많은 사무적인 기록 작업이 학년말에 몰려 있는 것을 감안할 때 형식적인 보고서 작성을 없애고 공개수업, 수업연구회, 교사연구회, 기록요강과 실천기록이 차례대로 정리될 수 있는 시스템을 만든 것이다. 이것이 일상에서 필연적으로 탐구를 생겨나게 하고 있다. 수업을 보고 서로 대화하며 수업을 검토하고 일차로 기록한 후에 실천기록을 쓰는 작업, 동료와 대학 연구자 사이에 대화를 통해 그 결과의 기록을 점차 세련되게 만들어가면서 2차적인 기록으로 발전해간다.

수업에서 주고받는 언어를 그대로 비디오로 기록해서 그것을 문자로 옮겨 그냥 그대로 읽는 것은 학습의 흐름과 주관적인 시간으로서의 학습 경험을 모두 담아낼 수 없다. 따라서 경험의 스토리를 읽어 내서 실천기록으로 적은 후 연구회에 올 수 있는 일반인용으로 다듬는 것이다. 이렇게 교사들 간의 협력을 통해서 자신의 수업에 대한 생각이 점차 발전해가고 스토리가 넘쳐나게 된다.

실제로 이런 과정을 계획해도 내용은 없이 뼈대만 남아서 연말에는 보고서밖에 아무것도 남지 않는 학교들도 꽤 많다. 그러나 후쿠이대학의 연구자들과 후쿠이중학교의 교사들이 실제의 수업, 수업기록을 함께 이야기하며 검토하고 검색하면서 이러한 시스템은 견고해졌다. 개별 교사가 저자가 되는 것을 중요하게 여긴 사례연구가 이 학교의 역사를 만들어가고 있는 것이다. 막 전근해온 교사도 이 기록에 의해 학교문화를 읽어 낼 수 있다. 또 판넬과 카드, 팸플릿, 키워드 카드, 사고회로도, 마인드맵을 사용해 표현하는 협동학습방법을 자신의 교과로 확대해가면서 학생들 사이에도 배움의 탐구기법이 길러진다. 장기적인 계획하에 발달을 디자인해서 기록과 표현을 통해 진행한다는 점에서 학생의 협동과 교사의 협동은 같은 형태의 구조를 갖는다.

그렇다고 해서 무조건 답습만 하는 것은 아니다. '고친다'는 생각은 비단 사례의 탐구에만 머물지 않는다. 예를 들어 몇 년 전까지만 해도 교사들의 연구회는 4개의 명칭을 가진 부회였다. 이것은 연구수행목적을 고려해서 필요한 4개의 부회를 나눈 것이다. 그러나 실제로 수업연구를 하면서 지장이 많았다. 그러자 부회의 명칭을 다시 고쳐 이름 없이 그룹 A,B,C,D로 바꾼 것이다. 단지 표면적인 것처럼 보일지도 모르지만, 이름을 바꾸는 과정에서 수업연구의 질을 탐구하려는 진지한 자세가 엿보인다.

탐구하는 공동체는 배움의 전망과 철학을 가지고 학생들 사이에서건 교사들 사이에서건 서로 배움을 이해하고, 서로 지원하는 공동체를 만들어간다. 여기서 자기 자신의 지식베이스와 역사를 구축함으로써 다음의 가능성과 희망을 창출하는 실천 공동체가 생겨나게 된다. 후쿠이중학교는 학교 만들기의 희망 도표를 앞으로도 '고쳐간다'는 생각으로 계속해서 탐구해갈 것이다. 다시 한 번 그 탐구를 기대해본다.

도쿄대 아키타 키요미(秋田喜代美)

참고문헌

J. Bruner 1996 The culture of education. Harvard University Press. 岡本夏木·池上貴美子·岡村佳子(訳) 2004 教育という文化 岩波書店
L. Shulman 2004 Wisdom of practice: Essays on teaching, learning and learning to teach. San Fransisco: Jossey-Bass.

2장

기록의 중요성

학습활동의 과정에서 배움을 중시하는 기록을 하려면 우선 활동의 전개에 따른 과정을 표현하는 것이 중요하다. 예컨대 학습활동이 생겨난 배경, 아이들이 생각하고 경험한 다양한 것들, 활동의 각 단계에서 이루어진 아이들의 표현을 잘 살려 스토리화할 필요가 있는 것이다. 이 장에서는 후쿠이중학교에서 배움의 기록이 어떤 시행착오를 거쳐 어떤 식으로 이루어지고 있는지를 살펴볼 것이다.

1

장기 학습활동을 지원하는
언어로서의 기록

1 / 이야기로 엮어 돌아보는 학습활동

요즘 학교에서는 교육목표와 평가를 객관화·계량화하고, 교육방법에서도 기술주의를 지향하려는 경향이 교사들의 사고와 행동양식에 깊이 뿌리박혀 있다. 예를 들어 교육목표를 보면, 현재 거의 모든 교사들이 지도안을 쓸 때 '~을 할 수 있다', '~를 이해한다'와 같은 식으로 습득해야 하는 지식과 행동을 표현하는 것이 일반적이다. 이처럼 교육활동의 구성이 명료할수록 평가하기가 쉽다. 그러나 이는 달리 생각해보면 교육의 결과를 '지식이나 행동의 양으로 측정할 수 있다'는 인식이 무의식중에 작용하고 있다는 뜻이기도 하다. 게다가 지도안에 목표행동으로 표현된 지식과 행동은 좀 더 하위의 목표행동으로 바꿔 쓸 수 있는데, 결국 수업은 그 하위목표를 계단식으로 배치해서 순차적으로 수행해나가는 것이 되고 말았다. 그 결과 학력을 착실하게 쌓으려고 하면 할수록 학습활동은 세분화되고, 단기간의 학습활동이 축적될 수밖에 없게 되었다.

대체로 현실이 이렇다 보니, 처음 후쿠이중학교에 부임한 교사들은 당혹감을 감추지 못한다. 3부 1장에서 등장하는 사회과 교사인 나가타(永田)는 '우선 교재연구를 확실히 해보자'고 결심했다. 그래서 한 시간 한 시간 학습활동에 대한 교재연구를 해보았지만, 수업은 크게 달라지지 않았다. 그는 "아이들과 함께 수업을 만들었다는 성취감이 없었고, 그것은 아이들에게 필연성 있는 과제가 아니었다."며 스스로 반성하기에 이른다.

해결의 실마리는 교과의 배움을 '목표-달성-평가'형의 수업에서 '주제-탐구-표현'형의 수업으로 바꾸는 데 있었다. 그는 '장기 탐구활동이 가능하고, 아이들이 서로 배울 수 있는 수업'을 해보자며 수업을 새롭게 디자인했다. 물론 이것만으로 고민이 해결된 것은 아니지만, 목표에 도달했는가 여부로 아이들을 평가하지 않고 점차 학습활동의 과정에서 나타나는 아이들의 모습을 평가할 수 있게 되어갔다.

'주제-탐구-표현'형의 수업에서는 아이들과 교사가 학습생활 속에서 배움의 싹(동기)을 발견해 '~이렇게 해볼까(발의)', '~그걸 하려면 어떻게 해야 할까(구상)', '이런 식으로 해보자(조직)', '~해보니 재미있네(수행)', '더 잘 하려면 어떻게 해야 할까(성찰)' 등의 과정을 거치는 것이 중요하다. 이러한 학습활동을 일련의 패턴(cycle化)으로 반복하고 되돌아보면서 긴 호흡으로 전개해나감으로써 단순히 지식과 행동의 습득을 목표로 한 수업에서는 보이지 않았던 '서로 협력하기', '끈기 있게 해결해나가기', '탐구', '공감하기'와 같은 모습이 보이게 된 것이다. 바꿔 말하면 장기 학습활동에서 반복적으로 일정한 과정을 전개해나가지 않으면 이러한 배움은 절대 몸에 밸 수 없다.

탐구하는
공동체의 전망

왜 그럴까? 협력, 탐구, 공감과 같은 배움은 아이들이 기존에 해온 학습활동을 수정해서 좀 더 발전적으로 나아가는 데 필요한 힘이 되기 때문이다. 아이들은 이미 어떤 학습활동에 대한 구상이나 경험, 실감이 있다. 따라서 다음에 전개될 심화된 활동을 그려볼 수 있다. 게다가 그 활동을 함께 해온 친구들과 함께 하고 싶기 때문에 의욕도 생기도 협력도 되며 인내심도 생기는 것이다.

원래 인간의 주체적 활동 대부분은 발의·구상·조직·수행·성찰의 과정을 반복함으로써 성립된다. 과정을 이런 식으로 나열하니 자칫 딱딱하게 느껴지며 의무적인 과정처럼 보일 수도 있지만, 하고 싶다고 생각한 것에 집중하고, 할 수 있는 방법을 찾아서 해보고, 그 결과를 돌아보고 다시 고치는 것은 실상 지극히 자연스러운 사고의 흐름이다. 오히려 전달과 지도중심의 수업방법이 부자연스러운 것이다. 학습활동의 '발의·구상·조직'의 부분은 교사가 기획해서 아이들에게 제안해 아이들은 '수행'의 부분만 하게 하고, 시험이 '성찰'을 대신하는 것이 지식과 행동의 획득을 목표로 한 지도중심 수업의 형태인 것이다.

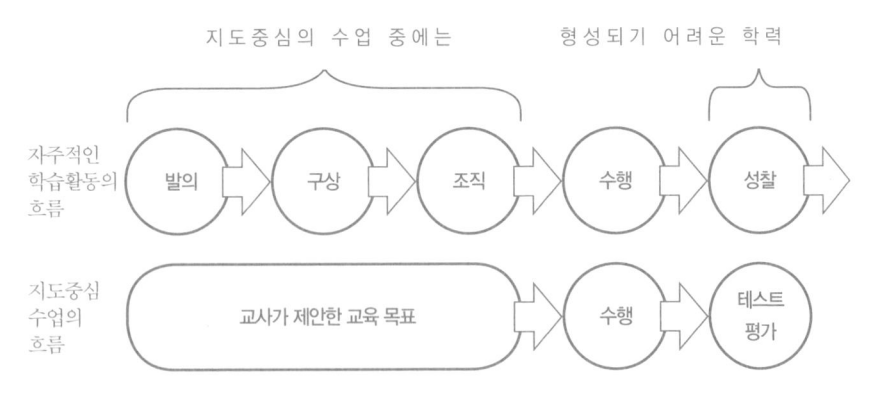

자주적인 학습활동과 지도중심 활동의 차이

2 / 장기 학습활동을 가능하게 하는 기록과 스토리

장기 학습활동을 추진해나가려면 아이들도 교사도 기록을 할 필요가 있다. 기록을 해둠으로써 자신의 행동을 돌아볼 수 있는 기회가 되고, 다른 사람과 소통할 수 있는 기회도 된다. 결국 장기간에 걸친 실천을 성찰할 수 있도록 해주는 것이다.

기존 기록방법의 문제점

목표행동이 달성 가능한지 여부가 평가되는 학력관
지식이나 가능한 것이 학력으로 인식된다

후쿠이중학교에서는 서로 다른 교과 담당 4~5인으로 구성된 교사가 수업을 서로 공개하고 네트워크상에서 간단하게 기록에 의견을 덧붙이며, 부회를 통해 그 기록에 대한 의견을 교환하고 있다. 사회과 교사인 나가타 선생은 부회에서 한 가지 과제에 대해 다양한 협동이 생겨나는 다른 교과(음악, 미술, 과학)의 실천보고를 접하면서 '주제-탐구-표현'형의 수업디자인을 그려볼 수 있었다. 다른 교과의 교사 덕분에 수업의 특징을 오히려 선명하게 바라볼 수 있었던 것이다. 중학교 교사들 사이에 뿌리 깊이 형성되어 있던 교과의 벽이 무너지는 순간이었다.

이렇게 해서 남겨진 기록은 다음 단계로 아이들 사고의 한 단계 한 단계를 중시해가며 연결되어 단원 전체를 그려 내는 장기적인 기록(배움의 스토리)으로 완성되어간다.

수업활동 전체를 그려 내는 기록

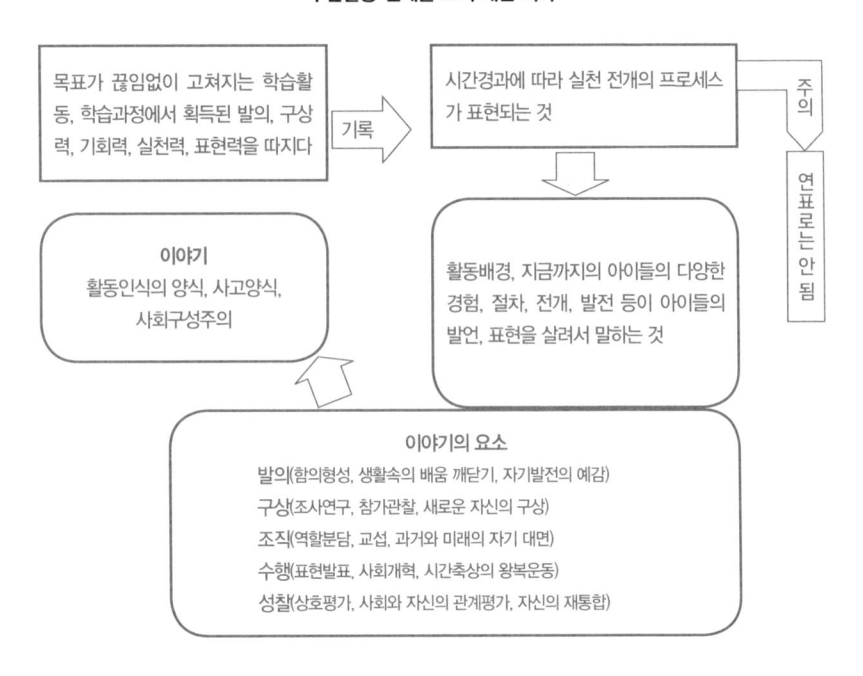

그런데 이전처럼 목표를 정해놓고 단순히 목표의 도달 여부를 측정하려는 기록으로는 아이들이 주체적인 학습활동과정에서 배양한 배움을 제대로 평가할 수 없다. 특히 활동의 목표 자체가 아이들의 발의에 맡겨져 변화가능성이 있는 경우라든가 활동과정에서 표출되는 배움을 평가하는 경

우에는 기존의 평가방법으로는 충분치 않다. 목표를 명시하고 그 목표에 도달하는 가설을 이끌어 내고 실시해보는 모습을 기록한다면 교사의 지도와 아이들의 반응에 대한 인과관계는 쉽게 파악할 수 있을지 모르나, 아이들과 교사가 서로 진정으로 변화하고 성장하는 기록이 되기는 어렵다.

목표가 계속해서 수정되는 한편 학습활동의 과정에서 배움을 중시하는 기록을 하려면 우선 활동의 전개에 따른 과정을 표현하는 것이 중요하다. 학습활동이 생겨난 배경이라든가 그때까지 아이들이 생각하고 경험한 다양한 것들, 활동의 각 단계나 전개에서 이루어진 아이들의 발언이나 표현을 살려 스토리화할 필요가 있는 것이다.

여기서 한 번 더, 왜 기록을 하는가에 대해 생각해보고 싶다. 매일매일의 교육활동 중에는 시행착오를 통해 얻게 되는 지식과 학습활동 상황에서 묻히고 마는 지식, 참가자들의 행위에서 오는 지식, 그 활동영역의 고유성에서 오는 지식 등이 무의식중에 관여되어 학습활동을 떠받치고 있다. 이러한 지식을 자각하려면 날마다 기록해두는 것이 중요하다. 기록은 학습활동 장면에 존재하는 다양한 사실을 의식적으로 가려내는 것이기 때문이다. 기록을 해놓음으로써 행위에서 드러난 지식은 자각된 지식과 자기 경험과 조합된 지식, 말하자면 인과적으로 터득된 지식 그리고 협동적인 활동 속에서 구성된 높은 차원의 지식으로 끌어올려진다. 그러나 놓친 부분은 양해하고 기록으로 남겨 자각화해가는 것이 중요하다. 일정하게 반복되는 학습활동의 과정이다 보니 분명 수차례 비슷한 기록장면을 만나게 될 것인데, 그럴 때마다 자각할 수 있는 사실들을 모아가는 방법이 효과적이다.

그렇게 해서 기록으로 남게 된 사실은 이번에는 시간이 경과함에 따라 이야기로 재구성됨으로써 전체를 조망해 구성된 지식이나 자신의 다

매일매일의 교육활동에서 장기적인 활동의 이야기로

	각 단계에서 지식의 특징
날마다의 교육활동에서 발휘되는 지식	시행착오에 의해 습득된 지식, 상황에 내장된 지식, 행위로서의 지식, 영역고유성의 지식
일상의 교육활동의 기록(단기)	자각된 지식, 자기의 경험과 조합된 지식, 인과적으로 파악된 지식, 협동활동 속에서 구성된 지식
전체를 그려낸 이야기(장기)	전체를 조망해 구성된 지식, 자기의 다양한 체험과 융합된 지식, 협동활동의 조직이론이 결합된 지식

양한 체험과 융합된 지식, 나아가 협동적인 활동의 조직이론이 결합된 지식으로 변모할 수 있다. 물론 기록하는 사람에게는 사실을 연결할 때에 사실과 사실 사이의 인과관계를 읽어 내는 눈이 필요하다. 기록하는 사람은 어떤 가설에서 사실과 사실을 연결할 때 그것이 다음 전개로 연결되는가를 검토해서 연결되지 않는 경우에는 다른 가설을 시도해 다른 사실을 선택해야 한다. 그렇게 해서 이야기를 엮어 내는 것이 자신이 지금까지 해온 학습활동을 돌아볼 수 있게 되어 활동 전체를 간파할 수 있는 지식을 창조해 내게 된다.

부임한 지 2년차인 과학 교사 기혼(木本) 선생은 기록을 연결하여 여름 교사연수 때 제출했다. 그러나 아이들의 사고과정을 이야기로써 그려내지 못했고, 말로는 '아이들의 탐구를 촉진한다'고 했지만, 실제로는 그렇게 되지 않았음을 자각하게 되었다. 그는 피라미드를 만드는 주제를 고안해두었지만 결국 교과내용의 제시로 끝나고 말았는데, 후일 이 경험을 살려 '일회용 회로를 만들어보자'는 장기 단원을 구성하게 되었다.

3 / 끝없이 발전적으로 재구성되는 이야기들

　교사들은 1회로 한정된 수업을 반복할 수밖에 없다. 이에 자신의 경험을 축적하고 심화시켜 좀 더 좋은 실천방법을 얻으려면 어떻게 해야 할까? 수량화에 의한 데이터 제시 이외에, 동료교사들 간에 공통의 이해를 얻으려면 어떤 방법으로 실천기록을 해야 할까? 이제부터 실천기록을 스토리화하는 것의 실천과학적 의미를 생각해보고자 한다.

　어떤 과제에 직면했을 때, 우리는 보통 그 과제를 해결하기 위해 정보를 수집하고, 얻은 정보에 가장 부합하는 자신의 경험을 떠올려보면서 그 경험을 할 때와 같은 방법으로 시도해보는 경우가 많을 것이다. 다만 경험을 떠올리는 경우, 여러 개의 사례가 동시에 떠올라 그 중 가장 적합한 것을 끄집어내는 식은 아니다. 직면하는 과제의 정보를 검토할 때 비유될 만한 경험사례가 하나 떠올라 그 경험사례를 과제와 구체적으로 맞대보는 것이다. 만약 그때의 경험사례가 부적절하면 버리고 다시 한 번 과제 정보를 검토해본 후 비유될 만한 경험사례를 떠올려 찾아내게 된다. 충분한 경험사례가 한꺼번에 떠올라 그것들을 동시에 비교 검토하여 적절한 사례를 추출하는 게 아니라, 경험사례가 하나씩 떠오르기 때문에 순차적으로 처리된다. 그러므로 무조건 많은 경험사례가 필요하다기보다는 다양하게 비유될 수 있는 경험사례가 필요하다. 다양하게 비유될 수 있는 경험사례는 매일매일의 실천 속에서 경험한 것을 끊임없이 이전의 경험과 대면케 하는 것, 즉 반성적 실천을 통해 가능하다. 이것은 범례나 일화와 같은 스토리의 형태로 다른 경험을 포함할 수 있는 사례로 정리된다. 이렇게 해서 충분한 경험을 대면하게 되면, 때로는 특정한 경험에 속한 부분은 사라져 버리고, 자기 행동지침과 같은 규칙으로도 존재하게 된다.

날마다의 실천기록을 토대로 장기적인 학습활동을 이야기 형태로 그려 낸다는 건 자신의 실천을 돌아볼 기회(과거의 실천과 비교검토해볼 기회)가 될 뿐만 아니라, 결과적으로 재구성된 이야기는 범례나 일화가 되어 자신이 다음에 뭔가를 실천할 때(새로운 탐구과제에 직면했을 때), 새로운 탐구를 전망해보고 계획을 수립하는 데 가설이 될 만한 지식을 줄 것이다. 또 범례나 일화는 자신의 경험으로만 머물지 않는다. 풍부한 경험을 가진 교사의 스토리, 즉 이야기가 전달되면 이것이 신입교사들에게 사례로 활용됨으로써 새로운 학습활동의 전망을 세우게 할 수도 있다.

덧붙이면 이야기를 만든 사람은 이야기를 함으로써, 또 이야기를 듣는 사람은 그 이야기를 재구성함으로써 자기 안에 있는 과거의 이야기와 조합하게 되는 것이다. 또한 대화를 통해 자기 안에 축적되어 있는 이야기들과 조합해가면서 각자의 이야기가 좀 더 정밀하게 다듬어진 지식으로 교체되어가는 것이다. 이야기하는 것(이야기를 듣는 것)에서 축적된 이야기들은 끝없이 새로운 시점에서 재구성되어 좀 더 적절한 사례 또는 일화로서 정리될 수 있다.

게다가 이야기에 대해서 서로 말한다는 것은 구성원 간의 의미 있는 이야기를 공동으로 생성하는 것이 된다. 읽는 이는 다른 사람의 이야기를 손쉽게 자기의 실천으로 재구성하는 한편, 쓰는 이는 읽는 이의 재구성을 통해 자신의 실천을 변화시킬 수 있다. 이러한 상호작용에 의해 공동의 의미가 생성되어 실천을 공유할 수 있게 되고, 공유의 지평이 확대되는 것이다. 이렇듯 스토리화는 실천과정을 공유함으로써 창조하는 실천과학의 양식이기도 하다. 후쿠이중학교에서 빈번하게 실시되고 있는 부회나 정기적인 연구회는 이러한 기능을 충분히 달성하고 있다고 본다. 교사가 성장하는 학교에서는 교사들이 서로의 수업을 보고 기록하고, 수업이나 기록을

공유함으로써 대화의 기회가 유기적으로 연결되고, 반복되며, 순환하는
학교문화가 반드시 존재한다.

후쿠이대학 마츠키 켄이치(松木健一)

참고문헌

佐藤学 『教育改革をデザインする』岩波書店 1999
松本健一『臨床的視点から教育研究と教師教育の再構築ー福井大学教育地域科学部
の取り組みを例にー』教育学研究第69巻第3号 日本教育学会 2002
松本健一「総合学習を読む」『地面のかさぶたーゴミが物語る総合学習ー』堀徹三
川島書店 2003

3장

탐구하는 공동체와 교육개혁의 전망

후쿠이중학교에서 하나의 수업에서 전개되는 탐구와 대화와 협동관계는 비단 한 시간의 수업이나 한 단원의 탐구에 머물지 않는다. 탐구와 대화와 협동은 계속해서 쌓여가면서 다음 단계의 탐구를 촉진하는 계기가 되는 것이다. 이에 학년활동을 학교생활의 중요한 기둥으로서 육성해온 후쿠이중학교가 이를 어떻게 3년에 걸친 거대한 탐구활동으로 발전시켰는지를 살펴보자.

1

장기적인 비전의
탐구하는 공동체를 지지하며

1 / 스토리와 시스템의 결합

시험이 끝난 3학년 여름, 이야기 한 편을 읽고 나서 교사는 아이들에게 자신이 해석한 내용을 말했다. 그것은 실제 딸을 둔 아버지로서 자신의 입장이 반영된 감상으로 여러 가지 해석 중 하나이며, 각자가 자신의 경험에 근거해 읽기를 심화시켜갈 것을 제안하고 있다. 숲에 발을 들여놓지 않게 된 소녀, 소녀를 기다리는 할머니, 지켜보는 수녀 그리고 아버지. 아이들은 하나의 이야기를 다른 시각으로 공유하면서, 각각의 등장인물이 가진 의식의 흐름에 물음을 던지면서 배후에 있는 맥락을 찾아 새로운 이야기를 하기 시작한다. 각자가 찾아낸 실마리들은 모둠 속에서 공유했다. 고유한 한 사람 한 사람의 이야기가 마치 치밀하게 짜인 직물처럼 조직되었다. 새로운 전개가 열리고 교차되면서 이야기는 더욱 풍부해졌다. 자신들만의 연극 시나리오, 학급 프로젝트를 어떻게 만들어갈 것인가. 하나의 물음만 던져도 탐구는 점점 심화되었다. (2부 5장)

2학년 수학. 각자의 모둠이 독자적인 이름과 콘셉트를 가진 자신들만의 열차를 구상하고 있다. 각각 열차의 주행을 표시하는 그래프를 하나의 노선, 하나의 그래프에 싣자 서로 많은 충돌이 일어났다. 충돌을 피하고 모든 열차를 운행시키기 위해 처음의 설정을 조정하기 시작했다. 많은 일차방정식이 조건을 바꿔가며 재구성되어 그래프가 새로 만들어졌고, 개개의 시스템과 메타시스템의 상호 조정이 쌓여갔다. 각자의 열차, 각자의 프로젝트를 싣고 폭주했던 시스템이 점차 부드럽게 조정되며 정상 궤도를 찾아가기 시작한 것이다.

한 사람 한 사람의 탐구, 각 모둠의 프로젝트. 그로부터 시작된 학급 전체의 이야기. 하나의 수업에서 전개되는 탐구와 대화와 협동관계는 비단 한 시간의 수업이나 한 단원의 탐구에 머물지 않는다. 그렇게 계속해서 탐구와 대화와 협동이 축적됨으로써 그 다음의 탐구를 촉진하는 것이다. 단원이 쌓여 1년의 탐구를 만들어 내고, 그것이 계속 성장해가는 탐구와 대화. 그것이 어떻게 가능했는지 알 수 있으려면 각 교과의 이면에 존재하는 좀 더 긴 실천의 과정을 살펴볼 필요가 있을 것이다.

2/ 다중의 연결고리, 중층적인 실천

1부 5장에서 다루었던 수학 수업. 그 이면에는 수학적 탐구를 가능케 한 많은 의도적 계획들이 존재했다는 것을 보여주었다. 1학년 봄, 교사는 신입생들에게 솔직한 제안을 했다. 함께 탐구하고 그것을 돌아볼 줄 아는 배움을 만들어가자고 말이다. 또한 그렇게 하기 위한 학습 진행법을 제안했다.

1학년 수학 수업의 첫 단원은 도형이었다. 스스로 반복해서 조작해보고 모둠에서 비교해본 뒤 이끌어 낸 논점을 표명하기 위해 재구성했다. 학급 전체에게 과제를 제기하고 공유한 다음 한층 논의를 심화시켜 수학적 개념·조작과 비교한 것이다. 계속되는 단원에서도 그러한 탐구방법이 활용되었다. 아이들은 자신의 생활 속에서 작동하는 것(마이너스)을 찾아내서 모둠에서 서로 견주어보고 하나의 표현으로 정리해 냈다. 그리고 학급 전체에게 표현하고 공유하면서 거기서 작동하는 기능을 검토하고 조작의 형식을 찾아갔다. 구체적인 원리와 조작과 형식과의 관계가 오가면서 발견된 수학적 개념의 의미도 더욱 확실해졌다. 한 사람 한 사람이 찾아내면 이를 모둠에서 자유롭게 이야기하고 정리해가는 것, 학급 전체에게 발표하고 공유함으로써 개념화, 시스템화해가는 것의 의미를 학습을 통해 경험해가는 것이다. 주요한 단원에서 새로운 차원의 탐구는 항상 그런 식으로 축적되어간다.

국어과에서는 일관되게 '표현'을 배움의 중심에 놓았다. 1년간 언어와 표현을 둘러싼 탐구를 위해 자신의 주제로 보고서를 써서 국어과 연구록을 만든다. 함께 표현하고 성찰하는 반복적 활동은 단원을 거듭하면서 1년간 연구록을 계속 발전시켜가는 동안 3년의 주기를 형성한다. 3학년 여름 수업도 그러한 주기적 흐름을 반영하고 있다. 동시에 그 수업은 코앞으로 다가온 가을 연극에의 기획으로 연결되어 있다. 그 수업은 시나리오를 담당해 고민하고 있는 학생들의 상담에 맞추어 구상되었다.

또한 '핵이 되는 배움'을 축으로 3년 동안의 학습 전개를 예측해볼 수 있다. 이전의 탐구경험을 살려 다음 탐구가 전개될 수 있도록 단원 배치를 재구성하는 것이다. 때로는 좀 더 집중적인 탐구를 실현할 수 있도록 두 개의 단원을 통합한 새로운 단원이 생겨나기도 한다. 그런 디자인은 탐구의 전개와 그 과정의 성찰을 토대로 매년 재구성되고 있다. 탐구가 쌓이면서 각각의 단원을 초월한 탐구가 전개되고, 좀 더 장기적인 전망에서 탐구와 소통능력이 배양된다. 그리고 실천하는 사람의 실천감각은 한 사람 한 사람의 탐구와 그것이 교차하는 지점에서 좀 더 유연한 탐구 공동체를 형성해가게 된다.

3/ 탐구 공동체의 유연한 형성과 주기

1학년 봄, 몇몇 교과에서 탐구한 내용을 서로 전달하고 성찰해가는 수업과 만나게 된다. 학년에서는 큰 프로젝트의 주제 찾기가 시작된다. 전교생이 모인 가운데 1학년 학생들은 2학년, 3학년생들이 갈고 닦은 공동의 표현을 접하면서 깊은 인상과 자극을 받게 된다. 9월에 열리는 문화제는 각 학년의 공동 탐구가 경쟁을 통해 공유되는 중요한 기회가 된다. 문화제에서 각 학년이 보고할 프로젝트도 점차 속도를 더해가며 학년 합창대회 준비도 시작된다.

또한 문화제에서는 상급생의 발표를 접하게 된다. 1학년 학생들은 2학년의 프로젝트 보고에 자극을 받고, 3학년의 연극에 압도된다. 1학년 학생들은 문화제에서 선배들을 넘어서고 싶다는 바람으로 프로젝트의 모습을 머릿속에 그려보면서 참고하게 된다. 가을에서 겨울에 걸쳐 교과의 탐구는 점차 심화된다. 가을에 2학년들이 수학여행으로 나가 있을 때, 1학년생들은 자신이 정한 주제로 조사활동을 전개했다.

2년째의 봄, 학급은 재편성되지만, 1학년 때 경험했던 다양한 활동경험을 토대로 전망이 펼쳐진다. 수업도 1학년 때 배웠던 것을 살려가면서 진행되어간다. 이제까지 했던 실험경험을 살려 2학년생들은 과학시간에 모둠별로 장치 그 자체를 구상하며 실험을 진행해갔다. 좀 더 시간을 필요로 하는 어려운 프로젝트에도 도전하고, 좀 더 많은 사람들 앞에서 발표할 기회도 열리는데, 이때는 세련된 발표양식을 배울 수 있게 된다. 다른 한편 이제까지의 경험을 토대로 좀 더 빠른 시간 내에 조사·검토·표현을 해나갈 수 있게 된다. 문화제에서는 1학년생들의 참신한 표현방법과 만나면서 오히려 자신들이 다그쳐지는 듯한 기분이 들기도 한다. 또한 3학년 선배들이 하는 것을 보면서 내년에는 어떻게 표현해야 할지 의식하면서 듣고 있는 자신을 발견하게 되는 것이다. 수학여행이 다가올수록 더욱 자신들이 주역이 되는 시기가 다가온다. 후쿠이중학교에서는 학년 프로젝트의 주제를 심화시켜가는 데 도움이 될 것을 염두에 두고 수학여행지를 결정하고 있다. 조사활동의 준비, 여행지에서 하는 음악 창작활동과 연습은 모두 중학생활이라는 거대한 산에 오르는 과정인 것이다.

수학여행에 맞춰 학년에서 창작한 음악표현의 조직과 경험은 그대로 3학년 때 6월 음악제의 창작에서 되살아난다. 그리고 마지막 문화제가 눈에 들어오기 시작한다. 학급 전체가 참여하는 연극. 3학년들만이 학교에 있는 모든 사람들 및 가족까지 관객으로 초대해 1시간 동안 공연을 펼치는 것이다. 이 공연이 앞으로 후배들에게 계속해서 회자될 거라는 것을 지금까지의 경험을 통해 강렬하게 느끼고 있다. 연극 공연은 지금까지 3년 동안 다양하게 쌓아온 탐구의 발걸음을 여실히 드러낼 기회이기도 하다.

학교생활의 연간주기를 뚜렷이 나누는 문화제나 수학여행 등의 활동도 학습의 일상과 분리된 행사가 아니라, 그때까지 공동으로 해온 탐구를 표현하는 장이 되고 또 탐구의 목적 그 자체로 자리매김되고 있다. 학년을 뛰어넘어 서로 나누는 장에서 각각의 학년이 탐구의 깊이를 서로 경쟁하듯이 드러냄으로써 학교에서의 탐구와 그 문화는 한층 깊어져가며 공통의 경험으로 얽혀간다. 세대를 거듭할수록 탐구하는 공동체는 더욱 유연하게 성장할 것이다.

4/ 또 하나의 탐구하는 공동체 : 교사들의 협동연구

중학생들의 탐구 공동체 형성을 가능케 한 또 하나의 탐구 공동체는 바로 교사들의 협동적 실천연구다. 중학교는 교과담임제이므로 초등학교에 비해 내실 있는 수업을 위한 학내 공동연구를 추진하기가 훨씬 더 어렵다. 교과가 다르기 때문에 학습의 내실을 묻기도 어렵고, 형식적인 틀을 공유하는 데 그치기 쉬운 것이다. 그렇기 때문에 그러한 제약을 뛰어넘어 배움의 전개에 대해 다 함께 이야기할 수 있는 공동체를 형성하는 것이야말로 중요한 과제다.

후쿠이중학교에서는 학년활동을 학교의 중요한 공동활동, 학교생활의 중요한 기둥으로서 육성해왔다. 그것은 종합적인 학습이라고 하는 새로운 틀을 가지고 3년에 걸쳐 일련의 거대한 탐구활동으로 전개되어왔다. 후쿠이중학교에서 중시하고 있는 또 한 가지는 교사들의 협동연구로서 교과와 학급을 초월해 장기적인 탐구활동의 전개과정을 찾아내고, 성찰을 통해 끝없이 고쳐가면서 그 경험을 함께 공유해왔다. 교사들은 각 교과에서 배양해온 탐구와 대화의 방법을 활용하여 새로운 배움을 얻는다. 그리고 무엇보다 3년을 함께 해온 경험 그 자체가 교사들이 장기적으로 상상력과 실천력을 기르는 중요한 기회가 된다. 두 번 세 번, 그렇게 반복적으로 경험을 쌓아온 교사들. 이 학교에서 3년을 보낸 교사들은 학생들의 3년간 실천을 지지하는 협동적 실천을 통해 교사 자신의 경험도 공유해간다.

교과를 뛰어넘어 각자의 수업 전개를 공유하고 검토하면서 점점 더 많은 경험이 쌓여가게 된다. 여름과 봄에 하는 연구회에서는 4~5명의 소모둠으로 나뉘어 각자가 엮어온 실천기록을 소개하고, 함께 읽어가는 일을 계속한다. 기록을 통해 학생들의 새로운 측면을 접하게 되는 것이다. 교과 전문가로서가 아니라, 그 교과를 처음 배우는 학생들처럼 그 학생들의 입장에 서서 다른 교과의 수업 전개에 대해 생각해보는 것이다. 다른 교과의 질문방식, 학습 전개, 더욱 세련된 대화방법의 고안부터 배울 것은 많다. 실천을 돌아보고 음미하며 수정하는 연구회를 통해 새로운 실천을 할 수 있는 실마리를 얻게 되는 것이 중요하다. 그러한 축적을 토대로 서로 수업을 공개하고 함께 대화를 나누는 연구회가 추진되고 있다.

그리고 또한 실천의 전개를 구체적으로 확인해가는 실천기록의 방식도 교과를 초월한 대화방식의 하나다. 실천 주제와 상황, 발언, 표현을 기록하는 과정에서 무수한 수정을 거치게 되는데, 이것이 바로 탐구과정 그 자체라고 할 수 있다. 이러한 기록을 참고로 하여 나 자신도 한 사람의 탐구자로서 주제를 공유하고 동참할 수 있게 되었다. 즉 아이들의 발언이나 활동에 호응하면서 그들의 깊어가는 탐구과정을 거슬러 올라가 함께 체험해보고, 그 과정에서 아이들이 어떤 벽에 부딪쳤는지를 알게 된 것이다. 그리고 그 벽을 발견하고 극복하려는 노력은 다음에 새롭게 시작할 탐구를 더욱 심화시켜주는 중요한 실마리가 된다.

교사와 아이들이 함께 만들어가는 실천의 스토리. 그것을 함께 듣고 함께 이야기하는 교사들의 협동적 탐구 모임. 그 모임에서 나온 논의를 존중해주고 지지해주는 학교 차원의 협동탐구와 조직. 그리고 연구와 수업을 거리낌 없이 공개함으로써 좀 더 폭넓은 논의의 장을 만들어가는 공개수업연구회. 이렇게 협동연구를 지속해갈 수 있도록 연구시스템은 끊임없이 재구성되고 있다. 이런 과정은 학생들이 프로젝트를 전개해나가는 과정과 매우 비슷하다. 학생들은 수업에서 배움의 스토리를 구상해서 엮어내고, 여러 개의 활동과정을 조직한다. 해를 거듭할수록 실천경험도 쌓이면서 이러한 프로젝트는 점점 더 풍부해진다. 그리고 이는 교사들의 협동연구와도 연결된다. 이처럼 학생들과 교사들의 협동적 탐구가 서로 끊임없이 영향을 주고받으면서 형성되어간다는 점을 알 수 있다.

학생들의 협동적 탐구와 이를 지지하는 교사들의 실천연구는 서로 긴밀하게 연결되고, 이는 교육개혁을 이끌어가는 강력한 원동력이 된다. 교육개혁은 아이들의 탐구와 대화를 더욱 풍부하게 만들어가는 것을 목표로 하는 동시에 교사들도 서로 배우는 관계 속에서 함께 연구하면서 동료성을 함양해갈 때 가능하다. 아이들의 학습에 대해 머리를 맞대고 연구하는 과정에서 교사들의 협동연구도 심화되는 것이다. 이 책은 이러한 이중의 실천기록과 실천연구로서 내놓은 것이다.

5 / 교육개혁의 전망

'주입식 교육'에서 '스스로 배우고 스스로 생각할 줄 아는 교육'으로 교육개혁의 기조가 바뀌고 있는 요즘, 탐구와 대화 그리고 협동능력을 키우는 교육목표가 그저 말로만 끝나 버려서는 안 된다. 왜냐하면 무엇보다도 민주사회에서 공교육의 이념이기도 할 뿐만 아니라, 현재 사회 경제적으로 그 어느 때보다 높은 자기개발능력, 소통능력, 기획능력 등을 요구하고 있기 때문이다. 그리고 이것은 70년대 이래 교육에 대한 문제제기에서 늘 반복되어온 개혁의 방향이기도 했다는 점을 잊지 말아야 한다.

스스로 생각하는 힘을 기르는 교육개혁은 중앙에서 내려온 지침에 의해 단기간 시행되는 것으로 끝나서는 안 된다. 그보다는 각자 자신의 위치에서 실천을 거듭하고 그 경험을 나누면서 탐구를 심화함으로써 실천경험을 확대해야 한다. 서로의 문제해결방법을 마주하고 조정해가며 새로운 메타 시스템을 만들어가는 중학생들과 함께 실천방법을 이야기하고, 협동적 탐구조직을 만들어가며, 그러한 것들을 공유하기 위한 대화를 나누고, 개혁을 위한 새로운 시스템을 만들어나가야 할 것이다.

후쿠이대학 야나기사와 쇼우이치(柳沢 昌一)

참고문헌

牧田秀昭·塚田雅洋·塚田良夫「関係を探り構造をつかむ」, 『福井大学教育地域科学部附属中学校研究紀要』第30号, 2002

C. Argris, D. A. Schön, Theory in Practice: Increasing Professional Effectiveness, Jossey-Bass 1974.

D. A. Schön ed., Reflecive Turn: Case studies in and on educational practice, Teacher College Press, 1991.

C. Argris, D. A. Schön, Organizational Learning II, Addison-Wesley Publishing Company, 1996.

E. Wenger, Communities of Practice: Learning, Meaning, and Identity, Cambridge University Press, 1998.

E. Wenger, et al., On Organizational Learning, Harvard Business School Press, 2002(桜井祐子 訳, 『コミュニティー·オブ·プラクティス』翔泳社, 2002.

福井大学大学院教育学研究科学校改革実践研究コース編 『省察的実践と実践共同体』学校改革実践研究年報 I, 省察社, 2004.

'탐구'와 '대화' 중심의 교육과정연구

본교에서는 '탐구'와 '대화'를 핵심으로 장기간에 걸친 교육과정연구를 진행해왔다. 이에 관한 내용을 담아서 본교 교직원들이 이 책을 공동으로 집필해 발간하게 된 것이다. 이 책은 '탐구하는 공동체에 접근하기', '탐구와 대화의 전개', '성찰적 실천자들의 탐구하는 공동체', '탐구하는 공동체의 전망'의 총 4부로 나누어 그 실천을 담고 있다. 장기간에 걸쳐 착실하게 한 걸음씩 쌓아올린 경험에서 우러나온 실천적인 기록물이 만들어진 것이다.

이 책을 출간할 수 있었던 원동력은 아이들에 대한 끝없는 애정과 교육에 대한 열정이었다. 이 책이 시시각각 풍요로운 변화를 이끄는 활기찬 교육현장이 되도록 하는 데 작게나마 기여했으면 하는 바람이다.

또한 이 책은 도쿄대학교 대학원 교육학연구과 교수이셨던 사토 마나부(佐藤学) 교수께서 추천사를 써주셨고, 현재 도쿄대 대학원 교육연구과 교수이신 아키타 키요미(秋田 喜代美) 교수께서 4부 1장 "탐구하는 학교문화 만들기"를 집필해주셨으며, 늘 지도를 해주셨던 후쿠이대학교 야나

기사와 쇼우이치(柳沢 昌一) 교수께서도 기꺼이 집필에 참여해주셨다. 그 밖에서도 이 책이 출간되기까지 많은 교사들의 지원과 함께 본교 육성회 학부모님들의 격려도 있었다. 이 책의 출판에 지도와 지원을 아끼지 않으신 모든 분들에게 다시 한 번 진심으로 감사의 말씀을 전하고 싶다.

후쿠이대학교육지역과학 부속중학교 교장

배움의 스토리를 만드는 수업과 학교문화

이 책을 만난 것은 역자가 근무하는 학교에서 배움의 공동체 학교 만들기를 한참 진행하고 있을 즈음이니 지금부터 7~8년 전쯤 일 것이다.

당시 본교는 여러 시행착오를 거치면서 학생이 배움의 주체가 되는 수업을 모색해왔는데, 그 과정에서 '배움의 도약'이라는 벽에 부딪혔던 시기가 있었다. 아이들은 대화와 협동을 통해 배움을 만들어가고 있었고 수업은 활기찼으며 교사들은 활동적인 수업을 준비하느라 활동지를 제작하고 도전적 과제를 만드는 데 힘을 쏟았다. 하지만 '배움의 도약'이라든가 '배움의 심화'는 한 교과에서 매시간 한 번으로 끝나는 것이 아니라 지속적인 연결성을 가져야 가능하다는 사실을 발견했다. 각 교과를 중심으로 한 시간 한 시간의 수업디자인을 대상으로 해오던 연구에서 좀 더 큰 그림을 가진 수업연구가 필요하다는 인식에서였다. 그러면 어떻게 해야 할까 하는 의문이 들었다. 문제는 학생들에게서 배움의 스토리가 생겨나야 했다. 한 시간 한 시간의 배움이 1년, 2년, 3년 결과적으로 3년을 이어가는 교육과정 속에서 연결성을 가질 때 아이들의 배움은 지속성을 가지고 발전적으로 나아간다는 것을 알게 되었던 것이다.

본교의 경우 몇 년간의 수업연구를 통해 학생들의 배움과 성장에 중심을 둔 수업 운영을 해왔고 이 과정에서 배움에서 소외되는 아이들이 없도록 돕는 일 등 수업에 많은 발전이 있었지만, 다음 단계로 '교육과정적 사고'에 기반을 둔 수업운영의 필요성을 느꼈던 것이다. 즉 교과에서 1년, 2년, 3년을 아우르는 배움의 스토리를 구상하고 학년별로 특징 있는 창의적 체험활동도 교과와 연결되어 이 두 가지가 학생들의 배움을 디자인하는 핵심 요소가 되도록 하는 것이다.

이러한 물음에 대한 답을 찾고 있을 때 바로 이 책을 만났다. '후쿠이중학교'는 추천사에서 사토 마나부 교수님이 말씀하신 대로 21세기형 선진적 학교라고 칭찬할 만큼 실천내용이 충실했으며 그 결과 배움의 수준도 높다. 특히 학교 전체가 장기적 전망을 가진 교육과정을 구상하고 수업을 통해 검증하고 고쳐나가면서 실천해온 지 벌써 20년이 넘었다는 사실에 대해 한 학교가 이렇게 꾸준히 수업연구를 해오고 또 성실하게 기록해온 비결은 무엇일까 궁금했다.

3년 전 교육청에서 실시한 교사 연구년을 받아 일본에서 공부하게 되었을 때 가장 방문하고 싶었던 학교가 후쿠이중학교였다. 그해 일본 각지에서 수업연구를 하고 있는 학교를 약 20여 군데 방문했는데 후쿠이중학교는 연구의 수준과 체계, 수업의 질 등 최고 수준이라고 느꼈다. 1년에 한 번 전국의 교사와 연구자들이 모이는 교육연구발표회는 후쿠이중학교의 실천과정을 압축적으로 보여준다. 마침 역자가 연구생으로 있던 도쿄대학교 대학원 교육연구과의 지도교수인 아키타 키요미 교수는 초기 사토 마나부 교수의 뒤를 이어 후쿠이중학교의 실천과정을 지도했던 분이고 현재도 중심 연구자로서 참여하고 있다. 특히 실천 내용을 기록하는 과정에서의 지도와 조언으로 매우 체계적인 6권의 책을 출간하기에 이르렀고 이 연구기록은 전국의 많은 학교와 교사들, 연구자들에게 좋은 사례가 되고 있다. 역자는 아키타 교수님의 지도로 후쿠이중학교의 연구체계에 대해 자세히 배울 수 있었다.

후쿠이중학교는 그 지역에서도 인정받는 명문이라고 한다. 소위 지역에서 공부 잘하는 학생들이 가는 학교라고 한다. 많은 배움의 공동체 학교들이 수업과 학교생활에서 어려움이 많은 공립학교에서 시작했고 이런 상황을 개선하기 위해 배움의 공동체 수업에 도전하고 있었음을 고려할 때 후쿠이중학교는 조금 예외라 할 수 있다. 이 점이 때로는 공부 잘하는 학생들이 모였으니 무엇이든 할 수 있지 않겠는가 하는 오해를 받기도 하지만, 배움의 공동체 학교에서도 어떻게 수업의 질과 학력 향상이라는 문제를 해결할 수 있을까 하는 데에 실마리를 제공하지 않을까 한다. 또한 이 학교는 후쿠이대학과 연결되어 지역에서도 연구학교로 지정될 만큼 연구중점학교이기도 하다. 즉 지역을 중심으로 대학과 연구자와 교사가 협력적으로 연구활동을 해나가고 있는 것이다. 지역사회가 학생들의 배움을 책임지고 협력하는 문화가 부럽기도 한 부분이다.

그러나 학생들의 실제 학습 상황에 적용하는 것과는 별개의 이론적 연구 위주가 아닌, 실제 한 시간 한 시간의 수업관찰과 성찰을 바탕으로 하는 지속적인 연구모임을 통한 실천연구라는 점에서 이 학교의 연구가 갖는 의의는 크다고 할 수 있겠다. 후쿠이중학교는 교사들이 바뀌어도 현재까지 20년 넘게 수업연구의 맥을 이어오고 있으며 점점 심화된 연구에 이르고 있다. 최근에는 본서 이후 10여 년간의 연구 결과들을 6권의 책으로 정리하여 출간하기도 했다.

이 책은 후쿠이중학교의 초기 연구활동 기록이지만, 교육과정 재구성과 프로젝트 수업을 모색하고 있는 우리나라 학교들에 시사하는 바가 크리라 생각한다. 특히 교과마다 '핵이 되는 배움'을 설정하고 장기적인 안목으로 배움을 설계했으며, 그 배움이 스토리성을 갖고 나선형으로 심화해가는 과정은 드라마틱하기까지 하다. 무엇보다 부러운 것은 대학 연구자들과의 긴밀한 관계다. 학교 내의 연구체계도 매우 조직적이고 민주적이지만 이를 지원하는 연구자들과의 협력적 관계는 연구의 지속성과 심화를 가능하게 해주었을 것이다.

본교에서 이 책을 참고할 때는 번역본이 없어 몇몇 교사들이 함께 번역해 가며 연구했다. 역자가 연구부에 있을 때 그 자료의 일부를 제본해 교사들이 함께 공부하기도 했다. 최근에 많은 학교에서 교육과정 구성과 프로젝트 수업에 대해 고민하는 것을 보고 재번역과 수정 보완을 통해 이 책을 출간하기로 결심했다. 마지막으로, 여러 가지 어려움 속에서도 수업을 공개하며 서로 배우고 계신 많은 선생님들을 응원하며 이 책이 그 분들에게 힘이 되었으면 한다.

방지현

—

지은이

후쿠이대학교육지역과학 부속중학교 연구회 이 책의 저자는 후쿠이대학 부속중에 근무하였던 18명의 교사들로 구성된 연구회다. 여기에 도쿄대 대학원의 아키타 키요미 교수가 중심적인 지도를 맡고 후쿠이대학 2명의 교수들이 함께 하였다. 연구회의 조직이나 운영, 기록 등에 대해서는 본서 3~4부에 구체적으로 서술되었다.

—

옮긴이

방지현 고려대 국어교육과를 졸업하였고, 이우고등학교 국어교사로 재직하고 있다. 2012년 도쿄대 대학원 교육연구과에서 연구생으로 있으면서 일본의 많은 배움의 공동체 학교들을 탐방하였다. 이때 공부했던 수업연구 관련 도서를 꾸준히 번역하고 있다. 공동 번역한 책으로『아이들의 배움은 어떻게 깊어지는가』(2014)가 있다.

스토리가 있는 배움과 수업 디자인
–후쿠이중학교에서 배우는 탐구 공동체

초판 1쇄 인쇄 2016년 8월 17일
초판 1쇄 발행 2016년 8월 22일

지은이 후쿠이대학교육지역과학 부속중학교 연구회
옮긴이 방지현
펴낸이 여승구
펴낸곳 이루

편집 박현주
디자인 박소희

출판등록 2003년 3월 4일 제13-811호
주소 서울 마포구 서교동 410-3(와우산로 15길 10) 201호(04049)
대표전화 02-333-3953
대표팩스 02-333-3954
이메일 jhpub@naver.com

ⓒ Fukui University Junior High School Study Group

ISBN 978-89-93111-20-0 (03370)

가격은 뒤표지에 있습니다.

• 이루는 도서출판 지형의 인문교양 브랜드입니다.